Frank Dammasch / Martin Teising (Hrsg.)

Das modernisierte Kind

Demokratisierung der Familienverhältnisse, Gleichstellung der Frau und Bildung sind Leitthemen moderner Politik. Der weitgehende Wegfall patriarchaler Strukturen führt einerseits zur Entfaltung subjektiver Freiheitsgefühle, andererseits zu der Notwendigkeit, die eigene Identität im Dschungel stetig wachsender Möglichkeiten immer wieder neu zu modifizieren. Der Wandel von der hierarchischen Familie zur Verhandlungsfamilie, die technologische Beschleunigung und der zunehmende Zwang zur Bildungsoptimierung von kleinen Kindern erhöhen die psychosozialen Arbeitsanforderungen. Es mehren sich Stimmen aus Wissenschaft und Praxis, die auf die Schattenseiten des beschleunigten sozialen Wandels hinweisen: Depressivität, Hyperaktivität und Konzentrationsschwächen sind einige der beobachtbaren anwachsenden Symptome.

Die Herausgeber:

Frank Dammasch, Prof. Dr., Dipl. Soz., Dipl. Päd., analytischer Kinder- und Jugendlichen-Psychotherapeut, Kontrollanalytiker, Supervisor am Anna-Freud-Institut, Frankfurt a. M. Hochschullehrer an der Fachhochschule Frankfurt a. M. Autor und Herausgeber mehrerer Bücher. Bei Brandes & Apsel zuletzt: *Jungen in der Krise* (2. Aufl. 2012); *Männliche Identität* (2009), zus. m. M. Teising.

Martin Teising, Prof. Dr. phil., Facharzt für Psychiatrie und Psychotherapie sowie für Psychosomatische Medizin, Psychoanalytiker und Lehranalytiker (DPV/IPA). Präsident der International Psychoanalytic University, Berlin. Arbeiten zu Suizidalität, Narzissmus und Alter, Mitherausgeber von *Männliche Identität*.

Frank Dammasch / Martin Teising (Hrsg.)

Das modernisierte Kind

Mit Beiträgen von Rainer Böhm,
Frank Dammasch, Rolf Göppel,
Michael Günter, Gertrud Hardtmann,
Vera King, Ellen Lang-Langer,
Iris Nikulka, Jochen Raue,
Ann Kathrin Scheerer

Brandes & Apsel

Auf Wunsch informieren wir Sie regelmäßig über *Neuerscheinungen* im Bereich Psychoanalyse/Psychotherapie.

Bitte senden Sie uns dafür eine E-Mail an *info@brandes-apsel.de* mit Ihrem entsprechenden Interessenschwerpunkt.

Gerne können Sie uns auch Ihre Postadresse übermitteln, wenn Sie die Zusendung des *Psychoanalyse-Katalogs* wünschen.

Außerdem finden Sie unser *Gesamtverzeichnis* mit aktuellen Informationen im Internet unter: www.brandes-apsel-verlag.de und unsere E-Books und E-Journals unter: www.brandes-apsel.de

1. Auflage 2013
© Brandes & Apsel Verlag GmbH, Frankfurt a. M.
Umschlag und DTP: Franziska Gumprecht, Brandes & Apsel Verlag, Frankfurt a. M.
Druck: STEGA TISAK, d.o.o., printed in Croatia
Gedruckt auf einem nach den Richtlinien des Forest Stewardship Council (FSC) zertifizierten Papier.

Bibliografische Information Der Deutschen Nationalbibliothek:
Die Deutsche Nationalbibliothek verzeichnet diese Publikation in der Deutschen Nationalbibliografie; detaillierte bibliografische Daten sind im Internet über www.dnb.de abrufbar.

ISBN 978-3-86099-902-8

Inhalt

Frank Dammasch / Martin Teising
»Die Zukunft war früher auch besser«

In humoristischer Form macht Karl Valentin im Zitat oben darauf aufmerksam, dass wir einen Hang dazu haben, die Vergangenheit so zu beschönigen, dass die Gegenwart und die Zukunft dagegen schlecht aussehen. Es ist also Vorsicht geboten, wenn man sich mit den Auswirkungen gesellschaftlicher Veränderungen auf die Entwicklung des Kindes beschäftigt. Zu schnell gerät man zumal als älterer Zeitgenosse in die argumentative Gefahr, den nahenden Untergang des Abendlandes zu befürchten. Zu fast allen Zeiten erleben Menschen den Wandel als eine potentielle Bedrohung des sozialen Miteinanders und ihrer persönlichen Stabilität. Nicht selten ist dabei die Besorgnis um den Erhalt der gesellschaftlichen Werte und Moral auch motiviert durch einen versteckten Neid der Älteren auf die Jüngeren. Modernisierungsprozesse müssen sich immer mit dem berechtigten Wunsch des Menschen auseinandersetzen, aus einem Unsicherheitsgefühl heraus am Bekannten festhalten zu wollen. So löste die Geschwindigkeit der Dampflokomotive ebenso wie die der neu erfundenen Automobile bei vielen Zeitgenossen große Ängste aus und veränderte die Grundlagen des sozialen Zusammenlebens genauso, wie es die Fließbandarbeit und die Taylorisierung der Arbeitsprozesse taten. Der Zwang, sich an beschleunigte Abläufe des beruflichen und alltäglichen Seins anpassen zu müssen, ruft seit jeher ein Unbehagen hervor und labilisiert unser Sicherheitsgefühl.

Andererseits werden aus ökonomischer Perspektive alle Überlegungen schnell kritisiert, die ein Unbehagen mit der Idealisierung von Flexibilisierung und Beschleunigung formulieren. So gehorcht moderne Unternehmensführung, die sich zunehmend auch im psychosozialen Feld etabliert, häufig lediglich kurzfristigen kapitalistischen Verwertungsinteressen und vernachlässigt die Nachhaltigkeit. Auf gründliches Nachdenken und Einfühlungsvermögen setzende Mitarbeiter werden leicht als chronische Bedenkenträger oder Dinosaurier diffamiert. Im entfalteten Kapitalismus und der Ökonomisierung fast aller Lebensbereiche gilt das Festhalten an Traditionen schnell als veraltet. Der Innovation scheint ein eigener Wert beigemessen zu werden, der sich kaum noch an der inhaltlichen Wertsteigerung für die Bedürfnisbefriedigung der

Menschen messen muss. Davon werden zunehmend auch die Familie und die Kindheit beeinflusst. Die Familie als traditionelle Gegenkraft zum wirtschaftlichen Denken gerät aber durch die Technologisierung der Kinderzimmer und die Flexibilisierungsanforderungen an Vater und Mutter auch zunehmend unter Optimierungsdruck. Immer unmittelbarer werden Gesetzmäßigkeiten des Arbeitsmarktes in das Familienleben transportiert. Dadurch erwächst auch ein erhöhter Perfektionsdruck auf potentielle Eltern, der möglicherweise mit dazu beiträgt, dass Deutsche immer weniger Kinder kriegen. Schon das kleine Kind wird mit dem um sich greifenden Zwang zur permanenten Selbstoptimierung konfrontiert. Wenn sie durch die Eltern nicht kindgerecht modifiziert werden kann, erschwert die Perfektions- und Flexibilisierungsmanie der Moderne den Erwerb eines stabilen, auf Einfühlung und Konstanz basierenden Sicherheitsgefühls. Die existenzielle Suche nach Sicherheit in einer haltenden Beziehung ist es ja auch, die das kleine Kind prinzipiell so unmodern, so konservativ erhaltend macht. Die Entwicklung eines stabilen und kreativen Selbst ist essentiell von der Erfahrung einer Sicherheit vermittelnden immer gleichen fördernden Umwelt abhängig, die Variationen in angepasster Form mit der Bedürfnisstruktur des kleinen Kindes vermittelt.

Allerdings ist es eine noch gar nicht so alte Errungenschaft der wohlhabenden bürgerlichen Gesellschaft, die die Kindheit als einen Schutzraum konzipierte, von dem die Zumutungen des modernisierten Erwachsenenlebens weitgehend ferngehalten wurden, damit das Kind sich in ihm entwickeln kann. Heute werden die Bedeutung der familialen Umwelt und der geschützte Spielraum des Kindes durch Ökonomisierung und Technologisierung immer mehr eingeengt. Die Anerkennung altersentsprechender kindlicher Bedürfnisse wird von einigen Politikern teilweise als »Kuschelpädagogik« verunglimpft. Ebenso besteht ein erheblicher politischer Druck, den Wunsch der meisten Mütter, länger als ein Jahr mit ihrem Kind dessen Entwicklungsprozesse individuell miterleben und mitgestalten zu können, als antiquiertes Auslaufmodell zu entwerten. Der dominierende kapitalistische Diskurs sieht in der Erwerbsarbeit die zentrale Quelle der Selbstverwirklichung von Mann und Frau. In solcher Perspektive werden Kinder leicht zu förderungswürdigen Projekten, die beste Bildungsbedingungen nur deshalb erhalten sollen, um später im globalen Markt erfolgreich mithalten zu können. Der emotionalen Begleitung kindlicher Entwicklung, die ein sich vertiefendes Einlassen, Einfühlung und Zeit erfordert, wird hingegen weniger Wertschätzung entgegengebracht. Ökonomische Ideologien scheinen sich in der Kindeserziehung mit der Angst vieler Erwachsener zu verbinden, im globalisierten Konkurrenzkampf nicht bestehen zu können. Neben der technologischen Entwicklung ist es vor allem auch die nach dem Niedergang der kommunistischen Systeme konkurrenzlose Dominanz eines kapitalistischen Systems, das den Zwang der Subjekte zur Selbstoptimierung vergrößert hat. Abstiegsphantasien und ökonomische Verlustängste scheinen besonders einige Eltern des Mittelstands so zu beeinflussen, dass sie ihre Kinder schon in frühestem Alter mit kognitiven Lernanforderungen konfrontieren. Der politisch erzeugte Druck zur frühen Fremdbetreuung, der einerseits den Müttern den sofortigen Weg zum Berufsmarkt ebnen soll und andererseits schon die kleinsten Kinder mit standardisierten Bildungsprogrammen kollektivieren will, ist das markanteste Zeichen dafür, dass die Beschleunigung der Arbeitsprozesse nun auch die Kinderzimmer unmittelbar beeinflusst.

Dennoch: Wir leben heute in einer partizipativen, demokratischen Gesellschaft, in der sich inzwischen auch die meisten Familien hin zu einem Kompromiss suchenden Beziehungsnetz entwickelt haben. Die ehemals festen identitätsstiftenden Strukturmerkmale der Familie, die Generationen- und Geschlechterdifferenz verlieren im Diskurs der Familien an Bedeutung. Die hierarchisch organisierte patriarchale Familie hat sich in der Moderne tendenziell zur horizontal organisierten Verhandlungsfamilie entwickelt. Die dadurch entstehenden Freiheitsräume für Jungen und Mädchen lassen die Lebensentwürfe schillernder und vielfältiger werden. Der Wohlstand vieler ist trotz Umverteilungsasymmetrien in Deutschland so groß, dass sich zumindest die Heranwachsenden der gebildeten Schichten mit der Frage herumschlagen müssen, was sie aus den vielfältigen Optionen, die ihnen die globalisierten und vielfältig vernetzten Systeme zur Verfügung stellen, auswählen sollen. Vor allem auch durch das Internet und die neuen Kommunikationsmedien sind Jugendliche und junge Erwachsene in kaum überschaubarer Fülle mit den vielfältigsten Möglichkeiten konfrontiert. Die noch im Aufbau befindliche psychosoziale wie psychosexuelle Identität muss schon früh so stabil gebildet sein, damit sie eine erste Ordnung in die Vielfalt der äußeren Optionen bringen kann, um innerlich nicht verloren zu gehen.

Erfolgreiche Identitätsentwürfe des modernen Subjekts müssen durch einen stabilen Identitätskern wie durch die Fähigkeit zur Flexibilität gekennzeichnet sein. Gerade die erweiterten Möglichkeiten konfrontieren allerdings die psychische Struktur vieler Individuen mit neuen integrativen Anforderungen, denen sie nicht immer gewachsen sind. Erwachsene, aber auch viele Jugendliche leiden an Depressionen, die heute oft als Burnout etikettiert werden, und an Suchterkrankungen. Bei Kindern zeigen vermehrte Störungen der Aufmerksamkeit, der Konzentrationsfähigkeit und der Impulskontrolle, dass unsichere Beziehungserfahrungen und Beschleunigungserwartungen ihren sozialen Preis haben. Sie können als pathologischer Ausdruck einer Gesellschaft gedeutet werden, in der sich eine wachsende Zahl von Menschen durch die Beschleunigungsanforderungen der Moderne in systematische Überforderungssituationen hineinmanövriert fühlen. Dies können wir als Ausdruck eines unvermeidbaren Spannungsverhältnissen zwischen der inneren Struktur der Psyche und den wachsenden Flexibilisierungsanforderungen der Außenwelt ansehen, können es aber auch als Hinweise auf einen tiefgreifenden Spalt zwischen der inneren Bedürfnisstruktur des Subjekts und den ökonomischen und technologischen Kräften verstehen, die heute das Realitätsprinzip dominieren.

Wie sich der äußerlich erfahrbare soziale und technologische Wandel der Moderne auf die kindlichen Entwicklungs- und Bildungsprozesse und die intrapsychische Strukturbildung auswirken, ist somit Thema dieses Buches. Verändert die Moderne unser inneres Bild vom Kind? Wie gestalten sich die Lebens- und Beziehungsentwürfe heutiger Kinder und Jugendlicher im Spannungsfeld zwischen virtuellen und realen Räumen? Welche neuartigen Phänomene erweitern oder gefährden die Verarbeitungsfähigkeiten der kindlichen Psyche? Wirkt die Arbeitsbeschleunigung sich unmittelbar auf Kindheit und Jugend aus? Setzen wir unsere Kinder mit der politisch gewollten frühen Fremdbetreuung einem gesundheitsgefährdenden Stress aus? Wie beeinflusst die Internetpornografie die psychosexuelle Identitätsbildung des Jugendlichen? Welche Auswirkungen haben neue Kommunikationsmedien auf die psychosoziale Identitätsbildung oder den psychotherapeutischen Prozess? Nehmen psychische Krankheiten in der Moderne tatsächlich zu oder ist es nur der medial geschärfte Blick darauf? Wie erleben ältere und junge Menschen die Generationenspannung?

Diesen und anderen Fragen widmen sich in diesem Buch renommierte Forscher und Kliniker aus Kinderpsychotherapie, Psychoanalyse, Pädagogik, Soziologie und Medizin. Sie zeigen anhand systematischer Studien und klinischen Einzelfallanalysen detailliert auf, welche Einflüsse spezifische Anforderungen der Moderne auf die psychosoziale und psychosexuelle Entwicklung von Kindern und Jugendlichen haben können.

Frank Dammasch
DAS KIND IN DER MODERNE
Sozialpsychologische und psychoanalytische Gedanken

Einleitung

Im beruflichen und privaten Alltag, in dem zunehmend das Vor-Denken und die Zukunftsoptimierung im Mittelpunkt des hyperaktiven Handelns stehen, ist es gar nicht mehr so leicht, sich Spielräume für das Innehalten und das Reflektieren zu erobern. Auch Psychoanalytiker in der Praxis oder im berufspolitischen Raum können sich dem Andrängen eines wachsenden Handlungsdrucks kaum entziehen. So braucht man heute als Legitimation schon ein Jubiläum oder einen Geburtstag,[1] um sich den Raum zu geben, das effizienzorientierte Vordenken durch ein reflektierendes Nachdenken zu ersetzen. Ich möchte mir in meinem einführenden Aufsatz Gedanken machen über den Wandel der Beziehungs- und Erziehungsverhältnisse in der Familie und seine Auswirkungen auf die psychische Innenwelt des Kindes.

Die Psychoanalyse versteht sich als Wissenschaft, die die kritische Reflexion der inneren Beziehungsgeschichte des Subjekts in den Mittelpunkt ihrer Theorie und Praxis stellt. Da Psychoanalytiker mit gutem Grund immer den Einzelfall – das Individuum – ins Zentrum ihrer Forschung und Therapie rücken, fällt es ihnen naturgemäß schwerer als anderen Wissenschaftlern, überindividuelle, kollektive Entwicklungen wahrzunehmen und zu analysieren. Wenn man in einem einführenden Kapitel etwas über das moderne Kind schreibt, kommt man nicht umhin, eine soziopsychologische Zeitdiagnose zu skizzieren, auch wenn diese immer nur Tendenzen aufzeigen kann, die sicher nur für einen Teil der Gesellschaft Gültigkeit beanspruchen können.

---

[1] Verkürzte Variationen dieses Beitrags habe ich als Vorträge zum 40. Geburtstag des Instituts für analytische Kinder- und Jugendlichen Psychotherapie in Frankfurt a. M. am 24. April 2012 und anlässlich des 70. Geburtstages des Kinderanalytikers Dr. Hans Hopf am 17. November 2012 in Würzburg gehalten.

Ich möchte einige Gedanken zur Entwicklung des Bildes vom Kind im Laufe der Zeiten aufzeigen, sodann auf die Moderne und die neuen pädagogischen Herausforderungen zu sprechen kommen, bevor ich schließlich an einem Einzelfall die psychischen Konflikte eines begabten Mädchens aus einer modernen Familie vorstelle.

Beginnen wir mit der Epoche, in der Sigmund Freud die Psychoanalyse entwickelte. Vor dem Ersten Weltkrieg waren die bürgerliche Familienstruktur und die gesellschaftlichen Verhältnisse weitgehend geordnet und einigermaßen übersichtlich. Es gab im Bürgertum relativ klare Werte und Normen und eine von allen getragene Arbeitsteilung zwischen Mutter und Vater. Der Mann ist als Oberhaupt der Familie anerkannt, was sich auch aus seiner hervorgehobenen Funktion als einziger Ernährer aller Familienmitglieder erklärt, und die Frau erzieht die Kinder weitgehend im Rahmen einer Werteordnung, die wir gewohnt sind, als patriarchal zu bezeichnen.

Die Generationendifferenz und die Geschlechterdifferenz bilden klare Markierungen im Sozialisationsprozess. Freud sieht im Vater den klassischen Vertreter kultureller Werte und des Realitätsprinzips. Das Gesetz des Vaters stellt sich gegen die kindliche Lust an der unmittelbaren Bedürfnisbefriedigung. Und seine Präsenz als Gesetzgeber etabliert im Subjekt vor allem das Inzesttabu, aber auch das Tötungstabu. Das Nein des Vaters zur intimen Wiedervereinigung mit der Mutter etabliert einen zentralen psychischen Konflikt des Jungen. Der Ödipuskonflikt, der Kampf zwischen Inzestwunsch und väterlichem Verbot, konstituiert das Subjekt. Mit der durch das Verbot an das Kind herangetragenen Notwendigkeit, das sexuelle Begehren gegen die Mutter und den Tötungsimpuls gegen den Vater zu verdrängen, erlernt der Sohn die Fähigkeit zum Triebaufschub und zur Umformung der Triebe in kulturell anerkannte Werte. Die Normen, die das Lustprinzip beschränken, bilden über die Identifizierung des Jungen mit dem Vater und des Mädchens mit der Mutter eine energetisch aufgeladene moralische Instanz. Die Psychoanalyse nennt diese Gewissensinstanz Über-Ich. Sie ist durch den Gleichklang kulturell patriarchalischer Werte, wie sie innerhalb der Familie vermittelt werden und wie sie in der Außenwelt gültig sind, eine mächtige intrapsychische Kraft. Die innere Gewissensinstanz steht im natürlichen Widerspruch zu den gesetzlosen körpernahen Impulsen menschlicher Triebe, die nach sofortiger Befriedigung trachten. Der unumgängliche intrapsychische Konflikt zwischen Es und Über-

Ich nötigt dem Ich auf, Sublimierungen zu bilden oder Abwehrmechanismen gegen die verpönten Triebwünsche aufzubauen. Diese Abwehrmechanismen können allerdings so streng und starr sein, dass sie auch gesunde Bedürfnis-befriedigungen unterbinden. Das Subjekt leidet Anfang des letzten Jahrhunderts an diesem inneren Konflikt zwischen Triebwunsch und Gewissen. Wenn die Lösung des Konfliktes nicht gut genug ausbalanciert ist oder sublimiert werden kann, kommt es zu neurotischen Symptomen. Die Hysterie und die Zwangsneurose sind die beiden leitenden Krankheitsbilder der damaligen Zeit. Die Psychoanalyse entdeckte die Kraft der Triebe, die Kraft der Sexualität, und für Freud sind die rigiden Einschränkungen der Kultur Mitverursacher der vielfältigen psychischen Krankheiten der damaligen Zeit.

Wie immer wir heute zur strengen viktorianischen Moral Anfang des letz-ten Jahrhunderts auch stehen mögen; sie führte einerseits zur Unterdrückung der Triebnatur des Menschen, andererseits produzierte sie aber ein klar kon-turiertes bürgerliches Individuum mit der Fähigkeit zur Triebbeherrschung. Der intrapsychische Konflikt zwischen Trieb und Gewissen, zwischen Es und Über-Ich erzeugt ein starkes, aber bisweilen auch starres Ich. So erschafft die Trieb-Abwehr-Auseinandersetzung mit dem väterlichen Gesetz ein robustes mit psychodynamischer Energie aufgeladenes Ich, was allerdings aufgrund der rigiden Triebunterdrückung zu erheblicher subjektiver Leiderfahrung führen kann.

Einen guten Eindruck von der Massivität der damaligen kulturellen, religiös geprägten Moral und ihrer Triebunterdrückung vermitteln die Atmosphäre und die Szenen des Films *Das weiße Band* von Michael Haneke, der in den Jahren 1913/14 spielt. Besonders beeindruckt die Filmsequenz, in der der Vater seinen unbarmherzigen Kampf gegen die Onanie des Sohnes führt, indem er ihm die Arme ans Bett fesselt. Kinder müssen damals auch in der Schule ihre Hände im-mer auf dem Tisch halten. Bis in die 1960er Jahre hält sich der den Jungens vermit-telte Glaube, dass das Rückgrat durch die Masturbation geschädigt würde.

Die vaterlose Familie

Das klassisch-bürgerliche Individuum mit starken oder starren Ich-Grenzen und einer Verwurzelung in der väterlichen Tradition wird bald nach dem Zweiten Weltkrieg zu einem Auslaufmodell. Dies auch deshalb, weil der Nationalsozialismus mit dem Führer einer Herrenrasse und seinen mörderischen Gräueltaten die Menschlichkeit und die libidinöse Bindungsfähigkeit einer ganzen Generation gründlich zerstörte und damit die moralische Autorität der Väter, die ganz real zu Mördern und Vergewaltigern geworden waren, mit in den Strudel der Destruktion zog. Mit etwas Verspätung wurden die Väter als Vertreter der kulturellen Moral und der Triebunterdrückung auch gesellschaftlich zunächst von den Söhnen, dann auch von den Töchtern in Frage gestellt. Die Bedeutung der Religion als verbindender moralischer Instanz löst sich allmählich auf. Die zunehmende Entwertung der väterlichen Autorität beeinflusst schließlich die Familienstrukturen. Auch die Entwicklungspsychologie und Entwicklungspsychopathologie verlieren den Vater aus dem Auge und bilden ihre Konzepte vornehmlich auf der Folie der frühen Mutter-Kind-Dyade. Die Studentenbewegung revolutioniert schließlich auch mithilfe der Psychoanalyse als Leittheorie des Subjekts die gesellschaftlichen Verhältnisse und die privaten Beziehungen. Die Psychoanalyse wird in der Studentenbewegung zumeist als eine Befreiungstheorie verstanden. Scheinbar befreit vor der sich selbst diskreditierenden Moral der Kriegsväter kommt es zur sexuellen und sozialen Rebellion. Die Art und Weise des Führens von Beziehungen wird zu einem Politikum, auch deshalb, weil Frauen den Untergang männlicher Dominanz kämpferisch einklagen und zur eigenen Befreiung nutzen.

Genau in diese Zeit sozialer Umwälzungen kommt es zu vielen neuen Initiativen vor allem auch im Bereich der Kindererziehung. So ist es kein Zufall, dass das »Institut für analytische Kinder- und Jugendlichen Psychotherapie in Hessen e. V.« im April 1972 von aktiven Analytikern des Sigmund Freud Instituts und von Stuttgarter Kinderpsychotherapeuten mit Wohlwollen und finanzieller Unterstützung des hessischen Kultusministeriums gegründet werden kann. Die Gründung des Kinderanalytischen Institutes wird von sozialdemokratischen Politikern gefördert, die im Gefolge der gesellschaftlichen Veränderungen der siebziger Jahre den sozialkritischen Diskursen, wie sie in Frankfurt vor allem durch die Frankfurter Schule und des von Alexander

Mitscherlich geleiteten Sigmund Freud Instituts geführt werden, durchaus positiv gegenüberstehen. Am Beginn der siebziger Jahre wird durch die Aufweichung der Grenze zwischen Gesellschaftlichem, Politischem und Privatem in der Bundesrepublik nun auch die Erziehung der Kinder zu einem wichtigen Thema. Sie ist nun nicht mehr alleine Sache der Familie als Keimzelle der Kultur, sondern wird auch öffentliches Anliegen. Im »real existierenden Sozialismus« der DDR dagegen werden die Kinder schon kurz nach der Geburt der sozialistischen Schulung in Krippen übereignet, was einer gewollten sozialen Entwertung der bürgerlichen Keimzelle Familie und einer Aufwertung des sozialistischen »Vater Staat« dienen soll. Der früh kollektivierte Mensch war und ist das Ideal sozialistischer Utopien. Im Westen dagegen verstärkt sich auch in Abgrenzung von kommunistischen Vorstellungen des Kollektiv-Ichs das Ideal des Individuums, des selbständigen unabhängigen Subjekts. Mit dem Ausbruch der Studentenbewegung fokussiert sich der Blick der analytischen Subjekttheorien in der BRD auf das Phänomen einer zunehmend vaterlosen Gesellschaft, die zumindest im aufgeklärten ökonomisch wohlhabenden Bildungsbürgertum das Kind als Subjekt und dessen Bedürfnisbefriedigung insgesamt in das Zentrum der modernen Wertebildung rückt. Der Wert der Triebbeherrschung und die Notwendigkeit zur Sublimierung verlieren an Bedeutung. Die Familie entwickelt sich vom Austragungsort kindlicher Trieb-Aufschub-Konflikte zu einem Ort, an dem auch das Glück und die Wunschbefriedigung des Kindes im Mittelpunkt zu stehen beginnen.

Der führende Vertreter der gesellschaftskritischen Frankfurter Schule Herbert Marcuse sieht die moderne Entwicklung zur Vaterlosigkeit durchaus kritisch:

> Befreit von der Autorität des schwachen Vaters, der um das Kind zentrierten Familie entwachsen, wohlausgestattet mit den Vorstellungen und Tatsachen des Lebens, wie sie durch die Massenmedien übermittelt werden, tritt der Sohn (und in einem bislang noch geringerem Maße die Tochter) in eine konfektionierte Welt ein, in der man zurechtkommen muss. Paradoxerweise stellt sich heraus, dass die Freiheit, welcher sie sich in der weitgehend autoritätslosen Familie erfreut hatten, mehr ein Preisgegebensein als ein Segen ist. Das Ich, dass sich ohne viel Kampf entwickelt hat, erscheint als eine ziemlich schwache Wesenheit, wenig geeignet, ein Selbst mit den anderen und gegen sie zu werden, den Mächten wirksamen Widerstand entgegenzustellen, die jetzt das Realitätsprinzip durchsetzen. (1968: 93)

Der Soziologe Marcuse sieht, wie der Psychoanalytiker Alexander Mitscherlich (1963), in der Schwächung der Rolle des Vaters und seiner Ersetzung durch die Massenmedien eine Minderung der Triebenergie und des kritischen Potentials des Subjekts. Ist die Verwerfung des Vaters und seiner begrenzenden und schützenden Funktion nun ein Vorzeichen der Krise des Individuums oder erweitert sie die Selbstentfaltungsmöglichkeiten des Subjekts?

Die moderne Gesellschaft

Die kollektiv geteilten Ideale, die Moral und die Erziehungs- und Sozialisationsverhältnisse haben sich in den modernen Kulturen in den letzten vierzig Jahren erheblich gewandelt. Die Auflösung der politischen Blöcke, die damit einhergehende Unterwerfung fast aller Arbeitsbereiche unter ökonomischen Effektivitätsdruck mögen mit dazu beigetragen haben. Die Arbeitsverhältnisse wandeln sich in erheblichem Maße von kontinuierlichen lebenslangen Betriebszugehörigkeiten zu kurzzeitigen, räumlich und inhaltlich variablen Arbeitsverhältnissen. Der Soziologe Richard Sennett (2000) spricht vom »flexiblen Menschen« und meint damit, dass der Kapitalismus einen wenig gebundenen, traditionslosen Menschen braucht und produziert, um die neuen flexibilisierten Arbeitsbedingungen zu optimieren.

Was die Arbeitsverhältnisse und den sozialen Wandel am Beginn des 21. Jahrhunderts prägt und einen qualitativen Unterschied zu früheren Wandlungen bedeutet, ist zweifellos die Entwicklung neuer Kommunikationstechnologien. Der technologische Wandel hat inzwischen eine solche Geschwindigkeit erreicht, dass wir als Menschen dem manchmal kaum mehr folgen können und sich die Logik des Fortschritts umzudrehen scheint: Die technologischen Erneuerungen haben nicht mehr die Funktion, uns das Leben und Arbeiten zu erleichtern, sondern umgekehrt: Wir geraten unter zunehmenden Druck, den Innovationsgesetzen der technologischen Entwicklung hinterherzulaufen. Was technisch möglich ist, muss auch umgesetzt werden.

Dabei kommt es in der Praxis allerdings zu einigen Paradoxien. So habe ich im Januar 2012 die Akkreditierung einer Veranstaltung bei einer Psychotherapeutenkammer beantragt. Lag in den Jahren zuvor die Akkreditierung spätestens nach vier Wochen vor, so dauerte es diesmal fast vier Monate. Auf meine telefonische Anfrage nach dem Grund für diese Verzögerung klärt mich eine Mitarbeiterin genervt auf: Es gibt eine Computer-Systemumstellung. Warum eigentlich? Damit alles schneller geht! Die Taktungen der Erneuerungen sowohl in der Technologie als auch im sozialen und beruflichen Alltag scheinen immer kürzer zu werden. »Zeit ist Geld«, heißt die kapitalistische Devise, die alles beherrscht. Damit einher geht das anwachsende Gefühl vieler Menschen, irgendwie immer zu langsam zu sein und hinterherlaufen zu müssen.

Der Zeittheoretiker Hartmut Rosa spricht davon, dass die Dinge keine Zeit mehr haben, um sich etablieren zu können. Im Gefolge der Beschleunigung durch die Kommunikationstechnologie nimmt die Bedeutung der Tradition als haltgebendes sozialpsychologisches Gerüst ab. Anstelle der Orientierung an der Tradition, die uns einen festen Standort in der Chronologie der spezifischen Kultur und der allgemeinen Menschheitsgeschichte sichert, sind wir nun mit der Notwendigkeit einer permanenten Verflüssigung von Denk- und Handlungsmustern konfrontiert. In vielen Bereichen, vor allem in der Wirtschaft, aber auch im Gesundheits- und im Hochschulsystem wird durch den Zwang zur permanenten Neustrukturierung der Innovationsdruck so gesteigert, dass eine Art »organisatorisches Kammerflimmern« (Rosa 2009: 37) entstehen kann. Dies hat zur Folge, dass sich kaum noch sicherheitsgebende Routinen herausbilden können, die notwendig wären, um einen gesicherten Spielraum für das Nachdenken und Reflektieren zu ermöglichen. »Stillstand ist Rückschritt«, lautet die kapitalistische Devise der Moderne. Der Innovation als solcher wird ein positiver Wert beigemessen, wobei die Reflexion, die Nachhaltigkeit und die inhaltliche Qualität zwar manifest manchmal noch beschworen werden, aber in ihrer Bedeutung für das Wohlergehen einer Kultur dennoch zunehmend unterschätzt werden.

Was bisher weitgehend unerkannt bleibt, ist die damit einhergehende Entwertungsdynamik: Das gerade erst mühsam Erschaffene oder Neustrukturierte wird schon zum Zeitpunkt des Entstehens dadurch entwertet, dass es morgen schon wieder veraltet sein kann. Das Neue kommt schnell, hat aber nur noch sehr kurz einen Wert, weil die Subjekte tagtäglich erfahren, dass das so mühsam Erarbeitete morgen schon keine Bedeutung mehr haben kann und durch neue Techniken oder Strukturveränderungen ersetzt wird.

Die Anstrengung, man selbst zu sein

Die kurze Skizze der Modernisierungstendenzen betrifft natürlich nicht jeden in gleicher Weise, zumal es ja auch ein konservatives Beharrungsvermögen des Subjekts und der Institutionen gibt. Für uns als Analytiker stellt sich die Frage: Wie beeinflussen die rasanten Veränderungen der Außenwelt das Innenleben? Bemerkenswert ist dabei, dass die Psychoanalyse, die in ihrem gesellschaftskritischen Bezug als eine Theorie der Triebfreundlichkeit rezipiert wird, die sozusagen die Triebnatur vom Joch des rigiden kulturellen Über-Ichs theoretisch und therapeutisch befreit hat, sich nun auf einmal in der Position wiederfindet, stärker die Notwendigkeit stabiler, liebevoller Objektbeziehungen und eines begrenzenden väterlichen Gesetzes für eine gesunde Subjektentwicklung zu betonen. In diese gesellschaftskritische *und* konservative Rolle ist sie nun in einer Welt gekommen, in der die Unabhängigkeit als Wert betrachtet wird, es immer weniger allgemein anerkannte Grenzen gibt und die virtuelle Multioptionalität – jeder kann alles sein, jeder kann alles werden, jeder kann alles machen – als Selbstverständlichkeit betrachtet wird. Auch in den sozialen und ökonomischen Ansprüchen von Kindern und Jugendlichen zeigt sich diese radikale Ausweitung und Demokratisierung der Möglichkeiten. Die Gestaltungsdominanz der Eltern über finanzielle Mittel, über mediale Teilnahme und über technologische Güter wird heutzutage schon von kleinen Kindern und nicht erst wie früher von Jugendlichen massiv in Frage gestellt. Die Kulturindustrie hat Kinder und Jugendliche nicht nur als passive Konsumenten, sondern auch als aktive Teilhaber entdeckt. Ehemals in weiter Ferne angesiedelte Stars und Sternchen aus Mode und Musik rücken nun durch mannigfaltige, für jeden offen stehende Castingshows so nahe, dass Interessierte sich in der konkretisierbaren Illusion wiegen können, selbst ein Popstar zu werden. Da es weder in der Bildung noch in der Popkultur hierarchisch festgelegte, unüberwindliche Mauern zu geben scheint, müssen die Grenzen des Aufstiegs in medial verbreiteten intersubjektiven Prozessen ausgehandelt werden. Viele Jugendliche haben das Gefühl, sich öffentlich zeigen zu müssen, um als wertvoll anerkannt zu werden. Dabei kommt es in sozialen Netzwerken wie in Castingshows zwangsläufig zu Beschämungen und narzisstischen Kränkungen.

Dieser Wandel gesellschaftlicher Verhältnisse verändert kindliche Sozialisationserfahrungen, was wiederum zu einer veränderten Wahrnehmung von

Krankheiten bzw. psychosozialen Störungsbildern führt. Die erweiterte Optionsmöglichkeit des bürgerlichen Individuums bei gleichzeitiger Ungebundenheit kann sich leicht zu einem inneren Zwang permanenter Flexibilisierung entwickeln. Dies kann dann zu wachsender innerer Unruhe oder zu einem Anwachsen chronischer Überforderungsgefühle führen. Die vormals akzeptierte Notwendigkeit des Verzichts rückt in den Hintergrund und wird durch den Werbeslogan einer Autofirma ersetzt: »Nichts ist unmöglich!« Mit dem Verfall der Begrenzungen des väterlichen Gesetzes ist der alte Konflikt zwischen Triebwunsch und Triebabwehr, zwischen Es und Über-Ich und dessen neurotischen Ausformungen am Verschwinden und wird abgelöst durch eine nicht endende Suche nach der eigenen Identität im Strudel unendlich scheinender Optionen. Diese Suche kann begleitet werden von einem inneren Grundgefühl der Orientierungslosigkeit, der Unruhe oder der Lustlosigkeit. Obwohl sie als kategorisierte Diagnose gar nicht vorkommt, zieht das Burnout als subjektiv empfundene Zustandsbeschreibung vieler Erwerbstätiger immer weitere Kreise. Es werden mehr Menschen wegen chronischer psychischer Probleme frühverrentet als wegen somatischer Erkrankungen (FAZ, 9. 1. 2013).

Der französische Medizinsoziologe Alain Ehrenberg schreibt über die wachsende Müdigkeit des modernen Menschen, sich selbst zu sein.

> Die demokratische Moderne hat uns mehr und mehr zu Menschen ohne Führer gemacht, uns nach und nach in die Situation versetzt, für uns selbst entscheiden und unsere eigenen Orientierungen konstruieren zu müssen. Wir sind reine Individuen geworden, und zwar in dem Sinne, dass uns kein moralisches Gesetz und keine Tradition sagt, wer wir zu sein haben und wie wir uns verhalten müssen. (2008: 18)

Das erschöpfte Selbst ist der griffige deutsche Titel seines Buches. Der französische Titel *La Fatigue d'être soi*, also etwa: Die Müdigkeit, man selbst zu sein, bezeichnet vielleicht noch anschaulicher die Anstrengung der permanenten Identitätsarbeit des Subjekts in der Moderne.

Die uns durch den materiellen Wohlstand, die liberalisierten politischen und Beziehungsverhältnisse und die beschleunigte Kommunikationstechnologie gebotenen vielfältigen Optionen sind ein demokratischer Gewinn, der uns gleichzeitig aber die Notwendigkeit als Last auf den Rücken schnallt, unsere Identität immer wieder neu ausbalancieren zu müssen. Die Optionsvielfalt erschwert auch die Entscheidungsfindung. Denn, wenn wir uns für eine Option entscheiden, müssen wir gleichzeitig auf viele andere Optionen verzichten.

Mit der Illusion der Realisierbarkeit einer Multioptionalität schwindet die Einsicht in die Notwendigkeit des Verzichts und damit langfristig auch die Fähigkeit, verzichten zu können. Wurden wir früher durch das väterliche Gesetz und die herrschenden Normen von außen zum Verzicht gezwungen, so sind wir nun damit konfrontiert, uns selbst den Verzicht aufzuerlegen, wenn wir wirklich etwas erreichen wollen und wenn wir wirklich zu einer Gruppe dazugehören wollen. Der Glaube an den unbeschränkten Möglichkeitsraum kann aber ein Gefühl der Randständigkeit, nirgendwo wirklich dazuzugehören, verstärken. Die modernen Kommunikationstechnologien und das partielle Leben in virtuellen Beziehungen verschärfen den psychosozialen Druck. Etliche Jugendliche zum Beispiel sind mit einer latenten Angst vor dem Ausschluss, vor dem Rausfallen aus der Gemeinschaft der Gleichaltrigen beschäftigt. Sie müssen permanent SMS schreiben, telefonieren und in sozialen Netzwerken sich präsentieren, weil sie Angst davor haben, randständig zu werden und sich alleine zu fühlen. Die hektische Kontaktaufnahme mit hunderten Facebook-Freunden versichert ihnen, dass sie sowohl unabhängig sind wie auch Teil einer Gemeinschaft. Sie kämpfen gegen ein latentes Gefühl der Einsamkeit an. Unruhige Betriebsamkeit in virtuellen Welten kann so auch zur Abwehr depressiver Ängste benutzt werden.

Das moderne Kind in der modernen Familie

Der soziale und technologische Wandel beeinflusst die Familienverhältnisse. Sind die Eltern einerseits mit den Modernisierungsprozessen in ihren Arbeitsverhältnissen konfrontiert, so wirkt die Moderne andererseits auch direkt auf die Familie ein. Die Aufgabe der Erziehung wird mit Unterstützung der Politik immer stärker von der Familie auf Institutionen verlagert. Erzieherinnen aus Kindertageseinrichtungen berichten, dass es vermehrt Eltern gebe, die wie selbstverständlich in fordernder Art und Weise die Verantwortung für die Erziehung und Bildung ihrer kleinen Kinder den Betreuungsinstitutionen übergeben. Dazu passt ein politisch propagierter Wandel des Bildes vom Kinde. Ich zitiere beispielhaft aus dem Bildungs- und Erziehungsplan der hessischen Landesregierung:

> Die entwicklungspsychologischen wie auch die neurowissenschaftlichen Forschungsarbeiten belegen, dass das Neugeborene als »kompetenter Säugling« zur Welt kommt. Ausgestattet mit funktionsfähigen Sinnesorganen und grundlegenden Kompetenzen ist er auf Kommunikation, Interaktion und damit auf den Dialog mit Erwachsenen vorbereitet. Bereits unmittelbar nach der Geburt beginnt der Säugling, seine Umwelt zu erkunden und mit ihr in Austausch zu treten und dadurch selbst einen aktiven Beitrag zur Aneignung seiner Umwelt zu leisten. (...) Kinder gestalten ihre Bildung und Entwicklung von Anfang an aktiv mit und übernehmen dabei entwicklungsangemessen Verantwortung, denn der Mensch ist auf Selbstbestimmung und Selbsttätigkeit hin angelegt. (Hessischer Bildungs- und Erziehungsplan 2008: 20)

Aus dem traditionell gültigen Bild eines bedürftigen abhängigen Kindes, das der Liebe, Fürsorge und Erziehung der Eltern bedarf, um im eigenen Rhythmus gedeihen zu können, ist in der kapitalistischen Moderne das Bild eines aktiven, unabhängigen Kleinkindes geworden, das von Geburt an in Ko-Konstruktionen mit der familiären, aber vor allem mit der institutionellen Umwelt verantwortungsbewusst an der eigenen Bildungsoptimierung arbeitet. Zumindest in den politischen Leitlinien sind die traditionelle Verantwortung der Eltern für ihr Kind und die emotionale Abhängigkeit des Kindes von den Eltern einer kommunikativen Verflüssigung der Beziehungen gleichwertiger und selbständiger Individuen unterschiedlichen Alters gewichen.

Zum Glück für die Kinder nehmen die meisten Eltern von solch wolkigen Bildungsplänen bisher wenig Notiz. Aber auch jenseits von solch illusionären Konzepten werden Kinder von ihren Eltern in immer jüngerem Alter an Entscheidungen beteiligt. Familiensoziologen beschreiben den Wandel als einen Übergang von der hierarchisch organisierten Generationenfamilie zum egalitären Verhandlungshaushalt. Trotz einzelner gesellschaftlich diskutierter Lobeshymnen auf Autorität und Disziplin steht insgesamt nicht mehr die Erziehung durch die Erwachsenen, sondern das Bedürfnis- und Beziehungsleben des Kindes im Mittelpunkt der Familiendynamik.

> Ein wesentliches Merkmal des verhandlungsorientierten Erziehungsstils ist sein Fokus auf kommunikativen Austausch und Wertschätzung kindlicher Lebensäußerungen. Die zentralen Erziehungsvorstellungen sind nicht mehr Gehorsam und Unterordnung, sondern Selbständigkeit und freier Wille. (Dornes 2010: 996)

Da Erwachsene eine immer größere Scheu vor emotionaler Abhängigkeit und langfristiger Verantwortlichkeit in libidinösen Beziehungen haben, wird das Kind immer weniger als abhängiges kleines Wesen konzipiert, das vor

allem die Liebe, den Schutz und die erzieherische Anleitung der Erwachsenen braucht, sondern eher als ein unabhängiges Wesen mit eigener Bedürfnisstruktur, die respektiert und anerkannt werden müsse, wenn es sich zu einer
flexiblen selbständigen Persönlichkeit entwickeln soll. Das moderne Bild des
Kindes zu Anfang des 21. Jahrhunderts ist durch Selbständigkeit, Flexibilität,
Verantwortlichkeit und Bildungsaufgeschlossenheit gekennzeichnet. Pointiert
gesagt: *Das Kind soll eigentlich schon erwachsen sein, kurz nachdem es auf
die Welt gekommen ist.*

Aber gibt es dieses Kind wirklich? Haben sich die psychischen Gesetzmäßigkeiten in so kurzer Zeit verändert? Gibt es das modernisierte Kind?

Ich möchte meine Überlegungen vorläufig thesenartig zusammenfassen:

*Der Bedeutungsverlust des Vaters, die Entwertung der generationalen Tra-
dition im Zusammenwirken mit den beschleunigten Modernisierungserfah-
rungen einer multioptionalen Gesellschaft haben das Sicherheitsgefühl vieler
Eltern labilisiert und zu einer Erhöhung des subjektiven Angstgefühls insbesondere über die Zukunftsperspektiven ihrer Kinder beigetragen. Dies führt zu
einer nicht auflösbaren Spannung, sich einerseits an den momentanen, aktuellen Glückserwartungen des Kindes zu orientieren und andererseits die kognitive Schulbildung des Kindes so voranzutreiben, dass die prognostizierten
zukünftigen Erwartungen eines internationalen Marktes erfüllt werden. Kinder und vor allem Jugendliche reagieren auf die unbewusst auf sie übertra-
gene Zukunftsangst von Eltern und Gesellschaft, wenn sie als offener oder
subtiler Bildungsdruck spürbar wird, abhängig von der psychischen Struktur
mit leistungsbezogener Umsetzung der Bildungsvorgaben, mit unruhigem oder
aggressiv-trotzigen Verhalten, mit regressiven Entstrukturierungen oder mit
depressiver Antriebslosigkeit.*

Die Psyche eines modernen Kindes

Kommen wir nun von der sozialpsychologischen Makroperspektive zur psychoanalytischen Mikroperspektive. Ich möchte Ihnen nun ein Mädchen vorstellen, das aus einer modernen bildungsorientierten Verhandlungsfamilie
stammt. Ich möchte deshalb ein Mädchen vorstellen, weil Mädchen im Ge-

gensatz zu Jungen als Bildungsgewinner der Moderne gelten. Bei den Jungen bringen Erziehungswissenschaftler (Hurrelmann 2012), Gesundheitsforscher (Stier/Winter 2013) und Psychoanalytiker (Dammasch/Metzger/Teising 2010; Dammasch 2012) allmählich ans Tageslicht, dass sie deutlich schlechter als Mädchen mit den gewonnenen Freiheiten umgehen können. Die fehlende Präsenz eines liebevollen und Grenzen setzenden Vaters, das Aufweichen kultureller Moral und die phallische Desorientiertheit labilisieren die Männlichkeitsentwicklung. Jungen werden immer unruhiger, aggressiver oder lustloser in ihrem psychosozialen Verhalten, und ihre Noten verschlechtern sich in der Schule. Unsichere Bindungserfahrungen, die Dominanz weiblicher Lebensentwürfe und der Verlust der identitätsstiftenden Auseinandersetzung und Identifizierung mit einem von der Mutter anerkannten ödipalen Vater schwächen das Sicherheitsgefühl einer stabilen Identität des Jungen.

Anders die Mädchen: Die weitgehende Auflösung der Geschlechterhierarchie, die Teilnahme der Mutter an beruflichen und gesellschaftlichen Prozessen und die Demokratisierung und Feminisierung von Familie und Bildungsverhältnissen führen tendenziell bei den Mädchen zur Verwirklichung eigener, bisher reglementierter Selbstanteile.

Da also bei einer wachsenden Zahl von Jungen die psychodynamischen Ursachen für ihre psychosozialen Konflikte und der Bildungsabstieg in der Moderne bereits mehrfach diskutiert wurden, möchte ich als Kontrast ein begabtes, sozial kompetentes, vielseitig interessiertes Mädchen vorstellen, das immer zu den Klassenbesten gehört hat. Der Zufall wollte es, dass ich zeitnah gleich mehrere ähnlich strukturierte Fälle in meiner kinderpsychotherapeutischen Praxis behandelte: Erfolgreiche Töchter von modernen bildungsorientierten gleichberechtigten Elternpaaren. Einen dieser Fälle werde ich kurz im Hinblick auf das Thema hin skizzieren.

Was führt ein solch erfolgreiches Mädchen zur Kinderpsychoanalyse?

Ihre besorgten Eltern, die extra aus dem reichlich weit entfernten D. zu mir kommen, melden Sofie im Alter von acht Jahren bei mir an, weil sie nicht mehr in die Schule gehen könne. Sie habe Angst, ihr Zuhause zu verlassen, weil sie sich eventuell verlaufen könnte und weil sie Angst vor dem Straßen-Dschungel der Großstadt habe. Sie befürchte, die Orientierung zu verlieren, weder den Eingang zur Schule zu finden noch nach Hause zurückzufinden. Zuhause zu bleiben gebe ihr ein Gefühl der Sicherheit. Sie wolle nur noch in der Sicherheit ihrer Wohnung bleiben und wolle, dass ihre Mutter immer bei ihr bliebe. Einmal habe sie der Tante erzählt, dass es ihr so vorkomme, als wenn ihr Selbst in Scherben aufgelöst auf dem Boden verteilt liege.

Sofie ist die Tochter eines unverheirateten Akademikerpaares. Der Vater ist Journalist einer Wochenzeitschrift, die Mutter arbeitet in der Pharmaforschung. Nach der Geburt arbeitet die Mutter kurzzeitig weniger, findet aber mit sechs Monaten dann eine Tagesmutter für ihren Säugling. Mit 18 Monaten besucht Sofie eine Krabbelstube. Sofie hat die Veränderungen ihrer Beziehungsumwelt gut mitgemacht, ist beliebt bei Betreuerinnen und den anderen Kindern gewesen und entwickelt gute Ich-Fähigkeiten vor allem im kognitiven Bereich. Sie ist schon früh selbständig auch deshalb, weil die Eltern sie früh als denkendes Subjekt sehen und ihr alles erklären. Sie kann mit zehn Monaten laufen und mit zwei Jahren in grammatikalisch perfekten Sätzen reden, was sie aber von den anderen Kindern auch manchmal isoliert. Die Windeln hat sie sich mit 2½ Jahren selbst abgelegt. Mit drei Jahren geht sie in den Kindergarten, ist allseits beliebt. Der Übergang in die Schule gelingt ihr spielerisch leicht. Bald gehört sie zu den Klassenbesten.

In der Familie herrscht ein demokratischer Beziehungsstil. Da Sofie ihr einziges Kind ist, können die Eltern sich weitgehend nach ihren Bedürfnissen richten und alles verständnisvoll ausdiskutieren, ohne dass es zu größeren Konflikten kommt. Sie wird in jungem Alter mit einbezogen, wenn es um das Ziel einer Urlaubsreise geht, wenn es um die Einladung und Ausgestaltung des Geburtstags geht, wenn es um das Essen geht, wenn es um die Auswahl des Musikinstruments geht. Alles in allem also eine moderne Verhandlungsfamilie und ein begabtes nettes Mädchen mit sozialer und kognitiver Kompetenz, das sich scheinbar mühelos den Änderungen ihrer Umwelt und den kognitiven Anforderungen nicht nur anpassen, sondern sie auch kreativ nutzen kann.

Umso überraschter sind die Eltern nun darüber, dass für Sofie plötzlich die außerfamiliäre Umwelt zum bedrohlichen Feind und die vielfältigen Anforderungen des sozialen Lebens in der Schule zu einer unüberwindlichen Hürde werden. Erschreckt sind sie darüber, dass Sofie das Gefühl äußert, ihr Selbst halte nicht zusammen und fühle sich manchmal aufgelöst an.

Die therapeutische Beziehung zu Sofie ist atmosphärisch vor allem durch ein gegenseitiges warmes Wohlwollen gekennzeichnet. Sie erscheint mir sehr reif, ohne rational oder altklug zu wirken. Sie zeigt sich aktiv, kreativ und wortgewandt. Schnell komme ich mit ihr ins Gespräch, und sie nutzt den Raum zur Darstellung ihrer Phantasien. Zunächst beschäftigt sie sich intensiv mit der bildnerischen Erschaffung von neuen Familien. Sie erfindet »Alien-Familien« und beschäftigt sich mit E. T., dem Außerirdischen, der weit weg orientierungslos in einer fremden Welt lebe. Dabei ist es ihr wichtig, dass die Aliens einen Sender tragen, mit dem sie Verbindung zur Heimat oder zu den Eltern herstellen können. Sie trägt auch immer ein Handy bei sich, mit dem sie mehrmals am Tag mit ihrer Mutter im Kontakt ist.

Im therapeutischen Dialog wird uns allmählich klar, dass sie sich manchmal in der Schule, wie auch schon früher im Kindergarten wie ein Alien, eine Fremde fühlt und sie sich nur in ihrer Familie sicher und zuhause fühlt. Der therapeutische Raum mit mir zusammen wird zu ihrer familiären Außenstation. Allerdings hat sie Angst vor den Wegen. Erst nach längerer Zeit kann sie ohne elterliche Begleitung alleine durch den Hausflur zu mir kommen, ohne von Angst überfallen zu werden. Es fällt ihr schwer, ihre Phantasiewelt von der wirklichen Welt zu unterscheiden.

In unserer kreativ-reifen, liebevoll konfliktfreien Atmosphäre wird das Kinderkriegen für sie ein Thema. Sie malt ein Alien-Baby, das sie mit einer Decke zudeckt. Sie malt ihm eine Flasche. Sie stattet die Alien-Eltern mit einer eigenen Form der Fortpflanzung aus: Die Aliens bekommen Kinder dadurch, dass ein männliches und ein weibliches Wesen gemeinsam intensiv an ein Kind denken.

In den Stunden daraufhin schaut mich die Patientin zu Beginn immer lange und durchdringend an. Ein intensiver Augenkontakt entsteht. Ich bringe dies in Zusammenhang mit der Befruchtungsvorstellung ihrer Aliens. Ich sage ihr, dass, wenn wir Aliens wären, wir ja, wenn wir beide daran denken würden, zusammen ein Kind bekommen könnten, so lange, wie sie mir heute in die Augen schaue. Sie habe ja auch schon ein Baby in ihrem Bild erschaffen. Sie lächelt wissend und malt daraufhin eine neue Alien-Familie und setzt dabei das befruchtungsfähige Alter von Alien-Mädchen jetzt wie bei den Menschen auf 12 Jahre fest. Da hat sie dann noch drei Jahre Zeit.

Die zeichnerisch-kreative Begrenzung des ödipalen Wunsches reicht aber nicht. Der Kinderwunsch scheint sie weiterhin zu beschäftigen, denn sie entwickelt Zwangsrituale, darf zum Beispiel nicht auf dem Flurläufer gehen, auf dem ich gehe, klettert mühselig von hinten auf ihren Stuhl, damit sie nicht auf den Teppich kommt, auf dem meine Füße stehen. Es entsteht ein merkwürdiger Zwiespalt: einerseits ein Gefühl liebevoller gedanklicher Zweisamkeit und andererseits ein konkretistisch-zwanghaftes Aus-dem-Wege-Gehen. Magische

Phantasien und Vermeidungsverhalten im Kontakt scheinen zwei Seiten der gleichen Medaille zu sein.

Es wird deutlich, dass die Inzestphantasie von Sofie nur schwer verdrängt werden kann und der zusätzlichen Absicherung durch Zwangsmaßnahmen bedarf. In der Vorpubertät beginnt sie nun auch zuhause damit, Zwänge zu entwickeln: So darf nichts in ihr Bett, das nicht absolut rein und sauber ist. Zudem erscheint ihr die Stabilität der elterlichen Beziehung, die weder durch ein staatliches noch ein religiöses Ehegesetz zusätzlich abgesichert worden ist, nicht wirklich sicher. Sie entwickelt Ängste davor, dass die Eltern sich trennen, weil sie bereits andere Liebespartner hätten. Hier konnte ich verstehen, wie die Abwesenheit der durch die Eltern anerkannten staatlichen oder religiösen Grenzen das innere Sicherheitsgefühl des Mädchens im Herannahen pubertärer, ödipaler Triebwünsche zusätzlich erschüttern kann. Wer sichert ihr verbindlich zu, dass die eigenen magischen Gedanken nicht Realität werden können, wenn doch schon die Eltern sich alle Beziehungsoptionen offenhalten?

Während Sofie den therapeutischen Raum dafür nutzen kann, ihre Wünsche und Ängste und regressiven Bewegungen darzustellen und wir sie gemeinsam zunehmend besser verstehen und bearbeiten können, kann sie in der Schule wieder reifer werden. Auch der Übergang zum Gymnasium gelingt ihr so mühelos, dass sie bald zur Klassenbesten wird, allerdings hat sie trotz Freundinnen immer die Sorge, von der Klassengemeinschaft nicht aufgenommen zu sein. Sie schwankt zwischen Großartigkeitsgedanken und der Angst vor dem Ausschluss. Andere Mädchen reduzieren sogar ihre herausragenden Leistungsfähigkeiten zugunsten des Gefühls, von der Mädchengruppe akzeptiert zu werden. Trotz ihres narzisstischen Bedürfnisses, einzigartig sein zu wollen, ist der doppeldeutige Begriff *Einsame Spitze* für Sofie wie für viele andere Mädchen eher abschreckend.

Schnell entsteht der Gedanke bei den Eltern und bei mir, dass man die Therapie aufgrund der Verständigkeit und Reife von Sofie bald beenden könne. Allein Sofie hat etwas dagegen. Sie produziert Ängste vor Geistern, die nach oben kommen und die sie nur mühselig mit den Füßen zurückstoßen könne, um mir deutlich zu machen, dass sie keineswegs so groß und reif sei, wie sie erscheine.

Durch die neuerliche Zunahme der Symptome und die nach oben drängenden Geister wird klar, dass es auf Seiten der Eltern und des Therapeuten eine Wiederholungstendenz gibt, ihr aufgrund der kognitiv-sprachlichen Begabung wie in ihrer Kleinkinderzeit *zu früh zu viel* Selbständigkeit und Eigenverantwortung zuzutrauen.

In der Frühkindheit ermöglichte Sofies gute Anpassungsfähigkeit den Eltern, ihre eigenen beruflichen Vorstellungen zu verwirklichen. Dadurch, dass Mädchen stärker als Jungen menschliche Beziehungen aktiv gestalten und nutzen können und durch die enge Mutter-Tochter-Beziehung auch eher gewohnt sind, sich an die Bedürfnisse wohlwollender Bezugspersonen anzupassen, kommen Mädchen mit den Selbständigkeitsanforderungen der heutigen Zeit zunächst scheinbar gut zurecht. Dies zeigt sich dann auch in der Schule, in der die Mädchen, auch um ihrer Lehrerin zu gefallen, gut lernen können. Aber irgendwann, meist in der Pubertät, erleben auch sie eine Überforderung im Austarieren von Autonomieerwartungen, Bindungswünschen und schulischen Bildungserwartungen. Es kommt zu regressiven Angstentbindungen. Im Verlaufe der Behandlung konnten wir in einem intensiven psychoanalytischen Beziehungsprozess die Ursachen ihrer Probleme verstehen. Dabei kamen uns ihre szenischen und künstlerischen Darstellungsfähigkeiten und ihre Sprachbegabung zur Hilfe.

Als die Kinderpsychoanalyse sich dem Ende nähert und Sofie sich zu einem selbstsicheren Mädchen entwickelt hat, es eigentlich keinen Grund mehr für eine Fortsetzung der Behandlung gibt, besteht sie dennoch auf der Fortsetzung ihrer Stunden. Ich sage ihr, dass es ihr doch jetzt eigentlich relativ gut gehe, sie feste Freundinnen habe, sie in der Schule prima sei und doch auch gut in der Lage sei, mit ihren Ängsten umzugehen. Warum also wolle sie denn weiter zu mir kommen?

Ihre Antwort: »Nur hier bin ich einzigartig und kann auch manchmal so klein sein wie ich mich fühle.«

Einzigartig sein, für den Anderen etwas Besonderes sein, nicht austauschbar sein, im Anderen etwas bewirken zu können – das ist ein essentieller Wunsch genauso wie der Wunsch, die kindlichen Abhängigkeitswünsche in einer Beziehung anerkannt zu bekommen. Wieso betont Sofie dies, obwohl sie doch tatsächlich das einzigartige Juwel ihrer Eltern war und ist? Obwohl Sofie problemlos den kognitiven Leistungsanforderungen der modernen Gesellschaft genügen kann, nimmt sie doch die Einschränkungen ihrer Einzigartigkeit als Subjekt wahr.

Sofie wurde und wird von ihren Eltern geliebt, musste sich aber gleichzeitig früh an die Standardisierungen sozialer Institutionen anpassen. Sie wurde im zarten Alter von einem Jahr in die Krippe gegeben. Dort wurde sie eine unter vielen, musste sich dem Rhythmus der Institution anpassen, musste essen, wenn alle gegessen haben, musste schlafen, wenn alle schliefen, musste spielen, wenn Spielzeit für alle vorgesehen war, konnte nur schmusen, wenn die beiden Erzieherinnen nicht gerade mit den anderen elf Kindern beschäftigt waren.

Der Narzissmus des Mädchens wurde dadurch früh gekränkt. Der von Donald W. Winnicott (1984) als Grundlage einer gesunden Entwicklung gesehene Aufbau der Illusion, allmächtig zu sein, sich als Beherrscher der Welt zu fühlen, Bezugspersonen zu haben, die sich den Bedürfnissen des zunächst ganz und gar abhängigen Kindes anpassen, wurde allzu früh zerstört und die Anpassungsrichtung umgedreht. Nicht mehr die mütterliche oder väterliche fördernde Umwelt orientierte sich an den primären Bedürfnissen des Kindes, sondern das Kind musste sich an die Gegebenheiten der Umwelt anpassen. Sofie wurde zu früh kollektiviert und zu einem Kind unter vielen gemacht, das sich angleichen musste. Dies alleine hat sicher nicht zum psychischen Zusammenbruch geführt, aber hat den Sicherheitsrahmen des kindlichen Größerwerdens zusätzlich ins Wanken gebracht.

Resumée

Mit Sofie haben wir ein modernes Kind mit zeitgemäßen, beruflich engagierten Eltern vor uns. Gleichzeitig sehen wir, wie das innerseelische Gleichgewicht durch die frühe Unterbrechung der *Kontinuität des Seins (*Winnicott 1984*)* im Rahmen einer stabilen fördernden familialen Umwelt in Mitleidenschaft gezogen wird und wie durch den familialen Verhandlungsmodus die Grenze zwischen den Wünschen der Phantasie und deren Verwirklichungen in der Realität aufgeweicht wird, was zu Angstentbindungen führt. Das frühkindliche magische Denken bleibt erhalten und färbt die inzestuösen ödipalen Wünsche, sodass es nicht zu einer stabilen Verdrängung und Latenzphase kommen kann. In dieser modernen partnerschaftlichen Verhandlungsfamilie ist für das Mädchen die Grenze zwischen Phantasie und Realität – die Generationenschranke und damit das Inzesttabu – nicht stabil genug.

Wir sehen in unserer klinischen Praxis, dass die von den Familiensoziologen beschriebene Orientierung der Eltern an den Wünschen des Kindes doch oft nur eine scheinbare ist. Denn was ein Kind wirklich braucht, sind Mutter und Vater, die sich auf die frühen Abhängigkeitsbedürfnisse einlassen, das Kind die Illusion entwickeln lassen, im Zentrum der Welt zu stehen, damit es die Wirksamkeit des eigenen Selbst und seiner Triebwünsche erfahren kann. Und trotz aller Optionen braucht eine gesunde Entwicklung dann die nichttraumatische, aber beharrliche Erfahrung der Desillusionierung des kindlichen Omnipotenzgefühls. Dazu braucht es Eltern, die konstant emotionale Verantwortung übernehmen und dem Kind Zeit lassen können. *Die beschleunigte Bildungseuphorie und die Selbständigkeitsbetonung der Moderne, die in ökonomischer Perspektivenverengung tendenziell die Notwendigkeit emotionaler Abhängigkeitsbeziehungen verleugnet, sind mit den Bedürfnissen und dem eigenen Rhythmus gesunder kindlicher Entwicklung auf Dauer nicht in Übereinstimmung zu bringen.*

Der schon von Freud immer wieder betonte innere Konflikt zwischen menschlicher Triebnatur und menschlicher Kultur bleibt letztlich unversöhnlich bestehen. Die Psychoanalyse des Kindes hat auch die politische Aufgabe, immer von neuem darauf hinzuweisen, dass die Bindungswünsche und Bedürfnisstruktur des Kindes sich regelmäßig im Widerspruch zu den pseudoreifen Kindheitsbildern einer durchökonomisierten Moderne befinden. Damit die Kinder auch weiterhin einen – oft unbequemen – klinisch kompetent ausgebildeten Anwalt für ihre entwicklungspsychologischen Bedürfnisse behalten, ist es auch berufspolitisch unbedingt notwendig, sich dafür einzusetzen, dass die Kinder- und Jugendlichen-Psychotherapie als eigenständiger Heilberuf erhalten bleibt. Mit der Beibehaltung der gesetzlich fixierten Eigenständigkeit der Ausbildung zum Kinderpsychotherapeuten wird auch die Wertschätzung der Kindheit als eines eigenen Entwicklungsraumes mit spezifischen Struktureigenheiten, die sich von den Eigenheiten des Erwachsenseins und des Erwerbslebens unterscheiden, ausdrücklich ein wichtiger kultureller Wert beigemessen.

Literatur

Dornes, M. (2010): Die Modernisierung der Seele. In: Psyche, 64. Jg.: 995-1033.

Dammasch, F. (Hrsg.) (2012): Jungen in der Krise. Das schwache Geschlecht? Frankfurt a. M.

Dammasch, F./Metzger, H.-G./Teising, M. (Hrsg.) (2009): Männliche Identität. Psychoanalytische Erkundungen. Frankfurt a. M.

Ehrenberg, A. (2008): Das erschöpfte Selbst. Depression und Gesellschaft in der Gegenwart. Frankfurt a. M.

Hessischer Bildungs- und Erziehungsplan für Kinder von 0 bis 10 Jahren, 2008, 4. Auflage 2012, herausgegeben vom Hessischen Sozialministerium und vom Hessischen Kultusministerium.

Hurrelmann, K./Schultz, T. (Hrsg.) (2012): Jungen als Bildungsverlierer. Weinheim und Basel.

Marcuse, H. (1968): Das Veralten der Psychoanalyse. In (Ders.): Kultur und Gesellschaft 2, Frankfurt a. M.

Mitscherlich, A. (1963): Auf dem Weg zur vaterlosen Gesellschaft. München.

Rosa, H. (2009): Jedes Ding hat keine Zeit? Flexible Menschen in rasenden Verhältnissen. In: King/Gerisch (Hrsg.): Zeitgewinn und Selbstverlust. Frankfurt a. M.

Sennet, R. (2000): Der flexible Mensch. Die Kultur des neuen Kapitalismus. Berlin.

Stier, B./Winter, R. (Hrsg.) (2013): Jungen und Gesundheit. Stuttgart.

Winnicott, D. W. (dt. 1984, engl. 1965): Reifungsprozesse und fördernde Umwelt. Frankfurt a. M.

Vera King

OPTIMIERTE KINDHEITEN
Familiale Fürsorge im Kontext von Beschleunigung
und Flexibilisierung

Eltern versuchen, wie zeitgenössische Studien zeigen,[1] in verstärktem Maße, förderliche Voraussetzungen für Entwicklung und Bildung ihrer Kinder zu schaffen. Nach Henry-Huthmacher habe es »noch nie so viele reflektierende, bewusst erziehende Eltern wie heute« gegeben (2008, S. 3). Viele wollen »das Beste« für ihre Kinder. Einer optimalen Unterstützung und Förderung des Kindes wird in verschiedenen sozialen Milieus große Bedeutung zugemessen. Auch scheint im historischen Vergleich die Tendenz zur, wie man sagen könnte, libidinösen und narzisstischen Besetzung des »*Projekts*« *Kind* zugenommen zu haben.[2] Nicht selten verbunden mit dem Wunsch und Ehrgeiz, es möge sich um ein »erfolgreiches Projekt« handeln. Entsprechende Bestrebungen sind in diesem Sinne einmal eine Folge des veränderten Stellenwerts von Kindern in (spät-)modernen Biographien, die auch kompensatorische Funktion haben können. Sie sind zum anderen jedoch eine Folge dessen, dass Kinder auf eine unwägbare, da rasch sich wandelnde Zukunft nur dann ausreichend vorbereitet erscheinen, wenn sie eben die bestmöglichen Voraussetzungen mitbringen. Kinder sollen aus dieser Sicht im Bildungswettbewerb bestehen und zumindest mithalten, sie sollen optimalerweise schon früh besondere, sichtbare »Talente« vorweisen können, wenn möglich besser sein als andere (Zeiher 2009). Vor allem in Bezug auf die Bildungsvoraussetzungen wird dieses Thema auch in den Medien und in anderen Bereichen der Öffentlichkeit permanent ventiliert. Entsprechende Diskussionen über »die beste Frühförderung, die beste Schule, die effektivste und förderndste Freizeitgestaltung der Kinder« lassen die »Wettbewerbslogik«

---

[1] Vgl. zum Beispiel: BMFSFJ 2006, 2012; Henry-Hutmacher/Bochard 2008; Jurczyk u. a. 2009.

[2] Etwa in Relation zu instrumentell-ökonomischen oder eher an Konventionen der Lebensführung orientierten Motiven zur Elternschaft.

auch in den in anderer Hinsicht notwendig geschützten Raum der Familie eindringen (Henry-Huthmacher 2008, S. 3).[3] Damit steht sogleich die Frage im Raum, in welchem Sinne sich kindliche Entwicklungen und Bildungsprozesse überhaupt »optimieren« lassen und welche Folgen solche Bestrebungen haben.

Hinzu kommt – und darauf verweisen die Stichworte des Untertitels Beschleunigung und Flexibilisierung –, dass die Räume oder Spielräume der Kindheit zugleich kleiner, weniger dauerhaft und weniger verlässlich oder weniger überschaubar geworden sind. Die Entwicklungsdauer und -zeiten, die Kindern zugestanden werden, die Zeiten, die Kindern gewidmet werden, haben sich in etlichen Bereichen eher verringert. Förderliche Bedingungen für Entwicklung sind schwer abzuwägen, während zugleich zeitliche Ressourcen in vielen Bereichen knapper geworden sind (Jurczyk/Szymenderski 2012). Die mit diesen Konstellationen und Befunden verbundenen Merkmale, Widersprüche und Paradoxien familialer Fürsorge werden im Folgenden beleuchtet.

1. Direkte und vermittelte Auswirkungen sozialen Wandels – Motive der Anpassung

Doch zunächst noch einige konzeptuelle und methodische Bemerkungen: Der Titel dieses Bandes – *Das modernisierte Kind* – stellt offenkundig eine starke begriffliche Verdichtung dar: Denn zunächst einmal sind es die gesellschaftlichen Verhältnisse, in denen Kinder aufwachsen, die modernisiert sind, also im Verlauf der Moderne spezifische Wandlungen durchlaufen haben. Im Ergebnis verändern sich, so die darin steckende These, die sozialen, psychosozialen und psychischen Erfahrungen von Kindern oder Heranwachsenden. Eine zentrale Frage lautet also: (wie) wirken sich soziale Wandlungen der gegenwärtigen Moderne auf psychische Entwicklungen der Generation von Heranwachsenden aus? Im knappen Titel *Das modernisierte Kind* verbirgt sich insofern eine der psychoanalytischen und sozialwissenschaftlichen oder auch kulturanalytischen großen Herausforderungen – nämlich Wege zu finden, wie

---

[3] Vgl. auch Haubl/Dammasch/Krebs (2009).

diese Zusammenhänge zwischen gesellschaftlichen und psychischen Veränderungen erhellt werden können.

Dabei gilt es – bezüglich der Folgen für psychische Entwicklungen von Heranwachsenden – zu unterscheiden: einmal die *direkten* Effekte (veränderte Lebensumstände, Medien, schulische Bedingungen) und zum andern die *indirekten* Effekte, die vermittelt sind über die Veränderungen von Familien- und Generationenbeziehungen, von psychischen Dispositionen der Eltern, von kulturell üblichen Umgangsweisen und Praktiken der Erziehung und Fürsorge für Kinder (King 2011b). So wirkt sich ein großer Teil sozialer Wandlungen auf Psychisches eben indirekt, kumulativ und zeitlich verzögert aus: Und zwar indem Kinder und Adoleszente unter veränderten Bedingungen aufwachsen und dann als Erwachsene, als Eltern veränderte psychische Dispositionen im Verhältnis zu den eigenen Kindern mitbringen (die wiederum nicht einfach linear und gleichförmig verändert sind, sondern in zahlreichen, hochspezifischen biographischen Variationen). Die Zusammenhänge sind also mehrfach vermittelt.

Eine weitere Vorbemerkung: Mit den Begriffen der Beschleunigung und Flexibilisierung sind Bedingungen und Merkmale der Wachstumsdynamik gegenwärtiger Gesellschaften und Ökonomien gekennzeichnet, die ständiger Optimierung bedürfen, um gleichsam das Rad am Laufen zu halten und um im ständigen Wettbewerb der Märkte im Großen und im Kleinen zu bestehen. Aus dieser Sicht scheint es sich bei Beschleunigung und Optimierung zunächst um Prozesse zu handeln, die in eine Richtung laufen oder konvergieren: nämlich das stete Ringen darum, schneller und effizienter besser zu werden. In anderen Hinsichten stehen sie jedoch auch *in Widerspruch zueinander*, insofern »besser zu werden« in manchen Bereichen Zeit braucht und eben gerade nicht beliebig zu beschleunigen ist. Auch können Optimierungswidersprüche zwischen verschiedenen Bereichen entstehen, etwa zwischen Beruf und Familie. Und es gibt Bereiche, die sich auch nicht ohne Not flexibilisieren, effektivieren oder optimieren lassen. Dazu gehören insbesondere auch nahe Beziehungen – Liebesbeziehungen, Freundschaften, Eltern-Kind-Beziehungen. Insofern können wir von erheblichen Paradoxien, Reibungen und Konfliktpotenzialen ausgehen. Gleichwohl bewegen wir uns alle – der eine oder andere mehr oder weniger betroffen – ständig im Rahmen dieser systemischen Maxime der Effizienz und der Leistungssteigerungen, vor allem im Beruf, aber auch in anderen Bereichen des Alltags, vielfach unfreiwillig, von Zwängen angetrieben.

Das damit verbundene Unbehagen wurde und wird in verschiedenen Varianten kritisiert – und gerade diejenigen, die nicht mithalten können, müssen sich bedroht fühlen. Doch viele betreiben das Geschäft des *immer schneller, immer besser, immer mehr* durchaus – Erschöpfung hin oder her – auch mit einer gewissen Lust. Mit einer narzisstischen Lust, die, wie es in einer Studie der französischen Sozialforscherin und Psychologin Nicole Aubert über den *Kult der Dringlichkeit* (2009), einer der Befragten formulierte, etwas vom *Salz des Lebens* ausmacht. Kulturelle Dynamiken der Beschleunigung und Optimierung sind nicht nur mit Anpassungszwängen verbunden. Sie stellen vielmehr, was häufig immer noch vernachlässigt wird, zumindest zeitweilig auch narzisstische Gratifikationen bereit. Sie nähren Allmachtsphantasien, die die damit verbundene Lebensführung attraktiv erscheinen lassen, woraus sich weitreichende kulturelle und sozialisatorische Folgen ergeben können. Sie verändern den Umgang mit Begrenztheit und Vergänglichkeit. Sie haben erhebliche und im ganzen Umfang vielfach noch unbegriffene, wenig ausgelotete Folgen für die Beziehungskultur und die Qualität von Beziehungen, für Selbst- und Körperverhältnisse (Gerisch 2009; Gerisch/King 2008) und schließlich für die Bedingungen des Aufwachsens und der psychischen Entwicklung von Kindern und Jugendlichen. Übergreifend wird daher in diesem Beitrag dafür plädiert, sich nicht nur die direkten wie indirekten Folgen von Beschleunigung und Flexibilisierung genau zu vergegenwärtigen (wofür Befunde und rezente Studien über Wandlungen familialer Fürsorgebeziehungen einbezogen werden, um die möglichen psychischen Folgen präziser fassen zu können), sondern auch die Motive der Anpassung an beschleunigte und flexibilisierte Verhältnisse durchgängig mit zu analysieren (King 2011a).

2. Beschleunigung und Flexibilisierung – Bedingungen des Aufwachsens

Wandlungen von Zeitverhältnissen in Richtung Beschleunigung und Flexibilisierung gelten als Merkmale der Moderne (Adam 2003; Sennett 1998), die in der »späten«, gegenwärtigen Moderne eine neue Qualität und Zuspitzungen erfahren haben. Diese Veränderungen sind verbunden mit der Art der Wertschöpfung, des Wachstums im Rahmen der bestehenden Wettbewerbslogik sowie den technologischen Entwicklungen der gegenwärtigen Gesellschaften. Sie haben nicht nur dazu geführt, dass Verdichtung, Vergleichzeitigung und Entgrenzung zunehmen, dass sich Lebenstempo wie Handlungs- und Erfahrungsepisoden pro Zeiteinheit (Rosa 2005, S. 218ff.) weiter steigern, sondern auch dazu, dass die Bedeutung von Langfristigkeit ebenso wie die »kollektiven Rhythmen des sozialen Lebens« abzunehmen neigen (ebd., S. 367). Diese Wandlungen zeigen sich in unterschiedlichen Lebensbereichen: in Arbeitsabläufen, im Bildungssystem und im Alltag der Familien. So muss Alltagspraxis infolgedessen einerseits genauer geplant und koordiniert, andererseits in höherem Maße flexibel, situativ und ereignisabhängiger gestaltet werden. Erfolgsbedingung ist in diesem Sinne nicht nur, »schnell zu sein« (Nowotny 1993), passgenaues »Timing« heißt zudem, *sich effizient und rasch umstellen* zu können.

Mit diesen Anforderungen sind auch Heranwachsende früh konfrontiert, deren Lebensrealitäten in Kindheit und Jugend von Beschleunigungstendenzen geprägt werden. Diese zeigen sich in Deutschland bekanntermaßen in der Verkürzung der gymnasialen Regelschulzeit, der vorgesehenen Studienzeiten, aber auch in erhöhten Bildungsansprüchen im Vorschulalter. Tendenziell nimmt die Verlagerung von Leistungsanforderungen auf frühe Phasen des Lebens zu. Normen von Bildung und Erziehung verschieben sich in Richtung dessen, institutionelle Ziele und angestrebte Kompetenzen schneller, effektiver und in jüngerem Alter zu erreichen (Dörpinghaus 2009). Ebenso wichtig erscheint es dann, möglichst früh erfolgversprechende Wege einzuschlagen. Wie Michael Sandel (2008) für die USA betont (und vergleichbare Trends zeigen sich auch in Asien und Europa), sorgen sich viele Eltern schon bei kleinen Kindern um günstige Ausgangspositionen. So beginne beispielsweise in bestimmten Milieus »das Gerangel um die richtige Platzierung und Positionierung ihrer Kinder für die Zulassung zu einer Elite-Hochschule bereits in der frühen Kindheit« (ebd., S. 78), indem von Anfang an Plätze in begehrten Vorschulen, Grundschulen usw. zu erkämpfen versucht werden. Sandel bietet in seiner Schrift *The Case about Perfection*[4] eine Fülle von Beispielen dazu, welche teils eigentümlichen und zugleich vielsagenden Blüten diese von Eltern »für« und »über« ihre Kinder geführten Anstrengungen hervortreiben. So zum Beispiel:

---

[4] Deutsch: »Plädoyer gegen die Perfektion« (2008 Berlin University Press).

Wenn Kinder im Vorschulalter sich bei privaten Kindergärten und Grundschulen bewerben, hängt ihr Schicksal von wohlwollenden Empfehlungsschreiben und einem standardisierten Test zur Messung ihrer Intelligenz ab. Manche Eltern lassen ihre Kinder auf diesen Test vorbereiten. Viele geben sogar 34,95 Dollar für ein neues, viel verkauftes Spielzeug aus, ein buntes Gerät mit Lichtern und Digitalanzeige, das kleinen Kindern beibringen soll, wie sie bei einem standardisierten Test die Zeit einhalten. Empfohlen für Kinder im Alter ab vier Jahren, bietet der *TimeTracker* eine hilfsbereite elektronische Männerstimme, die verkündet: »Anfangen« und »Zeit abgelaufen« (ebd., S. 78f.).

Insbesondere die (hier dem Anspruch nach »spielerisch pädagogisch« eingebaute) Mahnung der *abgelaufenen Zeit* ist als disziplinierende Figur – gewiss über solche speziellen Beispiele hinaus – in ihrer teils manifesten, vielfach auch latenten Wirksamkeit nicht zu unterschätzen. Das Bestehen im Wettbewerb um soziale Positionen muss früh eingeübt und Zeitbewusstheit verinnerlicht werden, so die Botschaft. Hinzu kommt: Während Kinder in vielen Bereichen immer früher lernen sollen, Zeit zu kontrollieren, schnell zu sein und rasch zu lernen,[5] werden kulturelle Praktiken oder Wissensbestände zugleich schneller verworfen und erneuert. Eine der zentralen Fähigkeiten, die im Prozess des Aufwachsens gelernt werden müssen, um zurechtzukommen, ist somit die psychische Kompetenz zur flexiblen Umstellung auf rasch wechselnde, neue Situationen, Inhalte und Bedingungen. Aus dieser Sicht ist es gerade das biographische Erlernen einer Art kompetenter *optimierter Selbstflexibilisierung*, die als funktional oder auch unhintergehbar erscheint. Damit ist im Kern zugleich eine hohe Anforderung vor allem an Trennungsfähigkeiten gestellt, die jedoch – und damit stoßen wir auf eine grundlegende Paradoxie – nur im Kontext verlässlicher, langfristiger, stabiler Beziehungserfahrungen heranreifen können.

Denn gerade die auf körperliche und emotionale Bedürftigkeit ausgerichteten, familialen Fürsorgebeziehungen unterliegen einer eigenen Zeitlogik und

---

[5] Und kehrseitig wiederum beschreibt Sandel, dass »eine wachsende Anzahl von Eltern versucht, bei ihren Kindern in der Mittel- oder Oberstufe eine Lernschwäche diagnostizieren zu lassen, nur um zusätzliche Zeit für die Aufnahmeprüfung (auf die Hochschule, V. K.) zu bekommen« (2008, S. 76). Die Spannung zwischen der Anpassung an Zeit- und Leistungsdruck und Versuchen der Kompensation des Misslingens zeigt sich u. a. auch in der Verwendung von leistungs- oder konzentrationssteigernden Mitteln (vgl. dazu auch Haubl/Liebsch 2009; Ahrbeck 2008).

lassen sich nicht unbeschadet beschleunigen oder flexibilisieren. Leibbasierte Wachstums- und Reifungsprozesse sind nicht zeitlich steuerbar. Bedürfnisse oder Nöte von Kindern, aber auch von Kranken oder Pflegebedürftigen widersetzen sich der gezielten Planung. Familiale Fürsorge für Heranwachsende ist insofern auf Dauer und auf Stabilität ausgerichtet, als etwa die Entwicklung von Selbstvertrauen, Beziehungsfähigkeit und Autonomie in Kindheit und Adoleszenz »ausreichend guter« Eltern-Kind-Beziehungen bedarf, die mit der Erfahrung von Fürsorge, Anerkennung und Verlässlichkeit verknüpft sind. Fürsorge basiert in vielen Hinsichten auf Zeithaben, Sich-Zeitnehmen, in diesem Sinne auf Muße für Beziehung, Gespräch, emotionalen Austausch. Sorge für die heranwachsende Generation – vor allem in der Elternschaft, wenn auch keinesfalls auf diese beschränkt – ist daher mit einem Engagement in der Zeit verbunden. Nicht nur »die Welt« kostet Zeit, wie in Abwandlung von Blumenberg (2001, S. 73) formuliert werden kann, sondern auch das Fortbestehen in der Welt, die Sorge für die Nachkommen, beruht auf einer »Gabe von Zeit« (King 2009, S. 45f.). Die Zeitlogik der familialen Fürsorgebeziehungen steht insofern in einem schwer bewältigbaren Spannungsverhältnis zur systemischen Logik des dynamischen gesellschaftlichen Wachstums, das vielfach Schnelligkeit, Flexibilität und Mobilität verlangt.

Die damit verbundenen Widersprüche erscheinen umso gravierender, als zugleich, wie erwähnt, Ansprüche an Familien gestiegen sind (Schneider 2012). Während sich Familienformen vervielfältigt haben, sind die »gesamtgesellschaftlichen Erwartungen an die Familie« (Becklas/Klocke 2012, S. 127), an ihre »Leistungsfähigkeit« (ebd., S. 129) hinsichtlich umsichtiger Sorge und Fürsorge, Erziehung und Bildung keineswegs geringer geworden (Alt/Lange 2012, S. 122f.). Eltern richten dabei hohe Erwartungen an sich selbst, mitunter verbunden mit einer reaktiven Idealisierung der Elternschaft, über die, so Eibach/Mock (2011), Belastungen oder Defizitgefühle zu kompensieren versucht werden. »*Good enough*« zu sein – so Winnicotts prägnante Formulierung vom »good enough mothering« (1953, S. 91) als förderlicher Bedingung für die psychische Entwicklung des Kindes – erscheint dann im inneren Bild dieser Eltern gleichsam nicht gut genug, was zu Negativ-Kreisläufen von hohen Ansprüchen und Enttäuschungen führen kann. Entsprechend übersteigerte Erwartungen richten sich dann auch an das Kind, um, so die Zuspitzung der französischen Psychoanalytikerin Thompson (zit. n. Henry-Huthmacher 2008, S. 4), aus ihm »ein perfektes Wesen zu machen«. Der Leistungs- und Optimierungsdruck, der mit solchen Vorstellungen verknüpft ist, verschärft sich sowohl für Eltern als auch für Kinder und Jugendliche durch Knappheit zeitlicher Ressourcen. Dem Zeitdruck, der Akzeleration sowie den Mobilitäts- und Flexibilitätsanforderungen wird – je nach sozialem Milieu und Ressourcen – in unterschiedlicher Weise begegnet (Daly 1993). Betrachten wir einige der möglichen Konsequenzen und Bewältigungsformen, die ihrerseits »Nebenfolgen« haben (vgl. auch King/Busch 2012).

3. Folgen und Nebenfolgen von Zeitknappheit und Optimierungsbestrebungen

3.1 Überforderung

Eine zentrale Folge der beschriebenen Konstellationen ist zunächst schlicht die tendenzielle Permanenz von Zeitnot, die auch in Verbindung mit hohen Ansprüchen zu Überforderung und Erschöpfung führen kann. Viele Erwerbstätige können nur in geringerem Ausmaß am Familienleben teilnehmen, als sie es für wünschenswert oder notwendig erachten (Jurczyk u. a. 2009, S. 189ff.). Folgen der beruflichen zeitlichen Belastungen sowie der Schwierigkeiten der Vereinbarkeit von Arbeits-, Familien- und anderen Zeiten können aus Rollenkonflikten entstehende, fortdauernde Schuldgefühle sein, damit verbundene emotionale Belastungen sowie mögliche Einschränkungen der Qualität der Sorgearbeit. Zeitressourcen oder Erschöpfungsrisiken in Familien sind dabei ungleich verteilt und mit sozialen Ungleichheiten und Ressourcen für Anerkennung verknüpft (Lutz 2012). In Hinblick auf die Geschlechterverhältnisse wurde auch in jüngster Zeit wieder herausgestellt, dass Müttererwerbstätigkeit gestiegen ist, jedoch mit keiner merklichen Veränderung der Aufgabenverteilung im Haushalt einhergeht (vgl. z. B. BMFSFJ 2012; Bouffartique 2010). Umgekehrt sind die temporalen Spielräume für väterliche Fürsorge in Biographien von Männern kaum größer geworden. Insgesamt zeigen sich die stärksten Belastungen bei alleinerziehenden berufstätigen Müttern. Die gravierendsten Zeitmängel in Hinblick auf die Zeit für Familie und Kinder finden sich bei den Vätern: »Väter möchten sich stärker in der Familie engagieren,

Zeitmangel prägt jedoch ihr Familienleben. Mehr als die Hälfte der Väter haben in der Woche nur wenig Zeit für Familie, mehr als ein Drittel kann nie fest zusagen, wann sie nach Hause kommen… Nur knapp jeder fünfte Vater hat einen Beruf, der genug Zeit für die Familie lässt« (BMFSFJ 2012, S. 78f.; vgl. auch Flaake 2011). Aus der Sicht der Kinder betonen Hurrelmann u. a. (2011) bei der Darstellung der Ergebnisse ihrer Kinderbefragungen (der sog. World Vision Kinderstudien 2007 und 2010), dass lediglich ein Drittel der Kinder zufrieden sei mit der Zeit, die der Vater für sie aufbringt (ebd., S. 332).[6] Doch wie gehen Familien, Väter und Mütter mit Zeitnöten um? Eine der zentralen Strategien liegt darin, unter Bedingungen von Zeitnot die Effizienz zu steigern zu versuchen. Vorrangig bieten sich dabei solche Strategien, Deutungsmuster, aber auch Abwehrformen im psychodynamischen Sinne an, die sowohl mit Zeitknappheit als auch mit den Wünschen und Zielen kompatibel sind, »das Beste« für die Kinder herzustellen.

3.2 Effizienzsteigerung als Bewältigungstrategie

Eine naheliegende *praktische* Strategie des Umgangs mit Zeitmangel (oder wie man sagen könnte: eine erste Stufe von Bewältigungsversuchen) stellt das Bemühen dar, aus der stets knappen Zeit das Beste herauszuholen, also auch im familialen Kontext möglichst effektiv zu sein. Daraus ergeben sich allerdings neue Probleme und Kreisläufe der Überforderung. Zum Beispiel dann, wenn Eltern, um Zeit zu haben für Kinder, sich gleichsam selbst zu effektivieren versuchen, ihre Zeit haargenau zu planen bemüht sind oder auch eigene Bedürfnisse der Regeneration zurückstellen, um woanders Spielräume herauszuholen. Berufstätige Mütter reduzieren zum Beispiel häufig ihre Freizeit und den eigenen Schlaf, um Zeit für die Kinder zu haben (BMFSFJ 2006, S. 224) – eine Strategie, die offenkundige Grenzen hat und spätestens langfristig kontraproduktiv ist. Hinzu kommt, dass sich die Verfassung der Eltern auch den Kindern mitteilt und auf diese zwangsläufig zurückwirkt – als mitgeteilte Erschöpfung, Nervosität, gereizte Ungeduld etc.

Eine häufig angestrebte, geplante, bewusst freigeschaffte Zeit füreinander,

---

[6] Zugleich verweisen die Autoren (ebd.) auf die vergleichsweise häufige Klage über fehlende Zuwendungszeit der Eltern bei Kindern erwerbsloser bzw. nicht erwerbstätiger Eltern.

im Sinne der im Amerikanischen sog. *Quality time,* birgt weitere Tücken. So können sich die Kinder dieser mit viel Aufwand hergestellten »geplanten Ungeplantheit« widersetzen. In diesem Sinne schilderte Hochschild (2002, S. 235ff.) die regelmäßig auftretenden Enttäuschungen und den Ärger der Eltern, die sich daraus ergaben, dass die Kinder in den für *Quality time* mühsam freigeschaufelten Zeiträumen oft demonstrativ ihr Desinteresse an gemeinsamen Aktivitäten bekundeten und damit, so die naheliegende Schlussfolgerung, indirekt den Wunsch nach ungeplant sich ergebender gemeinsamer Zeit zum Ausdruck brachten. In diesem Sinne gehen auch viele Eltern davon aus, dass vor allem beiläufig gemeinsam verbrachte Zeit spontane Möglichkeiten der Kommunikation ermöglicht. Jurczyk/Szymenderski (2012) verwiesen in diesem Kontext auf paradox anmutende Versuche seitens der Erwachsenen, Möglichkeiten für Beiläufigkeit gezielt herzustellen.

Übergreifend weisen viele Befunde darauf hin, dass sich trotz der Kompensationsbemühungen von Eltern eine Tendenz zur Abnahme von Fürsorgezeiten abzuzeichnen scheint, dass in diesem Sinne »Care in Familien zur knappen Ressource wird« (Jurczyk/Szymenderski 2012). Daher werden sich auch »die besten Eltern«, so resümierte Hochschild (2002, S. 236) ihre Untersuchungen, in Phasen großen Zeitdrucks »dabei ertappen, dass sie die Beschleunigung, die das gesamte System erfasst hat, an die weitergeben, die am verletzlichsten sind« (ebd., S. 236).

Welche weiteren Folgen und Bewältigungsformen des Umgangs mit Zeitknappheit zeichnen sich vor diesem Hintergrund ab? Eine weitere Möglichkeit liegt darin, das kaum Vermeidbare – weniger Zeit für Kinder – *anders zu bewerten.* Und damit tritt auch der mitunter fließende Übergang von praktischen Bewältigungsstrategien in psychische Abwehrbewegungen deutlicher hervor. Zugleich handelt es sich um Abwehrstrategien, die kollektive Bedeutung gewinnen und, wie man sagen könnte, mit einem *»Wertverlust« von Beziehungen einhergehen.* Diese Bewältigungsform und damit verbundene Abwehrfiguren werden im nächsten Schritt beleuchtet.

3.3 Das Dringliche und das Wichtige: Bedeutungsverlust von Beziehungen

Dass sich in der Moderne das Verhältnis zur Zeit in der Weise verändert, dass das Dringliche gegenüber dem Wichtigen an Bedeutung zu gewinnen neigt – m. a. W., dass auch als (zumindest langfristig) *bedeutsamer* angesehene Tätigkeiten ständig in den Hintergrund geraten gegenüber termingebundenen Verpflichtungen –, hat Luhmann (1994) betont. Die Verschiebungen in den Hierarchien von Dringlichkeit und Bedeutsamkeit führen dazu, dass das »eigentlich Wichtige« schrittweise aus den Lebensentwürfen und -praxen herausgedrängt wird: zum Beispiel Zeit für solche Dinge, die viel Zeit beanspruchen, aber nicht unmittelbar dringlich sind, die im sozialen Leben als wertvoll erachtet werden, aber keine *unmittelbar* oder kurzfristig merklichen Verluste nach sich ziehen, wenn sie vernachlässigt werden. Vorhaben, »die immer zu kurz kommen, müssen aber schließlich abgewertet werden und den Rang des weniger Wichtigen erhalten, um Schicksal und Bedeutung in Einklang zu bringen. So kann sich allein aus Zeitproblemen eine Umstrukturierung der Wertordnung ergeben«, so Luhmann (1994, S. 148). Diese schleichende Unterhöhlung der eigenen Wertordnung im Sinne dessen, dass das Wichtige an Bedeutung verliert, bis es schließlich von den Subjekten selbst gar nicht mehr (als bedeutsam) wahrgenommen wird, stellt, so kann angenommen werden, eines der *zentralen individuellen, intergenerationalen und »generativen« Risikopotenziale dar:* Es beinhaltet sowohl ein Potenzial der (Selbst-)Entfremdung als auch der Reduktion des generativen Engagements, des unmerklichen Sich-Entfernens von dem, was dem eigenen Leben potenziell Sinnhaftigkeit, Ressourcen und Substanz verleiht.

Auf diese Risiken verweisen implizit die in jüngerer Zeit besonders viel diskutierten Phänomene wie Erschöpfung oder Ausgebrannt-Sein. Denn das Risiko des erschöpften oder depressiven Einbruchs, des Zusammenbruchs durch Überlastung steigt, wie aus psychiatrischer und psychotherapeutischer Perspektive vielfach hervorgehoben wird und wurde, in dem Maße, in dem zu wenig tragfähige ausgleichende Sozialbeziehungen und damit verbundene Sinnbezüge bestehen. Diese Dynamik kann aus der hier skizzierten Sicht – hinsichtlich ihrer Ursachen und Wirkungen – aber auch *von der anderen Seite her* betrachtet werden: Der Logik der Beschleunigung und Effektivierung ist, so wäre hier festzuhalten, gerade die Tendenz inhärent, das Bedeutsame und Erfüllende, aber nicht Dringliche und überdies Zeitaufwendige – also gerade soziale Beziehungen, Freundschaften, aber auch Zeit für Partnerschaft und Elternschaft – aufzuschieben, zu vernachlässigen, gleichsam in die virtuelle »Ablage« des eigenen Lebens zu legen, auf ein immer weiter verzögertes Später zu terminieren – bis es schließlich seinerseits negiert oder als weniger wichtig abgehakt wird, um, in *Luhmanns* fein ironisierender Rhetorik, »Schicksal und Bedeutung in Einklang zu bringen« (ebd., S. 148). In psychoanalytischen Begriffen handelt es sich dabei um eine Abwehrbewegung, bei der das Unerreichbare immer stärker entwertet und schließlich sein Wert negiert wird, um den Schmerz über das Verlorene zu verringern, um Illusionen der Autonomie und Kontrolle aufrechtzuerhalten. Doch nicht nur das: Das biographische »Aufgehen« in Gehetztheit und Dauerbeanspruchung durch Dringlichkeiten und entgrenzte Arbeit kann wiederum selbst als Abwehrform benutzt werden.

»...und dann muss halt der Privattermin wieder abgesagt werden...«

Zur Veranschaulichung sei hier aus einem biographischen Interview aus einer unserer Untersuchungen zitiert, mit einem 35-jährigen Mann, Paul S. genannt.[7] An diesem Bespiel können charakteristische Abwehrfiguren illustriert werden, die, wie im danach folgenden Abschnitt ausgeführt, sich auch im familialen Kontext beobachten lassen.

> … sobald ich anfing, dann auch jeden Auftrag übernommen habe bei jeder Schicht, die frei wurde, eingesprungen bin und ich glaube, die ersten drei Monate meines, seit ich anfing wirklich komplett jeden Tag durchgearbeitet habe, das ist jetzt besser geworden und ich habe auch dieses Jahr wie jedes Jahr den Entschluss gefasst, in diesem Jahr mehr Freizeit zu haben, ja und (2) merke aber auch, wie schnell das, dieser Vorsatz kippen kann also: wenn, wenn ich mir auch fest vornehme, diesen Samstag halte ich mir frei und da treffe ich mich mit einer Freundin und fahre keine Ahnung irgendwo hin – dann hält das so lange, bis ich gefragt werde, ob ich diesen Samstag nicht was machen kann, und obwohl ich genau weiß, ich will nicht, ich kann nicht, höre ich im gleichen Moment, wie ich sage: ja klar, mache ich, und dann, nachdem ich zugesagt habe, würde ich das ja auch nicht mehr absagen, weil das ist ja wieder eine (2) naja eine, eine, eine Zusage, eine Aufgabe, die ich mir gestellt habe, die jetzt auch gemacht werden muss, und dann muss halt der Privattermin wieder abgesagt werden, was – womit ich nicht glücklich bin, weil es natürlich dazu führt, dass ich dann automatisch auch – weniger private Verabredungen habe, weil man sich ja nicht darauf verlassen kann, dass ich dann auch wirklich komme …

Paul S. beschreibt das Verhältnis von Arbeit und privaten Beziehungen – wobei er Beziehungen thematisiert über die Stichworte »Freizeit«, »Privatter-

---

[7] Es handelt sich um Vorstudien zu dem interdisziplinären Projekt »Aporien der Perfektionierung in der beschleunigten Moderne. Gegenwärtiger Wandel von Selbstentwürfen, Beziehungsgestaltungen und Körperpraktiken«, geleitet von Prof Dr. Vera King (Hamburg), Prof. Dr. Benigna Gerisch (Berlin), Prof. Dr. Hartmut Rosa (Jena); gefördert von der VW-Stiftung.

min«, »Samstag halte ich mir frei und da treffe ich mich mit einer Freundin und fahre keine Ahnung irgendwo hin«. Dabei scheitert sein zu Beginn aufscheinender Versuch, deutlich zu machen, dass es »jetzt besser geworden« sei, insofern er sogleich (und im Zuge seiner gesamten Erzählung stets aufs Neue) gewahr wird, dass die Arbeit sein Leben in zeitlicher Hinsicht dominiert und bestimmt. Er schildert, dass und wie er seinen »Vorsatz«, sich Zeit frei zu halten für private Beziehungen, nicht durchhalten, nicht halten kann. Der Drang zur Zustimmung zu entsprechenden Anfragen (»bis ich gefragt werde, ob ich diesen Samstag nicht was machen kann«) auch über vereinbarte Zeiten hinaus zu arbeiten, ist offenbar stärker als der »Vorsatz«. Er schildert, wie er sich gleichsam selbst dabei zusieht und zuhört, wie sein Vorsatz scheinbar unwillkürlich kippen kann: »obwohl ich genau weiß, ich will nicht, ich kann nicht, höre ich im gleichen Moment, wie ich sage: ja klar, mache ich«.

Die Zeit für Beziehungen, die gemeinsam mit Anderen verbrachte Zeit wird dadurch nicht nur stark reduziert, auch verringert sich nach seiner Wahrnehmung das Interesse der Anderen, die aus Erfahrung wissen, dass »man sich ja nicht darauf verlassen kann, dass ich dann auch wirklich komme«. Dabei ist in seiner Darstellung er derjenige, der die Anderen (eine Zeitlang) vergeblich hoffen oder warten lässt, während er dann doch meist absagen muss. Das heißt, zunächst ist er derjenige, der wegbleibt; die Anderen reagieren darauf. Und er ist derjenige, der zu dem Schluss gelangt, dass ihm die Beziehungen wahrscheinlich doch nicht so wichtig sein können, sonst würde er es ja anders machen. Insofern kann Paul S. als ein Beispiel für die von Luhmann beschriebene Verschiebung von Prioritäten und für »praxisangleichende« und/oder kränkungsvermeidende Umwertungen erachtet werden: Nachdem er sich eingestehen muss, dass es ihm nicht wirklich gelingt, Arbeit zu reduzieren, eine Anfrage abzulehnen (»obwohl ich genau weiß, ich will nicht, ich kann nicht«), gelangt er zu dem Schluss, dass er es dann wahrscheinlich auch nicht wolle. Schließlich kann doch nicht sein, so die Logik, dass er gegen seinen Willen handelt. Mit dem »eindeutigen Ungleichgewicht zwischen Arbeit und Freizeit«, Arbeit und privaten Beziehungen, mit dem er zu Beginn des folgenden Abschnitts »eigentlich unzufrieden« ist, scheine er, so seine Selbstdiagnose am Ende, »eigentlich auch ganz zufrieden zu sein«:

… also klar, also zusammengefasst, es gibt ein ganz eindeutiges Ungleichgewicht zwischen Arbeit und Freizeit, mit dem ich – eigentlich unzufrieden bin, wobei ich

– ganz ehrlich auch immer nicht weiß, ob ich wirklich unzufrieden bin oder ob ich
– denke, es sollte anders sein, weil alle mir immer sagen, es sollte anders sein …
eigentlich ist für mich Arbeit eine gewisse Art von Freizeit … … und (2) ich weiß
eben immer nicht, ob es diese soziale Erwartung von anderen ist, die mir sagen, aber
du musst doch – mehr für dich selber machen und ich dann denke, ok, wenn ich das
muss, dann muss ich das auch, das ist ja eine Anforderung, die von außen kommt,
die ich ja am liebsten irgendwie erfüllen will, und dass ich dann (2) ähm … deswegen immer denke, ich müsste aber mehr Freizeit haben … oder sei es, wenn weil
bestimmte gute Freunde drängen, wir müssen uns jetzt dringend wieder sehen, und
ich dann denke, gut, dann müssen wir uns mal wieder sehen, also muss ich mir jetzt
(2) auch da – entsprechende Freizeit freischaufeln – also nicht, dass ich sie nicht
gerne sehen möchte, aber – von mir aus wäre es jetzt auch nicht so schlimm, wenn
wir uns erst drei Wochen später sehen so in etwa und (4) – also das nach allen, also
nach allen – rationalen logischen – Gesichtspunkten würde ich sagen, ja ich arbeite
eindeutig zuviel, das müsste eindeutig weniger werden – aber – ich glaube, wenn ich
davon wirklich überzeugt wäre, würde ich ja was ändern, und da ich nichts ändere –
scheine ich damit eigentlich auch ganz zufrieden zu sein (2).

Die Bewertung folgt hier der faktisch durchgesetzten Praxis. Gemäß der Logik: Was nicht gelingt – sich im weitesten Sinne Zeit für Beziehungen zu nehmen –, kann am Ende auch nicht wichtig sein. Aus psychodynamischer Sicht
tritt allerdings bei der Analyse des Interviews mit Paul. S., das hier nur in kleinen Ausschnitten zur Veranschaulichung erörtert werden kann, hervor, dass in
dieser Selbstdeutung durchaus ein Moment von »Wahrheit« für ihn enthalten
ist. In seinem Erleben und vor dem Hintergrund seiner biographischen Erfahrungen verspricht die Arbeit eher Sicherheit zu bieten als emotionale Nähe zu
Anderen. Und die Befriedigungen, die die Arbeit ermöglicht – und zwar umso
besser, je höher und beanspruchender die Anforderungen –, können offenbar
für ihn in Beziehungen gar nicht geboten werden. Seine Bedürfnisse nach Anerkennung hofft er im scheinbar gesicherteren Terrain der Arbeit besser stillen
zu können. Das Leben jenseits der Arbeit verblasst dabei umso mehr und ent-
leert sich, wie Paul S. schildert:

dass ich manchmal gar nicht mehr weiß, was ich mit meiner Freizeit eigentlich machen soll, wenn ich denn plötzlich mal einen Tag – unerwartet frei habe, dass ich
dann – zu Hause sitze und pf – ja am Ende – mich wahrscheinlich entschließe, doch
jetzt noch ein Buch für die Arbeit zu lesen oder – oder am Ende – den ganzen Tag
nur zu Hause rumsitze und gar nichts mache … also dass dann eher Freizeit – so
eine Art verschenkte Zeit ist, weil nichts dabei rumkommt und … ja es ist schon ein

Wunsch, dass ich sage, ich hätte gerne – ein – also mehr Freizeit und vor allem auch eine – bessere Freizeit, also eine – erfülltere Freizeit, wo ich mehr – ja (3) mehr Kontakte aufbaue … (so wie) als Kind auch schon, hatte ich eigentlich immer eine gewisse Art Sozialstress schon wieder, weil ich so viel Freizeittermine hatte, dass ich – letztendlich keine Freizeit hatte, aber ich hatte immer irgendetwas zu tun…

Der Wunsch nach »erfüllterer Freizeit« mit »mehr Kontakten« erinnert ihn sogleich an den von ihm sog. »Sozialstress«, den er als Kind hatte, wobei er immerhin »immer etwas zu tun« hatte. Von den Eltern, so wird in anderen Passagen deutlich, fühlte er sich nie ganz richtig gesehen. Für ihn als Erwachsenen ist die entgrenzte Arbeit nun das »Ganze« geworden. Im gesamten Interview mit Paul S. zeigen sich in unterschiedlichen Bereichen nicht nur die Verschiebungen der Werteordnung von Arbeit und Beziehungen, sondern auch die darin zum Ausdruck kommenden Kompensations- und Abwehrstrategien. Lebensgeschichtliche Nöte, kindliche Ängste und Abwehrfiguren, ungestillte Sehnsüchte und narzisstische Befriedigungsversuche können somit geradezu funktional sein für die Anpassung an die entgrenzten (und, wie er vielfach beschreibt, bei aller »Bejahung« der Arbeit ihn doch körperlich und mental erheblich erschöpfenden, auch gesundheitlich beeinträchtigenden) Arbeitsverhältnisse, die wiederum die Vernachlässigung und Abwertung von im weitesten Sinne »fürsorglichen« oder nahen Beziehungen perpetuieren und steigern.

Umwertungen in der Familie

Zeigen sich solche Umwertungen, Prioritätenverschiebungen und Figuren der Abwehr auch im Bereich der familialen Fürsorgebeziehungen, in denen es zunächst nicht zu erwarten wäre, da hier die Beziehungsbedürfnisse im Vordergrund stehen müssten? Dies wurde in der bereits zitierten empirischen Untersuchung von Hochschild (2002), einer Studie aus den USA, besonders deutlich. Eine der eindrucksvollsten Passagen stellen jene Schilderungen dar, in denen sie aufzeigt, dass das als wichtig Erachtete – gemeinsam verbrachte Zeit und Muße – mit den Kindern immer wieder »vertagt« wird. Das »eigentliche« Familienleben wurde damit zunehmend virtuell, es vollzog sich, folgt man diesen Schilderungen, in der Logik des fortlaufend erneuerten, vielfach uneingelösten Versprechens einer intensiveren, freudigeren, gemeinsam verbrachten Zeit und damit potenziell einhergehenden Erfahrungen und Beziehungsaspekten. Wenn *dieses* Projekt beendet und *jene* berufliche Anforderung bewältigt sei, dann habe man endlich wieder Zeit füreinander, für die Kinder (ebd., Kap. 15, i. B. S. 257ff.).[8] Hochschild verwies z. B. illustrierend auf Anschaffungen von Freizeitutensilien bei den untersuchten Familien, die die fortwährend uneingelösten Versprechen auf »in Ruhe« *gemeinsam* verbrachte Zeit verkörperten. An die Stelle von Realisierungen traten tröstende Fiktionen, wie etwa ein interviewter Vater den Plan beschrieb, mit seinen Töchtern zelten zu gehen:

> Vor drei Jahren […] habe ich die ganze Ausrüstung gekauft, das Zelt, die Schlafsäcke […]. Seitdem haben die Kinder und ich immer wieder darüber gesprochen […]. Ich verschiebe es und verschiebe es, aber irgendwann machen wir das, ich weiß nur noch nicht wann (ebd., S. 258).

Zugleich blieb die Zeitnot fortlaufend bestehen. Andere Bewältigungsstrategien bestanden darin, mitunter auch geschlechtstypisch differierend, die Bedürfnisse der Kinder nach verbrachter Zeit mit den Eltern »kleinzureden«. Auch dieser Mechanismus des von Hochschild sogenannten »*Down-Sizing*« (ebd., 249) entspricht der von Luhmann beschriebenen Veränderung der Wertordnung durch Zeitdruck und Dringlichkeit: um das faktisch Erreichbare und seine Bewertung in Einklang zu bringen, wird das infolge der Zeitnot nicht Realisierbare am Ende als bedeutungslos eingestuft. Eine Abwehrstrategie – die sich schließlich auch als ein verbreitetes *kollektives kulturelles Deutungsmuster* durchsetzen kann – kann also darin bestehen, die *Kinder als weniger bedürftig anzusehen und als autonom(er) zu konstruieren* (und auch dafür finden sich viele Beispiele im kulturellen Diskurs), wenn es nicht gelingt, der Bedürftigkeit gerecht zu werden.

In Hochschilds Studie ging das von Zeitnot getriebene Familienleben sowohl mit einer Tendenz zur Effektivierung der Alltagspraxis einher als auch mit fortlaufenden illusionären Verschiebungen von (Zeit für) Beziehungsintensität, mit einer schleichenden Veränderung von Prioritäten und Bewertungen.

---

[8] Bezogen auf die Bedeutung solcher Abwehrmuster im Kontext von Familien sei hinzugefügt, dass eines der zeitintensiven, zunächst als wichtig erachteten, aber nicht unmittelbar dringlichen und immer wieder hinausgeschobenen Projekte typischerweise gerade die *Familiengründung selbst* sein kann. Im 7. Familienbericht wurde betont, dass »keine Zeit für Kinder zu haben, […] einer der wichtigsten Gründe (ist) für Frauen und Männer, ihre Kinderwünsche nicht zu realisieren. Bereits ab 35 Jahren nimmt der Kinderwunsch bei Frauen und Männern rapide ab« (*BMFSFJ* 2006, XXX), während jüngere Frauen und Männer noch in hohem Maße Elternschaft als Ziel angeben.

Diese Abwehrbewegungen können dabei mehrere Funktionen haben: Sie dienen dazu, das schlechte Gewissen oder die Angst vor den negativen Folgen für die Entwicklung des eigenen Kindes zu mildern. Sie können aber auch für die eigene Stabilisierung durchaus funktional sein, also gerade dann, wenn Väter und Mütter ohnehin Schwierigkeiten haben, sich auf die Bedürfnisse des Kindes einzustellen oder wenn, wie häufig gerade für Väter beschrieben,[9] sie die regressiven Erlebensweisen im Umgang etwa mit kleinen Kindern eher zu vermeiden suchen. Ähnlich wie bei Paul S. kann die scheinbar unumgängliche und äußeren Zwängen folgende Dominanz der vielfach entgrenzten Arbeit, die wegführt aus der Familie, aus der Nähe zum Kind, auch der Abwehr von als verunsichernd erlebten oder befürchteten oder auch als zu wenig »bestätigend« erlebten Beziehungserfahrungen dienen.

In unseren bisherigen biographischen Studien[10] trat hervor, dass diejenigen, die sich den beschleunigten Arbeitsverhältnissen unterwerfen und ihre Familien oder Beziehungen dabei im weiteren Sinne vernachlässigen, häufig Personen sind, die aus ihrer Lebensgeschichte spezifische Dispositionen mitbringen: etwa Beziehungsängstlichkeit, Selbstwertprobleme oder Defizitgefühle, die zugleich durch Rückzug in den Beruf zu vermeiden oder durch Bemühungen zu kompensieren versucht werden, im als gesicherter erscheinenden Terrain der Arbeit die Anerkennung zu bekommen, die im privaten Bereich eher schwierig zu erlangen erscheint. In der Arbeitssituation wird dann gleichsam »alles gegeben«, auch in zeitlicher Hinsicht, in der Hoffnung auf entsprechende Anerkennung. Das Terrain der Partnerschaften und Familienbeziehungen sowie des wenig spektakulären alltagspraktischen Umgangs mit den Kindern erscheint diesen Personen demgegenüber weniger attraktiv.

Doch wie »vertragen sich« insbesondere Bewältigungsstrategien des »fortwährenden Aufschubs« oder auch des »Relativierens« und der Verschiebung der Wertehierarchien mit gleichzeitig wirksamen *hohen Ansprüchen* und Anforderungen an familiale und kindliche Leistungen? Eine Strategie, ambitionierte Ideale kindlicher Förderung und Zeitmangel praktisch zu vereinbaren zu versuchen, kann wiederum darin liegen, das im instrumentellen Sinne als unverzichtbar Erachtete durchaus zu realisieren, also schulische und bildungsbezogene Aspekte sowie, insbesondere in bestimmten Milieus, Sport, Musik

---

[9] Vgl. Teising 2008; Dammasch/Metzger/Teising 2009.
[10] Zur Erläuterung des Forschungskontexts vgl. Fußnote 5.

usw. »Zeitlich gespart« werden muss dann unter Bedingungen von Dringlichkeit und Zeitnöten vor allem die Zeit für *zielloses* familiales Beisammensein, für ungerichtete Gemeinsamkeit und Muße im weitesten Sinne. Die potenziell konstruktiven Aspekte der hohen Ansprüche an Familie und kindliche Förderung können dadurch gleichsam in eine vorwiegend instrumentelle Logik »umkippen« und gerade dadurch für Kinder zur Last und Überforderung werden.

4. Schlussbemerkung

In der in den letzten Jahren viel rezipierten sozialpsychologischen Zeitdiagnose zum *erschöpften Selbst* von Ehrenberg (2004) wurde, knapp resümiert, ausgeführt, dass es die Autonomie-Ideale und Autonomie-Normen des in der Moderne aus Traditionen und festgefügten Bahnen freigesetzten Individuums seien, die leicht überfordern können, wenn die Individuen die Anforderung, gleichsam aus eigener Kraft »sie selbst« zu sein, nicht erfüllen können. Ähnlich wurden Erschöpfungsreaktionen, sog. *Burnout* oder auch Depression häufig schon als unmittelbare direkte Resultate der Lebensverhältnisse der flexibilisierten und beschleunigten Moderne verstanden, in dem Sinne, dass Individuen irgendwann nicht mehr mithalten können.

Aus der hier ausgeführten Sicht scheint diese Analyse jedoch in zwei Hinsichten unpräzise und zu kurz gegriffen. Zum einen blendet sie regelmäßig die Bedeutung der narzisstischen Gewinne aus, die sich in der kulturellen Welt des *schneller, besser, mehr* anbieten. Anpassung funktioniert jedoch zumeist nicht allein über Zwänge, sondern vor allem auch über die psychischen Gratifikationen, die sich daraus – und sei es kurzfristig und auf Dauer illusionär – ergeben. Zum anderen sind dabei die sozialisatorischen Veränderungen, wie sie sich über Generationenbeziehungen vermitteln und überhaupt erst folgenreich herstellen, unterbelichtet geblieben. Demgegenüber wirft dieser Band das Licht auf die Auswirkungen auf die Heranwachsenden – das »modernisierte Kind«. Zentrales Anliegen dieses Beitrags wiederum war es, Veränderungen und Widersprüche familialer Fürsorge herauszuarbeiten, wie sie aus gewachsenen Ansprüchen in Verbindung mit gewandelten Bedingungen ihrer

Realisierung einhergehen. Zugleich wird damit eine folgenreiche Paradoxie der gesellschaftlichen Wandlungen deutlich: Diese grundlegende und in ihren vielfältigen Konsequenzen für psychische Entwicklungen noch gar nicht hinreichend erfasste Paradoxie besteht darin, dass auf der einen Seite ein gesellschaftliches Ideal der Flexibilität und Mobilität eine souveräne Trennungskompetenz, Autonomie und Bildungsfähigkeit erfordert oder auch zu suggerieren vorgibt, dass auf der andern Seite jedoch – und zwar wiederum gerade *infolge* von Beschleunigung, Optimierungsansprüchen und Flexibilisierung – auf der Ebene der sorgenden Generationsbeziehungen im Verhältnis zu Heranwachsenden die Bedingungen ihrer Ermöglichung – nämlich verlässliche Fürsorge – gerade labilisiert werden.

5. Literatur

Adam, B. (2003): When Time is Money: Contested Rationalities of Time in the Theory and Practice of Work. *Theoria* 102, 94-125.

Ahrbeck, B. (2008): Erregte Zeiten, unaufmerksame und hyperaktive Kinder. In: Psyche – Z Psychoanal, H. 7, 693-713.

Alt, Ch./Lange, A. (2012): Erschöpft und ausgelaugt, und dann noch Kinder – Elternschaft zwischen Erwerbstätigkeit und Familie. In: Lutz, R.(Hrsg.): Erschöpfte Familien. Wiesbaden, S. 107-124.

Aubert, N. (2009): Dringlichkeit und Selbstverlust in der Hypermoderne. In: King, V./ Gerisch, B. (Hrsg.): Zeitgewinn und Selbstverlust. Folgen und Grenzen der Beschleunigung. Frankfurt a. M., S. 87-100.

Becklas, C./Klocke, A. (2012): Kinder in erschöpften Familien. In: Lutz, R.(Hrsg.): Erschöpfte Familien. Wiesbaden, S. 125-142.

Blumenberg, H. (2001): Lebenszeit und Weltzeit. Frankfurt a. M.

Bouffartique, P. (2010): The Gender Division of Paid and Domestic Work. Some remarks in favour of a temporal perspective. Time & Society, 19, 2, S. 220-238.

BMFSFJ (2006): (Bundesministerium für Familie, Senioren, Frauen und Jugend 2006): Familie zwischen Flexibilität und Verlässlichkeit. Perspektiven für eine lebenslaufbezogene Familienpolitik. Siebter Familienbericht. Berlin.

BMFSFJ (2012): (Bundesministerium für Familie, Senioren, Frauen und Jugend 2012): Familienreport 2011. Leistungen, Wirkungen, Trends. Berlin.

Daly, K. (1996): Families and Time. Thousand Oaks.

Dammasch, F./Metzger, H.-G./Teising, M. (2009) (Hrsg.): Männliche Identität. Frankfurt a. M.

Dörpinghaus, A. (2009): Bildung und Zeit: Über Zeitdispositive und Lebenszeitregime. In: King, V./Gerisch, B. (Hrsg.): Zeitgewinn und Selbstverlust. Folgen und Grenzen der Beschleunigung. Frankfurt a. M., S. 167-182.

Ehrenberg, A. (2004): Das erschöpfte Selbst. Frankfurt a. M.

Eibach, R. P./Mock S. E. (2011): »Idealizing Parenthood to Rationalize Parental Investments«. Psychological Science, 22, 2, S. 203-208.

Flaake, K. (2011) Gender, Care und veränderte Arbeitsteilungen in Familien – geteilte Elternschaft und Wandlungen in familialen Geschlechterverhältnissen. In: Gender, H. 3, S. 73-88.

Gerisch, B. (2009): Körper-Zeiten. Zur Hochkonjunktur des Körpers als Folge der Beschleunigung. In: King, V./Gerisch, B. (Hrsg.): Zeitgewinn und Selbstverlust. Folgen und Grenzen der Beschleunigung. Frankfurt a. M., S. 123-143.

Gerisch, B./King, V. (2008): Das Unbehagen im Körper der Moderne. Transdisziplinäre Überlegungen zu geschlechtertypischen Körperpraktiken und Symptombildungen. In: Schlesinger-Kipp, G./ Warsitz, R.-P. (Hrsg.): »Die neuen Leiden der Seele«: Das (Un-) Behagen in der Kultur. Wiesbaden, 260-271.

Haubl, R./Dammasch, F./Krebs, H. (Hrsg.) (2009): Riskante Kindheit. Göttingen.

Haubl, R./Liebsch, K. (2009): Mit Ritalin® leben. ADHS-Kindern eine Stimme geben. Göttingen.

Henry-Huthmacher, Ch. (2010). Einleitung. In: Henry-Huthmacher, Ch./ Hoffmann, E. (Hrsg.): Wenn Eltern nur das Beste wollen ... Sankt Augustin, KAS: S. 3-5.

Henry-Huthmacher, Ch./Bochard, M. (2008): Eltern unter Druck. Selbstverständnisse, Befindlichkeiten und Bedürfnisse von Eltern in verschiedenen Lebenswelten. Stuttgart.

Hochschild, A. (2002): Keine Zeit: Wenn die Firma zum Zuhause wird und zu Hause nur Arbeit wartet. Opladen.

Hurrelmann, K./Andresen, S./Schneekloth, U. (2011): Die World Vision Kinder Studien 2007 und 2010: Zentrale Ergebnisse. Diskurs Kindheits- und Jugendforschung, 3, S. 321-332.

Hurrelmann, K./Andresen, S. (2010): Kinder in Deutschland 2010. Zweite World Vision Kinderstudie.

Jurczyk, K./Schier, M./Szymenderski, P./Lange, A./Voß, G. G. (2009): Entgrenzte Arbeit – entgrenzte Familie. Grenzmanagement im Alltag als neue Herausforderung. Berlin.

Jurczyk, K./Szymenderski, P. (2012): Belastungen durch Entgrenzung – Warum Care in Familien zur knappen Ressource wird. In: Lutz, R. (Hrsg.): Erschöpfte Familien. Wiesbaden, S. 89-105.

King, V. (2009): Umkämpfte Zeit. Folgen der Beschleunigung für Generationenbeziehungen. In: King, V./Gerisch, B. (Hrsg.): Zeitgewinn und Selbstverlust. Folgen und Grenzen der Beschleunigung. Frankfurt a. M., S: 40-62.

King, V. (2011a): Beschleunigte Lebensführung – ewiger Aufbruch. Neue kulturelle Muster der Verarbeitung und Abwehr von Vergänglichkeit. Psyche – Z Psychoanal, 65, 1061-1088.

King, V. (2011b): Ewige Jugendlichkeit – beschleunigtes Heranwachsen? Veränderte Zeitverhältnisse in Lebenslauf und Generationenbeziehungen. In: BIOS. Zeitschrift für Biographieforschung, Oral History und Lebensverlaufsanalysen, Jg. 24, Heft 2, 246-266.

King, V. / K. Busch (2012): Widersprüchliche Zeiten des Aufwachsens – Fürsorge, Zeitnot und Optimierungsstreben in Familien: In. Diskurs Kindheits- und Jugendforschung, Jg. 7, H. 1, 2012; 7-24.

King, V./Gerisch, B. (Hrsg.): Zeitgewinn und Selbstverlust. Folgen und Grenzen der Beschleunigung. Frankfurt a. M.

Luhmann, N. (1994): Die Knappheit der Zeit und die Vordringlichkeit des Befristeten. In: ders: Politische Planung. Opladen, S. 143-164.

Lutz, R. (Hrsg.) (2012a): Erschöpfte Familien. Wiesbaden.

Nowotny, H. (1993): Eigenzeit. Entstehung und Strukturierung eines Zeitgefühls. Frankfurt a. M.

Rosa, H. (2005): Beschleunigung. Die Veränderung der Zeitstrukturen in der Moderne. Frankfurt a. M.

Sandel, M. (2008): Plädoyer gegen die Perfektion. Ethik im Zeitalter der genetischen Technik. Berlin.

Schneider, N. (2010): Das veränderte Selbstverständnis von Eltern heute und die veränderte Rolle des Kindes. In: Henry-Huthmacher, Ch./ Hoffmann, E. (Hrsg.): Wenn Eltern nur das Beste wollen ... Sankt Augustin, KAS: S. 13-15.

Sennett, R. (1998): Der flexible Mensch. Die Kultur des neuen Kapitalismus. Berlin.

Teising M (2008): Im echten Manne steckt das Kind. Konflikte bei der Bildung männlicher Geschlechtsidentität und ihre späten Folgen. In: Dammasch F. (Hrsg.): Jungen in der Krise. Frankfurt a. M., S. 145-160.

Winnicott, D. (1953). Transitional objects and transitional phenomena. In: International Journal of Psychoanalysis, 34:89-97.

Zeiher, H. (2009): Kindheit zwischen Zukunftserwartungen und Leben in der Gegenwart. In: King, V./Gerisch, B. (Hrsg.): Zeitgewinn und Selbstverlust. Folgen und Grenzen der Beschleunigung. Frankfurt a. M., S. 223-241.

Rolf Göppel

HABEN KINDER UND JUGENDLICHE HEUTE GRÖSSERE EMOTIONALE DEFIZITE UND PSYCHOSOZIALE STÖRUNGEN ALS FRÜHER?

1. Eine aktuelle Meldung, die nachdenklich stimmt

In mehreren Publikationen der letzten Jahre habe ich mich mit verschiedenen Facetten des Aufwachsens heute, mit den Veränderungen der Kindheit und des Jugendalters in der Moderne sowie mit den Wandlungen des pädagogischen Zeitgeistes und den Konventionen, Konjunkturen und Kontroversen der Erziehungsdiskurse hierzulande befasst (vgl. Göppel 2007, 2010). Dabei habe ich versucht, gegen kursierende kulturkritische Niedergangsthesen und Katastrophensemantiken eine eher nüchterne, entdramatisierende, vorsichtig fortschrittsoptimistische Position zu vertreten, die auch die gewachsenen Chancen heutiger Kinder und die humanitären Zugewinne im Umgang der Generationen mit in Rechnung stellt.

Just an dem Tag, an dem ich mich daran machen wollte, mit der Arbeit für den zugesagten Beitrag für diesen Band zu beginnen, erschien die regionalen Würzburger Tageszeitung *Mainpost* mit folgender groß aufgemachter Hauptschlagzeile auf der Titelseite: »Zahl psychisch kranker Kinder steigt«. Der Artikel selbst beginnt mit den Sätzen: »Die Zahl der Kinder aus Unterfranken, die wegen psychischer Störungen eine Behandlung in der Kinder- und Jugendpsychiatrie brauchen, ist in den letzten Jahren stark gestiegen. ›Die Situation ist dramatisch. Wir können uns nicht retten vor Anfragen‹, sagt der Leiter der Kinder- und Jugendpsychiatrie am Uniklinikum Würzburg…« Weitere Experten, u. a. der Leiter eines psychiatrischen Bezirkskrankenhauses und ein niedergelassener Kinder- und Jugendpsychiater, äußern sich ähnlich. Alle drei sind sich einig, dass die Zunahme »instabile(r) Familienverhältnisse ohne feste Strukturen« sowie der Leistungsdruck in den Schulen als primäre Ursachenfaktoren für diese dramatische Entwicklung anzusehen sind und fordern dringend den entsprechenden Ausbau von kinderpsychiatrischen Versorgungsangeboten (Rauch 2012, S. 1).

Gleich auf der zweiten Seite dieser Zeitungsausgabe findet sich dann noch ein ausführliches Experteninterview mit dem neuen Leiter der Würzburger Kinder- und Jugendpsychiatrie, Prof. Dr. M. Romanos. Er nennt eine Zahl von 20 Prozent aller Kinder, die eine psychische Belastung hätten, und 10 Prozent, die »behandlungsbedürftig« seien. Auf die naheliegende Frage, ob tatsächlich die Zahl der psychischen Erkrankungen bei Kindern und Jugendlichen zugenommen habe oder ob eventuell nur die Problemsensibilität der Erwachsenen gestiegen und die diagnostische Aktivität der Professionellen gesteigert seien, gibt er eine differenzierende Antwort. Bei psychischen Störungen mit einer starken genetischen Komponente wie Autismus, ADHS und Schizophrenie könne man davon ausgehen, dass es keine Zunahme gebe. Dagegen seien bei Depressionen, bei Störungen des Sozialverhaltens, beim selbstverletzenden Verhalten und bei den Essstörungen deutliche Fallzunahmen zu verzeichnen. Hinsichtlich der Ursachen für diese massive Zunahme macht er ein Zusammenspiel von individuellen Vulnerabilitäten, veränderten sozialen Gegebenheiten und schulischen Überforderungssituationen verantwortlich. Die Dynamik dieses Zusammenspiels schildert er folgendermaßen: »Wir sehen zunehmend Kinder, die lügen, stehlen, weglaufen, schlagen, Drogen nehmen – Kinder also, die soziale Normen und Regeln missachten. Wie kommt es dazu? Oft sind das Kinder mit einer Teilleistungsstörung und ADHS, die in Familien aufwachsen, in denen Krankheit oder Alkoholismus herrscht. Das Zusammenspiel aus familiär schwierigen Umständen und den biologischen Gegebenheiten, die das Kind mitbringt, führt dann oft dazu, dass innerhalb einer Familie die Kommunikation scheitert. Kinder, die in diesen Familien nicht angemessen kommunizieren können, werden dies in der Schule auch nicht können. Und in der Schule kommt es zum Versagen; leistungsmäßig und sozial. Die Kinder werden zu Außenseitern. Und dann besteht die Gefahr, dass die Kinder sich anschließen an oppositionelle Ältere und der erzieherische Einfluss der Eltern und Lehrer schwindet« (Romanos, 2012, S. 2). Bei der Frage nach den Lösungsperspektiven für diese prekäre Dynamik wird – da die alten Familienstrukturen nicht mehr zurückgeholt werden könnten – vor allem die Schule in die Pflicht genommen: »Die Schulen müssen mehr pädagogische Aufgaben übernehmen, müssen die sozialen Kompetenzen der Kinder stärken, müssen letztlich leisten, was manche Familien nicht mehr leisten können« (ebd.).

Man kann bei den genannten Experten, die tagtäglich in ihrer Praxis mit vielfältigen und massiven Lebens- und Lernproblemen von Kindern und Jugendlichen konfrontiert sind, natürlich kaum die Glaubwürdigkeit und die Ernsthaftigkeit ihres Engagements in Frage stellen, indem man etwa unterstellt, sie würden im Kampf um knappe Ressourcen mit strategischem Kalkül eine bewusste Überdramatisierung der Lage betreiben, um eigene Expansionsbemühungen zu befördern. Und dennoch sind Zeitvergleiche im Hinblick auf die »durchschnittliche psychische Befindlichkeit« und damit Steigerungsbehauptungen im Hinblick auf psychische Störungen eine heikle, nur sehr schwer zu objektivierende Angelegenheit. Und zugleich stehen jene generalisierenden Aussagen zur Zunahme der Belastungen des Aufwachsens, zum Verlust der erzieherischen Fähigkeiten von Eltern und zur Verschlechterung der psychischen Befindlichkeit des Nachwuchses, die hier aus dem klinischen Erfahrungszusammenhang heraus formuliert werden, in einem eigentümlichen Spannungsverhältnis zu jenen Daten, die aus dem Feld der empirischen Kinder- und Familienforschung kommen.

2. Risikomodelle

Bei Romanos Schilderung der Dynamik der Entwicklung hin zu Störungen des Sozialverhaltens im Jugendalter könnte man fast meinen, dass er das nachfolgende Risikomodell aus dem Lehrbuch seines Heidelberger Kollegen Resch vor Augen gehabt hat (vgl. Resch u. a. 1999,[2] S. 252).

Solche Risikomodelle haben sich als integrative Konzepte in der klinischen Psychologie und in der Entwicklungspsychopathologie weitgehend durchgesetzt. Sie haben den Anspruch, jenseits von linearen, monokausalen Ursachentheorien das Ineinandergreifen der für den Entwicklungsverlauf maßgeblichen Bedingungen und Kräfte, der Persönlichkeitsmerkmale und Umweltfaktoren, der Gefährdungen und Chancen, der Ressourcen und Belastungen, der Widerstandskräfte und Verletzbarkeiten, der Risiko- und Schutzfaktoren, beschreibbar, analysierbar, wenn nicht gar simulierbar und prognostizierbar zu machen.

Die eigentlichen »Heimatbasen« der Risikomodelle sind einerseits die Ökonomie, speziell die Finanz- und Versicherungswirtschaft, andererseits die

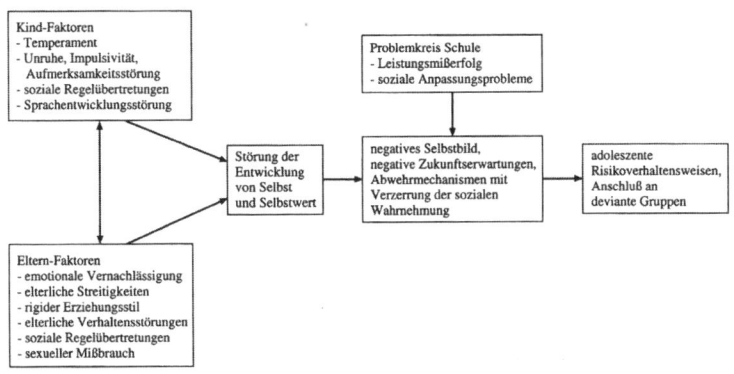

Abbildung 9.3: Entwicklung von Störungen des Sozialverhaltens (Übersichten beiPatterson et al., 1991; Cicchetti & Toth, 1992; Hirschberg, 1994)

Technologie. Hier gibt es seit jeher einen hohen Bedarf, Risiken möglichst präzise zu erfassen und daraus Prognosen für die Zukunft und entsprechende Entscheidungen für die Gegenwart abzuleiten. Was hier ganz Allgemein Aufgabe und Sinn eines Modells ist, haben Sibbertsen u. a. folgendermaßen auf den Punkt gebracht: »Mit Hilfe eines Modells kann im Allgemeinen ein komplexes System in einer vereinfachten Form dargestellt werden. Von einem statistischen Modell wird erwartet, dass es die in den vorhandenen Daten enthaltenen und gleichsam relevanten Informationen und Charakteristika komprimiert. Die Idee liegt somit darin, dass die vorhandenen empirischen Daten einem mathematischen Gesetz folgen oder Regularitäten unterliegen, die mit dem Modell wiedergegeben werden können. (…) Der Sinn der Verwendung eines Modells liegt letztendlich immer darin, auf dessen Basis möglichst genaue Prognosen erstellen zu können« (Sibbertsen, Rohde, Luedeke 2010, S. 46ff.).

Ist etwas Entsprechendes im Bereich der Entwicklungspsychologie oder Entwicklungspsychopathologie realistisch? Risikomodelle, die eine Abschätzung erlauben, ob Kind P., das mit einer bestimmten genetischen Ausstattung, bestimmten prä- und perinatalen Komplikationen als x.tes Kind in eine Familie aus einem bestimmten sozioökonomischen Milieu mit ganz bestimmten intrapsychischen Problemen und interpsychischen Konflikten bei Mutter und Vater hineingeboren wurde, dort im Laufe der ersten Lebensjahre eine bestimmte Bindungsbeziehung mit den Eltern aufgebaut, bestimmte Entwicklungsschritte durchlaufen, bestimmte »psychische Strukturen«, »Instanzen«, »Repräsentanzen«, Muster der Affektregulation, der Selbst- und Fremdwahrnehmung, der Motivation, der Durchsetzung, der Frustrationstoleranz, der Impulskontrolle, der Selbstwirksamkeit etc. erworben hat, im Laufe seiner weiteren Entwicklung dann mit bestimmte Krisen, Krankheiten, kritischen Lebensereignissen oder traumatischen Erfahrungen umgehen musste, diese auf die eine oder andere Art »bewältigt« oder eben auch »nicht bewältigt« hat, in der Schule dann mit bestimmten Lehrern, Leistungserwartungen, Klassenkonstellationen, Erfolgs- und Misserfolgserfahrungen konfrontiert war… ob dieses Kind P im Jugendalter dann einmal eine manifeste Störung des Sozialverhaltens oder eine depressive Tendenz ausbilden wird?

Ein Risikomodell ist immer ein probabilistisches Modell, das mit Wahrscheinlichkeiten und nicht mit Zwangsläufigkeiten operiert und das versucht, die Vielfalt der Einflüsse und Wirkkräfte in einem Entwicklungsfeld irgendwie abzubilden. Zu diesen Wirkkräften gehören hier jedoch ausdrücklich auch die »Schutzfaktoren«, jene Merkmale in der Persönlichkeit, Lebensgeschichte und Umgebung des Kindes, die die Chancen dafür erhöhen, dass es sich trotz allerlei Widrigkeiten und Problemen auf einem positiven Entwicklungsweg halten kann. Gerade diesem Phänomen der »Resilienz«, der psychischen Widerstandskraft, der positiven Entwicklung von Kindern unter Milieubedingungen, die in rekonstruktiven Fallberichten die Ausbildung unterschiedlicher Formen von Lernschwierigkeiten und Verhaltensproblemen durchaus plausibel hätten »erklären« können, kommt unter der Perspektive der Risikomodelle große Aufmerksamkeit zu. Hintergrund sind in der Regel längsschnittlich-prospektive Studien an »Risikokindern«, Kindern, also die deshalb in die entsprechende Stichprobe aufgenommen wurden, weil sie in ihrer bisherigen Lebensgeschichte mit Bedingungen und Erfahrungen konfrontiert waren, von denen man weiß, dass sie sich typischerweise belastend auf die kindliche Entwicklung auswirken. Dabei kann es sich freilich um so unterschiedliche Dinge handeln wie gravierende prä- und perinatale Komplikationen, das Aufwachsen mit einem psychisch kranken Elternteil, das Erleiden multipler Beziehungsabbrüche oder das Leben in materieller Armut.

Eingebürgert hat sich hier eine systematische Aufteilung der Risiko- und Schutzfaktoren in solche, die in der Persönlichkeit des Kindes liegen, und solche, die in seiner engeren oder weiteren Umwelt liegen. Wobei man natürlich sehen muss, dass beide Aspekte von Anfang an in Interaktion stehen und dass somit die Persönlichkeitsstruktur eines Kindes in einem bestimmten Alter immer das Resultat einer erfahrungsabhängigen Entwicklungsgeschichte ist und dass andererseits die unmittelbare Umwelt eines Kindes zu beträchtlichen Teilen mitgeprägt ist von den Eigenarten, Verhaltenstendenzen und Herausforderungen, die das Kind an diese richtet. Aus der umfangreichen retrospektiv-klinischen und längsschnittlich-prospektiven Forschung könnte man nun lange Listen mit potentiell problematischen Persönlichkeitsmerkmalen und risikoreichen Umweltfaktoren extrahieren (vgl. Werner 1997; Wustmann 2005). Hier sollen mit Bezug auf zwei Pioniere der entsprechenden Forschung nur jene Punkte hervorgehoben werden, die sich in sämtlichen Studien als zentral, als »conditio sine qua non« für eine gesunde psychische Entwicklung herauskristallisiert haben.

In diesem Sinn besteht mehr oder weniger quer durch alle Studien ein Konsens darüber, dass Kinder, um so etwas wie »Resilienz« entwickeln zu können, in ihrer frühen Kindheit ein Mindestmaß an Zuwendung und Zärtlichkeit erfahren haben müssen: »Die resilienten Kinder von Alkoholikern in Kauai, die resilienten Kleinkinder von vernachlässigenden Müttern in Minnesota und die resilienten Babys von psychotischen Eltern in Chicago, Rochester und St. Louis, sie alle hatten genügend gute Versorgung, um sichere Bindungsbeziehungen auszubilden und um ein Gefühl von Urvertrauen zu entwickeln« (Werner 1990a, S. 106). Wenn die sichere frühe Bindungsbeziehung gewissermaßen auch den »Urkeim« der seelischen Gesundheit ausmacht, so kommt doch auch den liebevollen, verlässlichen, anregenden Beziehungen in der späteren Kindheit eine hochbedeutende Funktion für die kindliche Entwicklung zu. Das Kind muss auch hier zumindest eine Person verfügbar haben, zu der es sich in Kummer- und Notsituationen hinwenden kann, um Trost und Unterstützung zu erfahren.

Als Schlüsselvariablen hinsichtlich der protektiven Merkmale auf der individuellen Seite der Persönlichkeit erwiesen sich quer durch die verschiedenen Altersstufen und quer durch die verschiedenen Studien jene Merkmale, die man am ehesten mit »Selbstachtung«, »Selbstwirksamkeit« und »Zutrauen in die eigenen Fähigkeiten« umschreiben kann. In diesem Sinn bringt Rutter die Erkenntnisse über jene Persönlichkeitsdimensionen, die als wichtigste »Schutzfaktoren« angesehen werden können, auf folgenden knappen Nenner: »Die verfügbaren Erkenntnisse legen nahe, dass es protektiv ist, wohlentwickelte Gefühle bezüglich des eigenen Wertes als Person zu haben sowie das Vertrauen und die Überzeugung, dass man grundsätzlich in der Lage ist, sich erfolgreich mit den Herausforderungen des Lebens auseinanderzusetzen«

(Rutter 1987, S. 327). Dass diese Art der Selbstein- und -wertschätzung wiederum von spezifischen Entwicklungsbedingungen abhängig ist, liegt auf der Hand!

Die in dem Modell von Resch beschriebenen Wechselwirkungen zwischen genetisch, prä-, peri- oder postnatal belasteten individuellen Entwicklungsvoraussetzungen, problematischen familiären Lebens- und Erziehungssituationen, einer dadurch erhöhte Wahrscheinlichkeit der Herausbildung eines negativen kindlichen Selbstwertgefühls, welches dann wiederum unter dem Druck schulischer Überforderungssituationen und Peergroup vermittelter Devianzanreize zu Störungen des Sozialverhaltens führt, können einige Plausibilität für sich in Anspruch nehmen. Sowohl von einer lerntheoretischen als auch von einer psychoanalytischen Theorieperspektive her wird man dieser Konstruktion von Zusammenhängen, von typischen Entwicklungsmustern, zustimmen können.

Kinder sind jedoch immer wieder »für Überraschungen gut«. Zweifellos gibt es auch Kinder mit unauffälligen Entwicklungsvoraussetzungen und intakten Elternhäusern, die dennoch im Jugendalter allerhand riskante Irr- und Umwege in ihrer Entwicklung einschlagen. Andererseits stellt auch der neuerdings so populär gewordene Begriff der »Resilienz« letztlich eher eine andere Bezeichnung für das Staunen der Forscher über die Nichtprognostizierbarkeit individueller kindlicher Entwicklungsverläufe aus den gegebenen Risikokonstellationen dar als eine wirkliche Erklärung für jene erstaunlich psychische Robustheit, die manche Kinder aus den längsschnittlich untersuchten Kohorten der Risikokinder vorweisen.

Dies macht deutlich, dass jene »Risikomodelle« eben nur generalisierende und typisierende Aussagen, die auf entsprechend große Stichproben bezogen sind, zulassen und dass die groben Muster der Verknüpfung von Entwicklungsbedingungen und Entwicklungsergebnissen den letztlich viel differenzierter und komplexer zu beschreibenden individuellen Biographien von Kindern und Jugendlichen kaum wirklich gerecht werden können. Schon gar nicht sind sie geeignet, den weiteren Lebensweg eines individuellen Kindes und die dort eventuell irgendwann auftauchenden depressiven oder devianten Störungsbilder aus den in der Kindheit vorliegenden Risikofaktoren zuverlässig vorherzusagen.

Andererseits erscheinen jene Risikomodelle – wenn sie denn theoretisch plausible und erfahrungsgesättigte Verknüpfungen zwischen Entwicklungsvoraussetzungen, Entwicklungsbedingungen und Entwicklungsresultaten bieten – damit aber vielleicht geeignet, Thesen über die längerfristigen generationsübergreifenden Veränderungstendenzen der psychischen Befindlichkeit und der psychosozialen Kompetenz von Kindern und Jugendlichen einer kritischen Prüfung zu unterziehen. Denn hier liegen mit ganzen Generationskohorten ja die großen »Stichproben« vor und so sollten empirisch belegbare Veränderungen auf der linken Seite des Modells, also auf der Seite der Entwicklungsvoraussetzungen und Entwicklungsbedingungen, auch zu entsprechenden Veränderungen auf der rechten Seite der Entwicklungsresultate führen.

In dem Risikomodell sind mit den »Kind-Faktoren« in der linken oberen Ecke vor allem die anlagebedingten individuellen Besonderheiten wie Temperament, Responsivität, Irritierbarkeit, Impulsivität und Aufmerksamkeitsstörungen gemeint. Natürlich entwickeln sich jene »Anlagen« dann nicht einfach »wie auf starren Gleisen« gänzlich unabhängig von den sozialen Erfahrungen, die das Kind macht, sondern sie stehen von Anfang an in einem interaktiven Verhältnis mit der Umwelt. Aber sie gehen doch als »eigener Posten« in dieses Verhältnis ein, und man kann, wenn man die Langsamkeit von Veränderungsprozessen auf dieser Ebene der genetischen Ausstattung in Rechnung stellt, wohl davon ausgehen, dass hier im Verlauf der letzten Generationen keine wirklich relevanten Veränderungen eingetreten sind, die eine dramatische Problemzunahme auf der rechten Seite des Modells erklären könnten.

3. Die Veränderung elterlicher Erziehungsstile

Somit fällt der Blick naheliegenderweise auf die »Eltern-Faktoren«. Gibt es Belege dafür, dass Eltern in den letzten Jahren stärker zur emotionalen Vernachlässigung ihrer Kinder neigen als Eltern früherer Generationen, dass sie einen rigideren Erziehungsstil pflegen, dass sie ein höheres Maß an Streitigkeiten, Verhaltensstörungen und Regelübertretungen vorweisen und dass die Misshandlung oder der sexuelle Missbrauch von Kindern durch die eigenen Eltern zugenommen hätten?

Wenn man ein Stück weit zurückgeht und sich die bedeutsamen literarischen Beschreibungen der Irrungen und Wirrungen der Pubertät vergegenwärtigt, wie sie etwa mit Wedekinds *Frühlingserwachen*, Hesses *Unterm Rad* oder Musils *Verwirrung des Zöglings Törless* vorliegen oder wenn man an familiäre Milieuschilderungen denkt, wie sie in jüngster Zeit eindrucksvoll in Filmen wie *Das weise Band*, *Das Wunder von Bern*, *Teufelsbraten* oder *Schwabenkinder* in Szene gesetzt wurden, dann mögen einem durchaus Zweifel kommen, ob es mit der familiären Harmonie und mit der seelischen Gesundheit des Nachwuchses damals tatsächlich so viel besser bestellt war. Zumal dann, wenn man in Rechnung stellt, dass Formen massiver körperlicher Strafen als »Erziehungsmittel« in jener Zeit sowohl im Bereich der Familie als auch im Bereich der Schule sehr viel selbstverständlicher und anerkannter waren als heute. Weiterhin war jene Zeit – auch dafür gibt es zahlreiche Belege – noch sehr viel mehr durch Praktiken der erzieherischen Erzeugung von Angst-, Schuld- und Versündigungsgefühlen mittels irrationale Drohungen und bewusster Fehlinformationen geprägt als die heutige. (Man denke nur an all die Maßnahmen zur »Vermeidung der Selbstbefleckung« oder an die drakonischen Strafmaßnahmen, mit denen bisweilen versucht wurde, dem Übel des Bettnässens beizukommen.)

Aber man muss gar nicht so weit zurückgehen. Auch noch in den 1950er und 1960er Jahren waren körperliche Strafen sowohl in der Familienerziehung als auch im Bereich der Schule eher die Regel als die Ausnahme. Von dem Volkskundler Walter Hävernick gibt es eine Studie *Schläge als Strafe – ein Bestandteil der Familiensitte* aus dem Jahr 1964, in der dieser die Ergebnisse seiner Befragungen bei jungen Leuten präsentiert. Demnach wurden mehr als die Hälfte aller 15-16-Jährigen zu Hause mit dem Rohrstock verdroschen. Jüngst hat Ingrid Müller-Münch unter dem Titel *Die geprügelte Generation. Kochlöffel, Rohrstock und die Folgen* (2012) ein Buch vorgelegt, in dem sie Altersgenossen und Altersgenossinnen nach ihren Erinnerungen an Bestrafungspraktiken in ihrer Familie befragt hat. »Herausgekommen ist die Geschichte einer unseligen Tradition, aber auch ein Kaleidoskop tiefer Verletzungen. Es sind Porträts von Menschen entstanden, die noch immer – so alt sie inzwischen auch geworden sein mögen – mit den Dämonen kämpfen müssen, die ihnen die Eltern mithilfe von Kochlöffeln und Rohrstöcken eingebläut haben« (ebd., S. 13).

Selbst im Bezug auf die Schule 1979 erklärte das Bayerische Oberste Landesgericht, dass »im Gebiet des Freistaats Bayern (...) ein gewohnheitsrechtliches Züchtigungsrecht« bestehe. Ich selbst kann mich noch an heftige Prügelorgien unseres Lehrers, den wir Mitte der sechziger Jahre als Klassenleiter in der 3. und 4. Klasse der Grundschule hatten, erinnern. Wenn man Augenzeugenberichte von Personen vernimmt, die in den 1950er und 1960er Jahren aus welchen Gründen auch immer in Fürsorgeerziehung geraten sind, dann ist man schockiert über das Maß an Ausbeutung, Quälerei, Erniedrigung und Sadismus, welches zu jener Zeit von professionellen Erziehern in staatlichen oder kirchlichen Einrichtungen unter dem Deckmantel entsprechender pädagogischer Ideologie exerziert wurde. Der »Runde Tisch Heimerziehung in den 50er und 60er Jahren« unter der Leitung von Antje Vollmer hat versucht, einiges davon aufzuarbeiten (vgl. AGJ 2010).

Bis im Jahr 2000 durch eine entsprechende Änderung des § 1631 des BGB mit der Formulierung: »Kinder haben ein Recht auf gewaltfreie Erziehung. Körperliche Bestrafungen, seelische Verletzungen und andere entwürdigende Maßnahmen sind unzulässig«, schließlich auch das Züchtigungsrecht der Eltern gegenüber ihren Kindern abgeschafft wurde, war es jedenfalls noch ein langer Weg. (Auch wenn natürlich klar ist, dass die juristische Ächtung noch nicht das faktische Verschwinden eines Übels bedeutet!)

Der renommierte Erziehungshistoriker Elmar Tenorth fasst die entsprechenden Entwicklungstrends für den Bereich der Familienerziehung folgendermaßen zusammen: »Der Wandel der Leitbilder für familiäre Erziehung drückt sich (...) darin aus, dass elterliche Gewalt gegenüber Kindern öffentlich geächtet ist, dass Empfehlungen für Erziehungspraktiken körperliche Strafe ablehnen und dass die erziehenden Eltern selbst einen eher diskursiven, begründenden und argumentativen Stil des Umgangs mit den Kindern befürworten. Noch 1950 erinnerten sich 18-22-jährige Jugendliche sehr intensiv an Strafpraktiken ihrer Eltern: 86% der Jungen und 62% der Mädchen berichten von schwerer körperlicher Züchtigung (...) In der historischen Entwicklung, vielleicht besonders angestoßen durch die politisch-pädagogische Innovation und Kritik der 1960er Jahre, ist jedenfalls ein qualitativer Wandel in den Themen, die für Erziehung als wichtig gelten, unübersehbar: Das Kind gilt mehr als Partner der Eltern, die Familiensituation wird nicht primär als ein durch Herrschaft definierter, patriarchal geordneter Raum begriffen und die Erziehung wird in einen historischen Entwicklungsgang eingeordnet, in dem die individuelle Förderung des Kindes große Bedeutung hat« (Tenorth 2000,[3] S. 321).

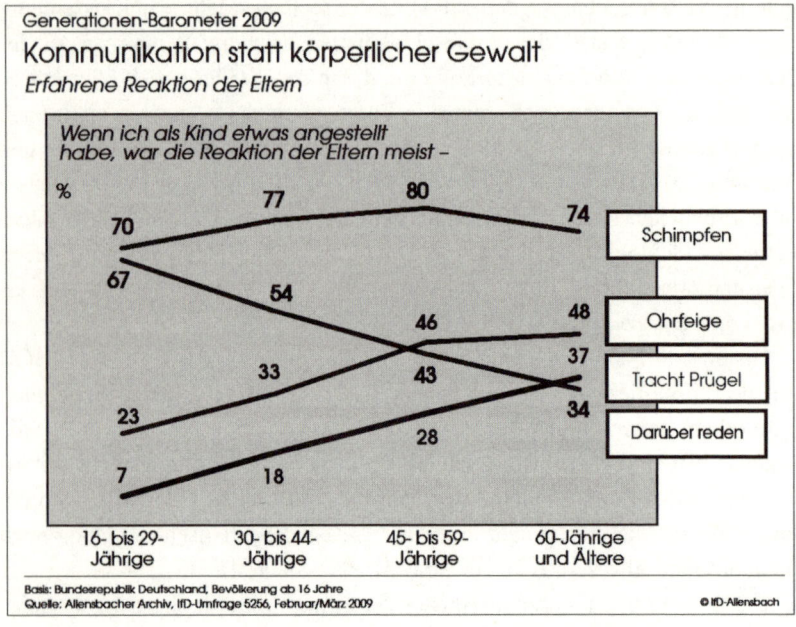

Generationen-Barometer 2009

Kommunikation statt körperlicher Gewalt

Erfahrene Reaktion der Eltern

Wenn ich als Kind etwas angestellt habe, war die Reaktion der Eltern meist –

Basis: Bundesrepublik Deutschland, Bevölkerung ab 16 Jahre
Quelle: Allensbacher Archiv, IfD-Umfrage 5256, Februar/März 2009   © IfD-Allensbach

Nicht nur das Ausmaß der körperlichen Gewalt von Erwachsenen gegen Kinder und Jugendliche ist in den letzten Jahrzehnten deutlich zurückgegangen. So stellen Volbert und Galow mit Blick auf die polizeiliche Kriminalstatistik fest: »Durch die Berichterstattung in den Medien wird mitunter der Eindruck erweckt, dass das Ausmaß sexuell motivierter Taten gegen Kinder eher steigt als fällt. Die Entwicklung der Häufigkeitszahlen belegt jedoch einen Rückgang der angezeigten Fälle seit den 1990er Jahren. Entgegen einer weit verbreiteten Annahme ist die Häufigkeit allerdings bereits seit den 1950er Jahren generell deutlich zurückgegangen« (Volbert, Galow 2010, S. 2). Dieser Rückgang der angezeigten Fälle ist auch deshalb bemerkenswert, weil es klare Belege dafür gibt, dass sich die Anzeigebereitschaft der Betroffenen gegenüber früher deutlich erhöht hat. Gerade im Hinblick auf die Berichterstattung in den Medien, wo das Thema »sexueller Missbrauch« ja in den letzten Jahren tatsächlich eine sehr große Aufmerksamkeit gefunden hat und der Eindruck entstehen konnte, dass hier eine ganz aktuelle Problemhäufung vorliege, muss man ja berücksichtigen, dass die dort aufgedeckten Fälle meist Jahrzehnte zurücklagen und dass erst ein verändertes gesellschaftliches Klima des Ernstnehmens des kindlichen Selbstbestimmungsrechts und der kindlichen Leiden bei den Opfern dazu geführt hat, ihre damaligen Erfahrungen nach langen Jahren des Schweigens öffentlich zu machen.

In einer aktuellen großangelegten Befragung an Personen aus unterschiedlichen Geburtskohorten kommen Pfeiffer u. a. vom Kriminologischen Forschungsinstitut Niedersachsen ebenfalls zu dem Ergebnis, dass sich die Zahl der Personen, die in ihrer Kindheit oder Jugend die Erfahrung sexuellen Missbrauchs erdulden musste, über die letzten Jahrzehnte hinweg deutlich zurückgegangen ist. »Im Vergleich zur im Jahr 1992 befragten deutschstämmigen Stichprobe der 16- bis 40-Jährigen ist ein deutlicher Rückgang des sexuellen Kindesmissbrauchs zu verzeichnen. Damals hatten von den Frauen 9,6% und von den Männern 3,2% bis zum einschließlich 16. Lebensjahr mindestens eine Missbrauchserfahrung mit Körperkontakt erlebt. Diese Abnahme der Missbrauchshäufigkeit bestätigt sich auch, wenn man die verschiedenen Altersgruppen vergleicht, die in der aktuellen Studie befragt worden sind. So haben die heute weiblichen 31- bis 40-Jährigen der vorliegenden Untersuchung bis zu ihrem 16. Lebensjahr zu 9,5% einen Missbrauch mit Körperkontakt erlitten, die 21- bis 30-Jährigen zu 7,1%, die 16- bis 20-Jährigen dagegen nur zu 2,9%. Bei den Männern lauten die Vergleichsquoten 2,0%, 1,4% und 0,8%. Dieser Trend findet sich auch in internationalen Untersuchungen« (Stadler, Bieneck, Pfeiffer 2012, S. 54). Damals wie heute stammte und stammt der Großteil der Täter aus dem familiären Umfeld.

Vor diesem historischen Hintergrund erscheint die Verklärung der angeblich so wohlgeordneten und intakten Erziehungswelt früherer Zeiten, die populäre Erziehungskritiker wie etwa Bernhard Bueb oder Michael Winterhoff in ihren Büchern entfalten, ebenso merkwürdig wie ihre auf die gegenwärtige Situation bezogene Ausmalung apokalyptischer Niedergangsszenarien. So heißt es etwa gleich im Vorwort zu Buebs Buch *Lob der Disziplin*: »Der Erziehung ist vor Jahrzehnten das Fundament weggebrochen: die vorbehaltlose Anerkennung von Autorität und Disziplin« (Bueb 2006, S. 11). Und Winterhoff vertritt die Meinung, dass bis etwa Ende der 1980er Jahre noch weitgehend Konsens über die »klassische Art der Kindererziehung« bestanden hätte, die Eltern somit intuitiv richtig gehandelt hätten und erst dann, unter dem Einfluss irreführender Erziehungsideologien, die Ideen wie »Selbstwertförderung«, »Partnerschaftlichkeit«, »Begründung«, »Aushandlung«, »Kompromisssuche« etc. propagiert hätten, der Niedergang der Erziehung begonnen habe (Winterhoff 2008, S. 87).

Winterhoff gehört auch zu denjenigen Autoren, die publikumswirksam, aber ohne plausible empirische Belege permanent Aussagen über die vermeintlich dramatische Zunahme von Verhaltensstörungen bei Kindern und Jugendlichen und über den vermeintlichen permanenten Niedergang des schulischen Anforderungsniveaus und der schulischen Leistungen in die Welt setzen. So heißt es in seinem populären Buch *Warum unsere Kinder zu Tyrannen werden*: »Gab es vor 15 oder 20 Jahren etwa zwei bis vier auffällige Kinder pro Schulklasse, so hat sich das Verhältnis heute genau umgedreht: (...) von etwa 25 Kindern in einer Schulklasse sind heute noch zwei bis vier komplett unauffällig, alle anderen zeigen, in der Mehrzahl miteinander kombinierte Störungsbilder« (Winterhoff 2008, S. 170). In einem kurz darauf erschienene Artikel in der *BILD*-Zeitung, in dem der »Bestseller-Autor Dr. Michael Winterhoff in der neuen großen BILD-Serie erklärt, (...) was Eltern falsch machen«, bringt Winterhoff diese Pathologisierungsthese und seine problematischen Lösungsvorschläge publikumswirksam unters Volk. Dort behauptet Winterhoff nämlich, er

Kindheitserfahrungen

	16- bis 29-Jährige	30- bis 44-Jährige	45- bis 59-Jährige	60-Jährige und Ältere (in %)
Ich hatte eine glückliche Kindheit	67	64	55	49
Ich habe von meinen Eltern viel Aufmerksamkeit bekommen	61	56	39	34
Meine Eltern waren immer sehr liebevoll zu mir	60	48	37	35
Meine Eltern haben respektiert, dass ich meine eigenen Bereiche hatte	64	51	35	25
Meine Eltern haben mir viel geboten	53	37	26	18
Meine Eltern haben meine Interessen stark gefördert	51	36	25	20
Ich wurde als Kind von meinen Eltern oft gelobt	49	41	24	19
Ich durfte schon als Kind vieles selbst entscheiden	43	28	26	15
Für meine Eltern war es sehr wichtig, dass wir Kinder bei anderen Leuten einen guten Eindruck machten	42	55	68	66
Bei uns zu Hause war es nötig, dass ich als Kind richtig mithelfen musste	26	41	53	69
Ich bin ziemlich streng erzogen worden	23	34	50	64

Basis: Bundesrepublik Deutschland, Bevölkerung ab 16 Jahre

Quelle: Allensbacher Archiv, IfD-Umfrage 5256, Februar/März 2009, im Auftrag des FORUMs FAMILIE STARK MACHEN e.V.

sei sich sicher: »70 bis 80 Prozent der Kinder sind inzwischen wegen falscher Erziehung verhaltensauffällig« (Winterhoff 2009, S. 8).

Wenn man sich dagegen die Ergebnisse empirischer Untersuchungen darüber betrachtet, wie Personen unterschiedlicher Geburtskohorten rückblickend das Erziehungsklima und die Umgangsweisen in ihrem Elternhaus beschreiben, wie dies kürzlich in einer Allensbach-Umfrage erhoben wurde, dann erstaunen die kulturkritischen Niedergangsthesen à la Bueb und Winterhoff doch sehr.

4. Deduktive Annäherungen an die Titelfrage nach der Zunahme bzw. Abnahme von emotionalen Defiziten und psychosozialen Störungen

Man könnte im Bezug auf die Titelfrage: »Haben Kinder und Jugendliche heute tatsächlich größere emotionale Defizite und psychosoziale Störungen als früher?« nun gewissermaßen deduktiv vorgehen und in folgendem Syllogismus zu einer negativen Antwort kommen

1. Prämisse: Es gibt, wie oben dargestellt, deutliche empirische Belege dafür, dass die Verbreitung rigider elterlicher Strafpraktiken und auch das Ausmaß sexueller Missbrauchserfahrungen bei Kindern und Jugendlichen in den letzten Jahrzehnten rückläufig ist, dass Eltern sich mehrheitlich um einen eher diskursiven, begründenden und argumentativen Stil des Umgangs mit den Kindern bemühen und dass eine deutliche Verschiebung der primär bedeutsamen Erziehungsziele von »Gehorsam und Unterordnung« in Richtung »Selbständigkeit und freier Wille« stattgefunden hat.

2. Prämisse: Es gibt deutliche empirische Belege dafür, dass am eigenen Körper erlebte elterliche Gewalt und massiver Zwang in der Erziehung in vielfachen Hinsichten einen Risikofaktor für die Ausbildung von Neurosen und Verhaltensstörungen darstellt und dass solche Erfahrungen die Bereitschaft zu aktivem Gewalthandeln bei Kindern und Jugendlichen fördern.

Conclusio: Demnach ist über die letzten Jahrzehnte hinweg eine Zunahme der durchschnittlichen emotionalen Kompetenz und gradueller Rückgang der Verhaltensstörungen bei Kindern und Jugendlichen zu erwarten.

Nun ist es mit der Deduktion in Erziehungsfragen so eine Sache, und sicherlich stellt es eine Engführung des Blickes dar, die psychische Befindlichkeit und die Verhaltenstendenzen von Kindern und Jugendlichen in einer bestimmten Epoche einzig und allein als Resultante bestimmter elterlicher Erziehungsstile und Strafpraktiken aufzufassen. Die ganzen weiteren Sozialisationseinflüsse durch Medien, Peergroup, Konsumwelt etc. bleiben dadurch außen vor und selbst die elterlichen Erziehungsmaßnahmen werden von den Kindern und Jugendlichen ja auf der Grundlage dessen, was kulturell und zeittypisch als »normal«, »erwartbar«, »üblich« gilt, jeweils unterschiedlich bewertet und verarbeitet.

Man könnte in einer anderen Deduktion freilich auch auf die These kommen, dass sich die Quote der verhaltensgestörten, spezieller der hyperaktiven und aufmerksamkeitsgestörten Kinder und Jugendlichen in den letzten 20 Jahren verfünfzigfacht hat. Und zwar dann, wenn man von den entsprechenden Steigerungszahlen der Diagnosen von ADHS und den entsprechenden Verschreibungen von Methylphenidat ausgeht. Aber diesen direkten Schluss wird nun kaum einer ziehen wollen. Wie problematisch es ist, vom Konsum von Methylphenidat umstandslos auf die Verbreitung von ADHS in der Bevölkerung zurückzuschließen, machen auch die erstaunlichen Befunde deutlich, die Todd Elder in einer sorgfältigen Studie an 12.000 Kindern in den USA zu Tage gefördert hat (vgl. Elder 2010). Er hat dabei speziell die Kinder miteinander verglichen, die im Monat *vor* und im Monat *nach* dem Stichtag für die Einschulung in die Eingangsklasse der Grundschule geboren wurden. Es handelt sich also um diejenigen Kinder, die aufgrund der zufälligen Relation von regional geltendem Stichtag und individuellem Geburtstag besonders früh bzw. besonders spät eingeschult wurden. Letztere haben damit gegenüber ersteren einen durchschnittlichen Entwicklungs- und Reifevorsprung von knapp einem Jahr, was bei Kindern in diesem Alter durchaus einen beträchtlichen Unterschied machen kann. Es ergab sich nun bei der Datenauswertung, dass die im Monat vor dem Stichtag geborenen Kinder ein mehr als dreimal so hohes Risiko hatten, mit einer ADHS-Diagnose versehen zu werden als die im Monat nach dem Stichtag geborenen Kinder. Noch in der achten Klasse war ihr Risiko, zur Gruppe der regelmäßigen Methylphenidat-Konsumenten zu gehören, doppelt so hoch wie das der spät eingeschulten Kinder. Elder führt dies darauf zurück, dass es meist die Lehrer sind, die – wenn Kinder in ihrem Verhalten den schulischen Erwartungen nicht entsprechen – den Prozess der ADHS-Diagnose in Gang bringen, und dass diese dabei in ihrer Wahrnehmung des Verhaltens der Schüler in aller Regel von der sozialen Bezugsnorm, dem Vergleich mit den Klassenkameraden ausgehen und nicht vom Vergleich mit den tatsächlichen Altersgenossen.

Von daher wirft diese Untersuchung ein neues Licht sowohl auf die Praxis und die Sicherheit der ADHS-Diagnostik als auch auf die Sinnhaftigkeit der massenweisen und permanent steigenden Methylphenidat-Verschreibungen, als auch auf die bei uns in den letzten Jahren zu verzeichnende Tendenz einer immer früheren Einschulungspraxis. Das Konzept der »Schulreife«, das von Arthur Kern 1951 in Heidelberg entwickelt wurde, um gegen das »Sitzenbleiberelend« anzugehen, welches in seinen Augen oftmals mit Überforderungssituationen zu tun hatte, weil die »noch nicht schulreifen Kinder« große Probleme hatten, sich in die schulischen Verhaltenserwartungen und Lernformen einzufügen, wird heute oft als antiquiert und obsolet abgetan, da ihm eine endogene Reifungstheorie zugrunde liege. Die Studie von Elder könnte dazu beitragen, den Gedanken zu rehabilitieren, dass es vielleicht doch manchmal günstiger ist, abzuwarten, bis Kinder von ihrer Entwicklung her wirklich bereit sind, sich auf das schulische Setting einzulassen, als – wie es heute eher der Fall ist – panisch darauf bedacht zu sein, nur ja keine wertvolle schulische Förderzeit zu verpassen.

Lässt sich die Diskrepanz zwischen den eingangs zitierten alarmierenden Beobachtungen der praktizierenden Kinder- und Jugendpsychiater und -therapeuten einerseits und jenen deduktiv ableitbaren Veränderungstendenzen, die auf der Grundlage des geschilderten Risikomodells aus den empirisch belegten Wandlungen im Erziehungsverhalten der Eltern zu erwarten wären andererseits, irgendwie auflösen? Wer gegen die oben präsentierte »Deduktionslogik« an der »Steigerungshypothese« festhalten will, könnte in verschiedene Richtung argumentieren:

a) Es gibt eben aus unerfindlichen Gründen eine besondere Problemhäufung im Regierungsbezirk Unterfranken, die Kinder dort sind besonders anfällig für psychische Störungen.

b) Das zitierte Risikomodell enthält auf der Seite der »Elternfaktoren« gar nicht mehr die wirklich problematischen, pathogenen Aspekte des Elternverhaltens. Es hat ein Umschlag stattgefunden. Nicht mehr die besonders strenge, rigide Erziehungshaltung der Eltern ist das Problem, sondern die zu weiche, nachgiebige, grenzenlose, partnerschaftliche, die mit Projektionsneigung und symbiotischen Verstrickungen einhergeht und Kinder zu »kleinen Tyrannen« macht. (Dies wäre in etwa die Winterhoffsche Position.)

c) Es kommt letztlich gar nicht so sehr auf die erzieherischen Haltungen und Sanktionspraktiken der Eltern, auf die Frage von Verständnis oder Strenge, Empathie oder Rigidität an, sondern entscheidend sind die strukturellen Gegebenheiten, die Klarheit der Rollenzuschreibungen und die Stabilität des Familienzusammenhaltes. Und hier hat sich in den letzen Jahrzehnten in der Tat viel verändert. Elternbeziehungen sind instabiler und Familienmuster sind vielfältiger geworden. Es gibt de facto deutlich mehr Kinder, die die Erfahrung der Trennung der Eltern erleben und in Eineltern- oder Patchworkfamilien aufwachsen.

d) Es ist vor allem der Faktor Schule, der sich durch den allgemeinen Run auf höhere Schulabschlüsse und durch den dadurch entstandenen erhöhten Leistungsdruck, die Verdichtung und Beschleunigung der Lernzeit massiv verändert hat und der damit all die aus dem Risikomodell eigentlich erwartbaren Zugewinne durch die Verbesserung des »Elternfaktors« wieder zunichte macht.

e) Es sind vor allem die elektronischen Medien, die den Charakter von Kindheit und Jugend gegenüber früheren Generationen dramatisch verändert haben. Wenn Manfred Spitzer mit seinem neuen Buch *Digitale Demenz. Wie wir unsere Kinder um den Verstand bringen* (2012) recht hat, dann bringen diese Medien mit all den gewalthaltigen und pornographischen Inhalten und dem durch sie induzierten Suchtpotential Kinder nicht nur um den Verstand, sondern vor allem auch um die psychische Gesundheit. Wenn die Zahlen, die Spitzer nennt, tatsächlich stimmen sollten, dass der durchschnittliche Medienkonsum von Jugendlichen heute mit 7,5 Stunden pro Tag etwa doppelt so hoch liegt, wie die Zeit, die sie insgesamt täglich für das schulische Lernen aufwenden, dann wäre dies in der Tat eine höchst einschneidende Veränderung der Sozialisationsbedingungen gegenüber allen früheren Generationen.

f) Das Risikomodell ist zu schlicht und zu eng auf die externen Einfluss-faktoren »Eltern« und »Schule« begrenzt. Wir leben jedoch inzwischen in einer gesellschaftlichen Situation, in der Erziehung als Möglichkeit der personalen Behütung, Begleitung, Lenkung der kindlichen Entwick-lung weitgehend an ihr Ende gekommen ist, in der dafür der Einfluss an-onymer Mächte enorm zugenommen hat. (Dies wäre in etwa die Position Gieseckes.) Es ist mehr dieses allgemeine kulturelle Umfeld einer »Risi-kogesellschaft« (Beck 1986), einer »narzisstischen Gesellschaft« (Lasch 1980; Maaz 2012), einer »Multioptionsgesellschaft« (Gross 1994), einer »Konfliktgesellschaft« (Heitmeyer 1997), einer »Konkurrenzgesellschaft« (Hengsbach 1995), einer »Ego-Gesellschaft« (Gaschke 2002), einer »Be-schleunigungsgesellschaft« (Glotz 2001; Rosa 2005), einer »seelenlosen Gesellschaft« (Bastian 2012), welche generell zu Unsicherheit, Hektik, Entsolidarisierung, zu sozialer Kälte, Misstrauen und Feindseligkeit und zur Ausbildung negativer Selbstbilder und pessimistischer Zukunftserwar-tungen bereits bei Kindern führt und somit bei Jugendlichen gelingende Identitätsbildungsprozesse erschwert.

g) Es hat eine Polarisierung stattgefunden. Die Mehrzahl der Kinder und Ju-gendlichen mag durchaus von den beschriebenen Wandlungen in den Er-ziehungshaltungen der Eltern profitieren. Bei einer kleineren Gruppe mit überforderten, desorientierten, desolaten Elternhäusern verdichten sich jedoch die Risikofaktoren in besonderer Weise. Da unter dem Einfluss der gesellschaftlichen Individualisierung und Pluralisierung die haltgebenden »Leitplanken« der Tradition auch in Erziehungsfragen wegbrechen, El-tern auch zunehmend weniger von dem »Gratisvorschuss« an positionaler Autorität zehren können, kommt es hier in erhöhtem Maße zum Zusam-menbruch pädagogischer Felder und zur entsprechenden Entgleisung kind-licher Entwicklungsprozesse.

5. »Induktive« Annäherungen an die Titelfrage nach der Zunahme bzw. Abnahme von emotionalen Defiziten und psychosozialen Störungen

Zu all den oben angedeuteten Argumentationslinien zur Stützung der Steigerungshypothese wären nun im Prinzip ausführliche Erörterungen notwendig, um die Plausibilität der dort unterstellten Zusammenhänge zu überprüfen und um die Größenordnung der dort postulierten Wirkfaktoren einschätzen zu können. Unvermeidlich würde man sich bei der Frage nach der »durchschnittlichen Gewichtung« jener beschriebenen Faktoren auf die »durchschnittliche Entwicklungsgeschichte heutiger Kinder und Jugendlicher« jedoch wieder ziemlich stark im spekulativen Bereich bewegen.

Nun gibt es jedoch auch einen anderen, direkteren, wenn man so will »induktiven« Zugang zu der Frage nach der Zunahme der Verbreitung von emotionalen Defiziten und psychosozialen Störungen und zur psychischen Befindlichkeit bei Kindern und Jugendlichen. Es gibt durchaus eine lange Tradition, die Frage nach der Prävalenz von Verhaltensstörungen auf empirischem Wege anzugehen. Ich will hier exemplarisch zwei solche Studien aus unterschiedlichen Epochen vorstellen und dann auf die generelle Problematik, die damit verbunden ist, eingehen:

1970, zu einer Zeit also, als nach Winterhoff die erzieherische Welt noch halbwegs in Ordnung war, weil Eltern noch nicht von der verhängnisvollen Idee der »Partnerschaftlichkeit« infiziert waren, wurde am Reutlinger Institut für Sonderpädagogik von Thalmann und Bittner eine Studie »Über die Verbreitung psychischer Störungen bei Kindern im Grundschulalter« durchgeführt, die im Bereich der Verhaltensgestörtenpädagogik lange Zeit als maßgeblich galt. Im Rahmen dieser Studie wurde eine zufällig ausgewählte Stichprobe von 150 Jungen im Alter von 7-10 Jahren untersucht. Dafür wurden ausführliche klinische Interviews mit den Müttern (z. T. auch mit den Vätern) sowie mit den Lehrerinnen und Lehrern durchgeführt. Die Interviewprotokolle wurden in einem Expertenrat besprochen und die einzelnen Fälle dann, je nach dem Ausmaß der Symptome beziehungsweise der angenommenen »Behandlungsbedürftigkeit«, einem der Belastungsgrade in einer fünfstufigen »Symptombelastungsskala« zugeordnet. Dabei ergab sich ein ziemlich besorgniserregendes

Bild: nur 22% galten als »symptomfrei«, 28,7% als »leicht symptombelastet«, 29,3% als »mäßig symptombelastet«, 18,7% als »Problemkinder« und 1,3% als »Anstaltsfälle«. Die Kategorie der »Problemkinder« wurde dabei folgendermaßen charakterisiert: »stark symptombelastet: (...) Einige Symptome treten in schwerster Form oder viele Symptome in leichter bis mäßiger Form auf, so dass das Kind in seinem Verhalten deutlich außerhalb der Norm steht und selbst seine Probleme nicht bewältigen kann, sondern bereits therapeutische Hilfe braucht« (Bittner/Thalmann 1970, S. 92). Die Autoren selbst kommentieren ihr Gesamtergebnis mit den Worten: »Wie die Tabelle 2 zeigt, ist der Anteil psychisch gestörter Kinder erschreckend hoch. Jeder fünfte Junge braucht demnach eine sofortige psychotherapeutische Behandlung, für fast 30% wären außerdem Präventivmaßnahmen dringend erforderlich« (ebd., S. 93).

Wenn man davon ausgeht, dass die Ergebnisse von Bittner und Thalmann tatsächlich repräsentativ und generalisierbar für ihre Zeit waren, und weiterhin unterstellt, dass auch Romanos eingangs zitierte Einschätzung aus dem Juli 2012 zutreffend ist, dass insgesamt 10% der Kinder »behandlungsbedürftig« seien und ca. 20% eine psychische Belastung hätten, dann könnte man zu dem erfreulichen Ergebnis kommen, dass im Laufe der letzten 42 Jahre die Verbreitung von Verhaltensstörungen in Deutschland um mehr als die Hälfte zurückgegangen sei. Dies macht zugleich deutlich, wie problematisch alle derartigen Angaben sind.

Die heute wohl maßgeblichste und meistzitierte Prävalenzstudie zur Frage nach der Verbreitung psychischer und sozialer Auffälligkeiten bei Kindern und Jugendlichen ist sicherlich die KIGGS-Studie. Bei der KIGGS-Studie handelt es sich um eine vom Robert-Koch-Institut durchgeführte und von den Bundesministerien für Gesundheit und für Bildung und Forschung finanzierte, repräsentative Erhebung über die gesundheitliche Lage der Kinder und Jugendlichen in Deutschland. 17.641 Kinder und Jugendliche zwischen 0 und 17 Jahren und ihre Eltern wurden dabei in den Jahren 2003-2006 systematisch nach ihrem körperlichen und seelischen Befinden, nach ihrem Entwicklungsverlauf, ihrer Unfall- und Krankengeschichte und nach ihrem gesundheitsrelevanten Verhalten (Ernährungs- und Bewegungsverhalten, Alkohol- und Nikotinkonsum, durchschnittlicher Medienkonsum etc.) befragt und zudem medizinisch untersucht und auf ihre körperliche Fitness getestet. Es handelt sich um die größte Untersuchung dieser Art, die je in Deutschland realisiert wurde, und sie liefert insgesamt ein sehr differenziertes Bild über den aktuellen Gesundheitszustand des Nachwuchses. Im Hinblick auf die Verhaltensauffälligkeiten wurde ein »Gesamtproblemwert« ermittelt, der sich aus den Einzelskalen »Emotionale Probleme«, »Verhaltensprobleme«, »Hyperaktivitätsprobleme«, »Probleme im Umgang mit Gleichaltrigen« und Defiziten im »Prosozialen Verhalten« zusammensetzt. Zusammenfassend kommt die KIGGS-Studie zu dem Ergebnis, es könnten »insgesamt 7,2% der untersuchten Kinder und Jugendlichen als auffällig bezüglich des Gesamtproblemwertes klassifiziert werden. Weitere 7,5% werden als grenzwertig identifiziert« (Hölling, Erhart, Ravens-Sieberer, Schlack 2007, S. 785). Insgesamt also eine Quote von knapp 15 Prozent. Dabei zeigte sich, dass die Jungen deutlich stärker belastet waren als die Mädchen und dass es eine Problemhäufung in der mittleren Altersgruppe der 7-13-Jährigen gab. Ein übergreifendes Hauptergebnis der KIGGS-Studie war ferner, dass ähnlich wie bei der PISA-Studie der erreichte durchschnittliche Bildungsgrad, so auch hier der durchschnittliche Gesundheitszustand und das durchschnittliche psychische Wohlbefinden der Kinder und Jugendlichen, sehr eng mit den soziodemographischen Hintergrundvariablen verknüpft waren. »Ob Rauchen, Übergewicht, Essstörungen, Verhaltensauffälligkeiten oder Unfälle – das Risiko sozial benachteiligter Kinder ist hier wesentlich höher als das von Kindern aus sozial besser gestellten Familien« (Eberle u. a. 2008, S. 7).

Um gesicherte Aussagen über die Zu- bzw. Abnahme des Ausmaßes von Verhaltensstörungen über die Zeit hinweg machen zu können, wäre es nun naheliegend, einfach die entsprechenden Ergebnisse sämtlicher hierzulande durchgeführter Prävalenzstudien dieser Art in einer Art »Zeitleiste« aufzutragen und die dort ermittelten »Auffälligkeitswerte« systematisch zu vergleichen. Barkmann und Schulte-Markwort haben etwas Ähnliches versucht und in diesem Sinne 28 solcher Studien, die seit dem Zweiten Weltkrieg in Deutschland durchgeführt wurden, identifiziert und einer sorgfältigen Metaanalyse unterzogen, bei der sie auch die unterschiedlichen Designs und Stichprobengrößen der einzelnen Studien in Rechnung stellten. Sehr entschieden widersprechen die Autoren in ihrem Fazit der immer wieder in den populären Medien kolportierten These, dass ein Trend zur Zunahme von psychischen Auffälligkeiten über den Verlauf der letzten Jahre hinweg evident sei. In diesem Sinne heißt es in der Antwort auf die selbstgestellte Leitfrage »Ist eine Zu- oder Abnahme von Auffälligkeiten über die Zeit identifizierbar?« (Barkmann/Schulte-Markwort 2004, S. 279): »Eine lineare Regressionsanalyse über alle n = 28 Studien ergibt einen Steigerungskoeffizienten der Regressionsgeraden von b =

-0,06 Prozentpunkten pro Jahr und belegt damit eine leichte Abnahme gemessener Prävalenz über die Zeit.« Da aber wegen sehr unterschiedlicher Designs und Grenzwertsetzungen der einzelnen Studien eine direkte Vergleichbarkeit schwierig sei, kommen die Autoren zu dem Schluss: »Eine Zu- oder Abnahme psychischer Auffälligkeiten bei Kindern und Jugendlichen in Deutschland über die letzten 50 Jahre ist also aus den bislang vorliegenden Untersuchungen nicht ableitbar« (ebd., S. 283; vgl. ausführlich dazu: Göppel 2007).

Da die Angaben über die Quote der »Verhaltensstörungen« schon allein deshalb eine prekäre Angelegenheit ist, weil »Verhaltensstörung« ein sehr unspezifischer Sammeltopfbegriff für höchst unterschiedliche Phänomene ist und weil die entsprechenden Einschätzungen, welche konkreten »Auffälligkeiten« und »Symptome« bei Kindern und Jugendlichen in welchem Maße hier in die Bilanz eingehen sollen und wo die entsprechenden »Cut-off-Grenzen« zu setzen sind, sehr unterschiedlich sind, sollen hier zuletzt noch die zeitlichen Entwicklungskurven für die vielleicht »eindeutigsten«, »härtesten« und »objektivsten« (und vielleicht auch tragischsten) Entwicklungsprobleme präsentiert werden. Sie repräsentieren gleichzeitig auch die beiden extremen Pole jenes Problemspektrums, nämlich den der internal-depressiven Problemverarbeitung und den der external-dissozialen Problemverarbeitung.

Romanos hatte ja gerade bei den Depressionen und bei den sozialen Störungen im Kindes- und Jugendalter eine besonders dramatische Zunahme beklagt. Nun wäre gerade im Zusammenhang mit der Zunahme von Depressionen auch mit einer Zunahme suizidaler Tendenzen zu rechnen, stellen diese doch oftmals den dramatischen Höhepunkt einer depressiven Entwicklung dar. Die im 13. Kinder- und Jugendbericht präsentierten Daten sprechen jedoch eher dafür, dass es in den letzten Jahrzehnten einen deutlichen Rückgang der Suizidhandlungen bei jungen Menschen gab. Wenn man davon ausgeht, dass diese Suizidhandlungen die sichtbare Spitze des sehr viel größeren Eisbergs des Erlebens von existentieller Verzweiflung und Ausweglosigkeit bei jungen Menschen darstellen, dann kann man mit einiger Berechtigung aus der Verkleinerung jener Spitze auch auf eine entsprechende Verkleinerung des darunter liegenden Gesamtproblems hoffen.

Sterbeziffer der durch Selbstmord/(vorsätzliche) Selbstbeschädigung gestorbenen jungen Menschen
in Deutschland von 1980 bis 2007 je 100 000 Einwohner

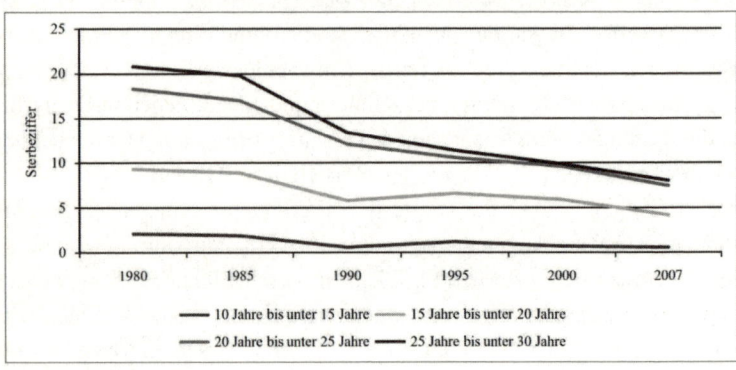

Quelle: Statistisches Bundesamt 2008f

Im Hinblick auf die »sozialen Störungen« ist insbesondere die Zunahme von
Gewalttätigkeit in den letzen Jahren immer wieder diskutiert und problematisiert worden. Hierbei ist freilich in Rechnung zu stellen, dass die durch ent-
sprechend spektakuläre Fälle hervorgerufene Skandalisierung in den Medien
wiederum zu veränderten Wahrnehmungstendenzen und Sensibilitäten auf
Seiten der pädagogischen Beobachter geführt hat. Somit ist gegenüber den
Steigerungsbehauptungen, die auf Lehrerbefragungen beruhen, eine gewisse
Vorsicht geboten. Die objektivsten Daten im Hinblick auf das Ausmaß der
physischen Gewalt an Schulen bieten hier wohl die seit vielen Jahren von den
Unfallversicherungen geführten Statistiken über die »Raufunfälle« an Schulen, in welche all jene Fälle eingehen, bei denen Schüler an Schulen oder auf
dem Schulweg durch die Einwirkung physischer Gewalt von Mitschülern zu
Schaden gekommen sind. Demnach gibt es auch hier eine deutlich rückläu-
fige Tendenz und zwar für beide Geschlechter und sowohl im Hinblick auf
»Raufunfälle« allgemein als auch im Hinblick auf die gravierendere Variante,
wo es bei solchen Auseinandersetzung zwischen Schülern sogar zu Frakturen
gekommen war. Gegenüber der vielfältig kolportierten »Beobachtungstatsa-
che«, dass Schüler in Rage heute keine Grenzen mehr kennen würden, dass
im Gegensatz zu früher, wo es noch faire Spielregeln für solche Kampfhand-
lungen zwischen Schülern gab, die Auseinandersetzungen heute brutaler, er-
barmungsloser und verletzungsträchtiger geworden seien, weil auch dann noch

auf die Mitschüler rücksichtlos eingetreten würde, wenn diese bereits am Boden lägen, ist somit durchaus Skepsis angebracht.

Abbildung 7: Entwicklung von Schulen gemeldeter Raufunfälle und Frakturen infolge von Raufereien je 1000 versicherte Schüler 1993 bis 2006 (Quelle: Deutsche Gesetzliche Unfallversicherung (DGUV), bis 1. Juli 2007 Bundesverband der Unfallkassen (BUK))

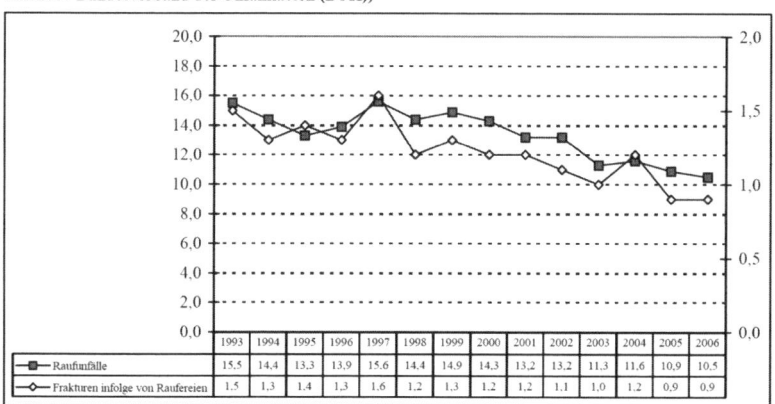

	1993	1994	1995	1996	1997	1998	1999	2000	2001	2002	2003	2004	2005	2006
Raufunfälle	15.5	14,4	13,3	13,9	15.6	14,4	14,9	14,3	13,2	13,2	11,3	11,6	10,9	10.5
Frakturen infolge von Raufereien	1.5	1,3	1,4	1,3	1.6	1,2	1,3	1,2	1,2	1,1	1,0	1,2	0,9	0.9

6. Wie schätzen Eltern und Kinder selbst ihre Befindlichkeit und die erzieherische Lage in den Familien ein?

Bei den epidemiologischen Untersuchungen findet stets eine Bewertung der kindlichen Symptombelastung durch externe Experten statt. Kinder und Jugendliche selbst würden vermutlich auch dort, wo diese externen Experten zu entsprechenden Einschätzungen gekommen sind, in den allermeisten Fällen das Attribut »verhaltensgestört« oder »psychisch auffällig« für sich selbst zurückweisen. Wenn, dann würden sie wohl eher Beschreibungen wie »häufig sehr traurig« oder »manchmal richtig wütend und dann leicht ausrastend« für sich akzeptieren. Deshalb soll zuletzt noch ein Blick auf jene Studien geworfen werden, in denen Kinder und Jugendliche direkt nach ihrem subjektiven Befinden und nach ihrer Einschätzung des familiären Binnenklimas gefragt wurden.

Wenn man betrachtet, was die empirische Kindheits- und Familienforschung darüber berichtet, wie Kinder in einschlägigen Befragungen das Erziehungsverhalten ihrer Eltern und die Atmosphäre und die Umgangsformen in ihren Familien beschreiben, dann gibt dies eigentlich wenig Anlass zu pauschalen Klagen und Katastrophenwarnungen: So fassen etwa Andresen und Hurrelmann in der repräsentativen WORLD VISION Kinderstudie ihre Ergebnisse hinsichtlich der aktuellen familiären Lage unter der Überschrift: »Familienklima: ruhig und eher wenig konfliktträchtig«, zusammen und führen dann weiter aus: »Alles in allem verweisen die Kinder, im Durchschnitt betrachtet, eher auf sehr ausgeglichene häusliche Verhältnisse, und nur bei einem kleineren Teil dieser Altersgruppe kommt es zu Hause zu häufigeren Auseinandersetzungen. (...) 85% der Kinder äußern sich positiv oder sehr positiv zu den gewährten elterlichen Freiheiten« (Hurrelmann/Andresen 2007, S. 99). Gerade in der jüngsten WORLD VISION Kinderstudie 2010 konnte auch nachgewiesen werden, dass ein enger positiver Zusammenhang besteht, zwischen dem Ausmaß, in dem Kinder sich mit ihren Meinungen in ihren Familien ernst genommen fühlen und dem »Selbstwirksamkeitserleben« der Kinder, also dem Ausmaß, in dem sie Statements wie den folgenden zustimmen: *»Ich glaube, mein Leben wird richtig schön«, »Ich glaube, dass ich viele Dinge gut kann«, »Wenn mich jemand ärgert oder ungerecht behandelt, kann ich mich wehren«. »Schwierige Sachen kriege ich, wenn ich mich anstrenge, gut hin«, »Ich traue mich zu sagen, was ich denke, auch wenn andere anderer Meinung sind«, »Ich finde schnell neue Freunde«, »Wenn andere Kinder was machen, kann ich immer dabei sein«, »Egal was ist, ich weiß mir immer zu helfen«.* – Aussagen, bei denen sowohl im Sinne der »psychischen Gesundheit« als auch im Sinne der »Mündigkeit« des Nachwuchses, hohe Zustimmungswerte pädagogisch zweifellos höchst wünschenswert sind (Schneekloth/Pupeter 2010, S. 190).

Auch Anton A. Bucher kommt in der großen empirischen »Kinder-Glücks-Studie« von 2007 zu einem ähnlich positiven Ergebnis wie Andresen/Hurrelmann: Er zieht dort folgendes Fazit: »Die Studie stellt im Vergleich zu früheren Jugendstudien einen Wandel im Verhältnis der Generationen fest: Nie haben sich Kinder mit ihren Eltern und Großeltern so gut verstanden. Die Beziehungen sind meist konfliktfrei und partnerschaftlich. (...) Die Kinder in Deutschland empfinden in ihren Familien in hohem Maß Geborgenheit und Glück. (...) Die Schule erscheint ihnen dagegen mit zunehmendem Alter als düstere Gegenwelt, als ›Glückskiller Nummer eins‹ (Bucher 2007, S. 27).«

Auch die jüngst von *KiKa*, dem gemeinsamen Kinderkanal von ARD und ZDF in Auftrag gegebene und von der renommierten Familienforscherin Tschöpe-Scheffler wissenschaftlich geleitete Aktion »Elternzeugnis«, bei der

Kinder aufgefordert wurden, ihre Eltern hinsichtlich von Kategorien wie »Zuhören«, »klare Regeln setzen« oder »Trost spenden« zu benoten, und an der sich 8.539 Kinder beteiligten, kommt zu einer eher positiven Einschätzung der erzieherischen Lage hierzulande: »Ergebnis: Von einem Verfall der Familienkultur, vernachlässigten Kindern oder gar einer ›Erziehungskatastrophe‹ kann bei den Umfrageteilnehmern keine Rede sein. Die Kinder fühlen sich sowohl von ihren Müttern als auch von ihren Vätern geliebt, wobei die Mütter mit der Durchschnittsnote 1,9 (Väter: 2,3) ein klein wenig die Nase vorn haben. Auch beim Zuhören oder Trost spenden schneiden die Väter in der Gunst der Kinder zwei bis drei Zehntel schlechter ab. Besonders gut beurteilten Kinder ihre Eltern in den Kategorien ›loben und motivieren‹ (Durchschnittsnote 2,3) und ›Freunde respektieren‹ (Durchschnittsnote 1,9), was für einen achtungsvollen Umgang in den Familien spricht. Insgesamt wurden 16 Kriterien abgefragt« (Focus Schule online vom 22. 10. 2008). Am schlechtesten schnitten die Eltern in den Augen ihrer Kinder dabei in der Kategorie »Zeit haben« ab. Hier erreichten sie mit der Durchschnittsnote von 2,8 lediglich eine »drei plus«.

Aber auch wenn man die Eltern selbst befragt, bekommt man eher positive Ergebnisse zur Lage in den Familien. So wurden in einer aktuellen Studie der Zeitschrift *Eltern* mehr als 1.000 Eltern mit Kindern unter 11 Jahren zu ihrem Lebensgefühl und ihrer Befindlichkeit befragt. Dabei stimmte etwa die Hälfte der Befragten dem Item zu: »Ich habe eine klare Vorstellung von der Erziehung meiner Kinder und setze diese auch meist problemlos durch.« 41 Prozent meinten, sie hätten zwar ab und zu Zweifel, suchen dann aber Rat bei Freunden oder in Erziehungszeitschriften. Nur 12 Prozent gaben an, sich in Erziehungsfragen als tiefgreifend verunsichert und z. T. professioneller Hilfe bedürftig zu empfinden. Umgekehrt äußern sich viele Eltern mit Recht kritisch über das negative Bild von Eltern und Familien, das derzeit in der Öffentlichkeit herrscht. So stimmten jeweils etwa zwei Drittel der befragten Eltern den Statements zu: »In der öffentlichen Darstellung werden zu schnell Rückschlüsse von negativen Einzelfällen auf alle Eltern gezogen«, und: »Über Familien wird überwiegend in negativen Zusammenhängen berichtet (z. B. schlecht erzogene, vernachlässigte Kinder)« (vgl. Forsa 2008).

Roland Rauschenbach, als Direktor des Deutschen Jugendinstituts in München, als Vorsitzender der Sachverständigenkommission für den 12. Kinder- und Jugendbericht der Bundesregierung und als Mitglied der Autorengruppe Bildungsberichterstattung sicherlich einer der ausgewiesensten Kenner der einschlägigen Forschungslage, was die Sozialisationsbedingungen von Kindern und Jugendlichen hierzulande betrifft, bringt im Vorwort für die neue DJI-Studie AID:A »Aufwachsen in Deutschland«, die aktuelle Situation folgendermaßen auf den Punkt: »Man kann das heutige Aufwachsen in Deutschland im Kern auf zwei zentrale Annahmen zuspitzen. Die erste lautet: ›Noch nie ging es Kindern und Jugendlichen in Deutschland so gut wie heute‹ und die zweite: ›Die Bedingungen des Aufwachsens haben sich deutlich verändert‹« (Rauschenbach 2012, S. 10).

7. Schluss: Das Modernisierungsparadox

Ist dies, wenn man an die eingangs zitierten Alarmrufe aus der Ecke der Kinder- und Jugendpsychiatrie denkt, pure Beschwichtigung, Schönfärberei, Problemverleugnung, Verkennung der Tatsachen? Natürlich gibt es Kinder mit massiven Entwicklungsdefiziten und Verhaltensproblemen, natürlich gibt es hochproblematische Familien, die ihrer Erziehungsaufgabe nicht gerecht werden, die Kinder vernachlässigen, misshandeln oder verwahrlosen lassen. Rauschenbach selbst verweist auch darauf, »dass sich die Schere zwischen den Gewinnern und den Verlierern im Prozess des heutigen Aufwachsens weiter öffnet« und dass es eine »kleine, aber sozial- und bildungspolitisch hochbrisante Gruppe« von benachteiligten Heranwachsenden gibt, in deren Lebenswelten und Biographien sich die Entwicklungsrisiken häufen und deren Situation »als vermutlich dauerhaft hochprekär« eingeschätzt werden müsse (ebd., S. 11).

Natürlich kommt es über die Zeit hinweg auch immer wieder zu Verschiebungen sowohl der Formen, in denen innerseelische Konflikte bei jungen Menschen ihren Ausdruck finden (so gibt es deutliche Hinweise, dass Phänomene wie Essstörungen und selbstverletzendes Verhalten in den letzten Jahren wohl tatsächlich deutlich zugenommen haben), als auch der diagnostischen Tendenzen und Taxierungen (so hat etwa die ADHS-Diagnose, die heute die vermutlich häufigste kinderpsychiatrische Diagnosestellung überhaupt darstellt, Anfang der achtziger Jahre, als von MCD, MBD, POS etc. die Rede war, noch überhaupt keine Rolle gespielt).

Ohne Zweifel gibt es auch vielfältige Klagen der Lehrer und Lehrerinnen über undisziplinierte, respektlose, unkonzentrierte, unorganisierte, unmotivierte Schüler und über Eltern, die sich nicht genügend um die Erziehung und die schulischen Belange ihrer Kinder kümmern. Und es spricht tatsächlich einiges dafür, dass die familiären Erziehungsaufgaben angesichts der Pluralität der Lebensverhältnisse, angesichts der zunehmenden Instabilität von Beziehungen, angesichts der Aufdringlichkeit und Unkontrollierbarkeit der Medienwelt, angesichts auch der mit der modernen Arbeitswelt verbunden ökonomische Unsicherheiten, Flexibilitäts- und Mobilitätsanforderungen tatsächlich komplexer und komplizierter geworden sind. Auch die in den oben zitierten Studien genannten Quoten von Kindern und Jugendlichen mit psychischen Auffälligkeiten weisen ja durchaus darauf hin, dass es eine beträchtliche Problemgruppe und entsprechenden therapeutischen Versorgungsbedarf und pädagogisch-präventiven Handlungsbedarf tatsächlich gibt – auch dann, wenn man auf dramatisierende Steigerungsthesen verzichtet!

Es soll hier also keineswegs pauschal beschwichtigt oder die durchaus manchmal komplizierte und nervenaufreibende erzieherische Lage schöngefärbt werden, aber man kann alles in allem doch ein erstaunliches Paradox feststellen: Wohl noch nie hat es historisch gesehen hierzulande eine so große Aufmerksamkeit auf die Bedürfnisse, Interessen, Sichtweisen von Kindern gegeben, noch nie eine solche Flut an entsprechenden »erziehungsrelevanten« Informationen, an Ratgebern, Broschüren, Fernsehsendungen, Internetseiten, noch nie eine solche Breite an Förder- und Freizeitangeboten für Kinder und noch nie eine solche Dichte an Servicestellen für Eltern mit Erziehungsproblemen und für Kinder und Jugendliche in sozialen und seelischen Notlagen. Noch nie haben auch die Daten der empirischen Kindheits-, Jugend- und Familienforschung, seit sie systematisch erhoben werden, für mehr Akzeptanz und Verständnis zwischen den Generationen gesprochen – und dennoch: noch nie waren die öffentlichen Debatten über Kindheit, Jugend und Erziehung so voll von Klagen, von Krisen-, Konflikt- und Katastrophenmeldungen. Martin Dornes hat vor kurzem die zentralen Thesen seines Buches *Die Modernisierung der Seele* (Dornes 2012) – das ja mit einem immensen Aufwand an empirischen Belegen ebenfalls eine eher entdramatisierende Sicht der psychischen Gesamtlage hierzulande zeichnet – in einem *Psychologie-heute*-Interview präsentiert, das unter dem Titel: »Uns geht's besser als wir glauben«, veröffentlich wurde. Daraufhin hat er wütende Leserbriefe geerntet, die ihm Herablassung,

Verharmlosung, soziale Kälte, Mangel an Solidarität mit den Opfern kapitalistischer Ausbeutung etc. vorwarfen. Es wäre eine eigene spannende psychologische Frage, den tieferen Gründen nachzugehen, warum jene Botschaft, die doch eigentlich eine erfreuliche Botschaft ist, auf solche massive Widerstände stößt und warum gegenläufige Krisen- und Katastrophenthesen in der Regel sehr viel breitere und positivere Resonanz beim Publikum finden.

Literatur

Arbeitsgemeinschaft für Kinder- und Jugendhilfe – AGJ (Hrsg.): Abschlussbericht des Runden Tisches »Heimerziehung in den 50er und 60er Jahren«. Berlin 2010.

Barkmann, C./Schulte-Markwort, M.: Prävalenz psychischer Auffälligkeiten bei Kindern und Jugendlichen in Deutschland – ein systematischer Literaturüberblick. In: Psychiatrische Praxis, 31. Jg. 2004, S. 278-287.

Bastian, T. (2012): Die seelenlose Gesellschaft. Wie unser Ich verloren geht. München.

Beck, U. (1986): Risikogesellschaft. Auf dem Weg in eine andere Moderne. Frankfurt a. M.

Bittner, G./Thalmann, H.-C.: Über die Verbreitung psychischer Störungen bei Kindern im Grundschulalter. In: Zeitschrift für Pädagogik, 16. Jg. 1970, S. 83-98

Bucher, A. (2001): Was Kinder glücklich macht. Historische, psychologische und empirische Annäherungen an das Kindheitsglück. Weinheim und München.

Bucher, A.: Was Kinder glücklich macht. Ergebnisse einer Repräsentativbefragung des ZDF. 2007 http://www.unternehmen.zdf.de/fileadmin/files/Download_Dokumente/DD_Das_ZDF/Veranstaltungsdokumente/Zusammenfassung_quantitative_Studie.pdf.

Bueb, B. (2006): Lob der Disziplin. Berlin.

Dornes, M. (2012): Die Modernisierung der Seele. Kind – Familie – Gesellschaft. Frankfurt a. M.

Dornes, M.: Uns geht's besser, als wir glauben. In: Psychologie heute, Mai 2012, S. 42-45.

Eberle, G./Hurrelmann, K./Ravens-Sieberer, U. (2008): Stark für den Start ins Leben. In: dies. (Hrsg.): Stark für den Start ins Leben. Gesundheitsförderung in Kindergärten und Schulen – Beispiele, Ideen und Tipps aus der Praxis. Frankfurt a. M.

Elder, T.: The importance of relative standards in ADHD diagnoses: evidence based on exact birth dates. Journal of Health Economics 29 (2010) S. 641-656.

Erhard, M./Hölling, H./Bettge, S./Ravens-Sieberer, U./Schlack, R.: Der Kinder- und Jugendgesundheits-Survey (KiGGS): Risiken und Ressourcen für die psychische Entwicklung von Kindern und Jugendlichen. In: Bundesgesundheitsblatt – Gesundheitsforschung – Gesundheitsschutz 50, 2007, S. 800-809.

Focus Schule online vom 22.10.2008. http://www.focus.de/schule/familie/elternzeugnis-eltern-sind-liebevoll-aber-zu-beschaeftigt_aid_342527.ht

Forsa, Gesellschaft für Sozialforschung und statistische Analyse: Lebensgefühl von Eltern, Repräsentativbefragung für Gruner + Jahr AG & Co KG, Redaktion ELTERN, Tabellenband, Berlin 2008.

Gaschke, S. (2002): Die Erziehungskatastrophe. Kinder brauchen starke Eltern. Stuttgart und München.

Giesecke, H. (1985): Das Ende der Erziehung. Neue Chancen für Familie und Schule. Stuttgart.

Glotz, P. (2001): Die beschleunigte Gesellschaft. Kulturkämpfe im digitalen Kapitalismus. Reinbek.

Göppel, R. (2007): Aufwachsen heute. Veränderungen der Kindheit – Probleme des Jugendalters. Stuttgart u. a.

Göppel, R. (2010): Pädagogik und Zeitgeist. Erziehungsmentalitäten und Erziehungsdiskurse im Wandel. Stuttgart u. a.

Gross, P. (1994): Die Multioptionsgesellschaft, Frankfurt a. M.

Hävernick, W. (1964): Schläge als Strafe: Ein Bestandteil der Familiensitte in volkskundlicher Sicht. Museum für Hamburgische Geschichte, Hamburg.

Heitmeyer, W. (Hrsg.) (1997): Was treibt die Gesellschaft auseinander? (Bundesrepublik Deutschland, Auf dem Weg von der Konsensgesellschaft zur Konfliktgesellschaft, Bd. 1.) Frankfurt a. M.

Hengsbach, F. (1995): Abschied von der Konkurrenzgesellschaft. Für eine neue Ethik in Politik, Ethik und Gesellschaft. München.

Hölling, H./Erhard, M./Ravens-Sieberer, U./Schlack, R.: Verhaltensauffälligkeiten bei Kindern und Jugendlichen. Erste Ergebnisse aus dem Kinder- und Jugendsurvey (KIGGS). In: Bundesgesundheitsblatt – Gesundheitsforschung – Gesundheitsschutz 5/6 2007, S. 784-793.

Hurrelmann, K./Andresen, S. (Hrsg.) (2007): Kinder in Deutschland 2007. 1. World Vision Kinderstudie. Frankfurt a. M.

Kern, A. (1951): Sitzenbleiberelend und Schulreife. Freiburg.

Köcher, R.: Generationenbarometer 2009. http://www.familie-stark-machen.de/files/genera-tionenbarometer09_pressemappe.pdf

Lasch, C. (1980): Das Zeitalter des Narzißmus. Steinhausen.

Maaz, H.-J. (2012): Die narzißtische Gesellschaft. Ein Psychogramm. München.

Müller-Münch, I. (2012): Die geprügelte Generation. Kochlöffel, Rohrstock und die Folgen. Stuttgart.

Rauch, G.: Zahl psychisch kranker Kinder steigt. Unterfränkische Klinik-Chefs fordern mehr Therapieplätze. In: Mainpost vom 20.7.2012, S. 1.

Rauschenbach, T.: Aufwachsen in Deutschland. Eine Einführung. In: Rauschenbach, T./ Bien, W. (Hrsg.): Aufwachsen in Deutschland. AID:A – Der neue DJI-Survey. Weinheim 2012, S. 7-27.

Resch, F. et al. (1999): Entwicklungspsychopathologie des Kindes- und Jugendalters. Ein Lehrbuch. 2. überarbeitete und erweiterte Auflage. Weinheim,.

Romanos, M.: Kinder stehen unter Druck. Leistungsanforderungen und instabile Familien als Gründe für psychische Erkrankungen. In: Mainpost vom 20.7.2012, S. 2.

Rosa, H.: Beschleunigung. Die Veränderung der Zeitstrukturen in der Moderne. Frankfurt a. M. 2005.

Rutter, M.: Psychosocial resilience and protective mechanisms. In: American Journal of Orthopsychiatry, Vol. 57, 1987, S. 316-331.

Schneekloth, U./Pupeter, M. (2010): Wohlbefinden, Wertschätzung, Selbstwirksamkeit. Was Kinder für ein gutes Leben brauchen. In: Hurrelmann, K./Andresen, S. (Hrsg.): Kinder in Deutschland 2010. 2. World Vision Kinderstudie. Frankfurt a. M.

Sibbertsen, Ph./Rhode, J./Luedeke, C.: Sind Risikomodelle selbst ein Risiko? In: Unimagazin. Zeitschrift der Leibnitz Universität Hannover, Ausgabe 3/4, 2010: Sicherheit. Gefahren und Risiken im Fokus der Forschung. S. 46-49.

Spitzer, M.: »Kinder wissen nicht, was gut für sie ist« – Hirnforscher über digitale Demenz. Interview in: Mainpost vom 14.8.2012, S. 8.

Spitzer, M. (2012): Digitale Demenz. Wie wir unsere Kinder um den Verstand bringen. München.

Stadler, L./Bieneck, S./Pfeiffer, C.: Repräsentativbefragung Sexueller Missbrauch 2011 (unter Mitwirkung von F. Grawan und L.-M. Nitz), (KFN-Forschungsbericht; Nr.: 118). Hannover: KFN.

Tenorth, H.-E. (2000): Geschichte der Erziehung. Einführung in die Grundzüge ihrer neuzeitlichen Entwicklung. Weinheim und München.

Volbert, R./Galow, A. Sexueller Missbrauch: Fakten und offene Fragen. http://www.runder-tisch-kindes-missbrauch.de/documents/Impulsvortrag_VolbertundGalow_000.pdf

Werner, E. E.: Gefährdete Kindheit in der Moderne. Protektive Faktoren. Vierteljahresschrift für Heilpädagogik und ihre Nachbargebiete, 66 (2), 1997, S. 192-203.

Werner, E. E.: Protective factors and individual resilience. In: Meisel, S./ Shonkoff, J. (Eds.): Handbook of Early Intervention. Cambridge, 1990, S. 97-116.

Winterhoff, M. (2008): Warum unsere Kinder zu Tyrannen werden. Oder: Die Abschaffung der Kindheit. Gütersloh.

Winterhoff, M. So wird aus Ihrem Kind kein kleiner Tyrann. In: BILD vom 12. 1. 2009, S. 8.

Wustmann, C.: Die Blickrichtung der neueren Resilienzforschung. Wie Kinder Lebensbelastungen bewältigen. Zeitschrift für Pädagogik 2005, S. 192-206.

Michael Günter

DAS SPIEL IN DER VIRTUELLEN WELT

Affektabwehr, »milde Narkose« oder Symbolisierung?[1]

Spielen ist, Winnicott folgend, »eine Grundform von Leben, eine Erfahrung und zwar stets eine schöpferische Erfahrung (…), eine Erfahrung im Kontinuum von Raum und Zeit« (Winnicott 1971, S. 62). Auch die berühmte Formulierung Winnicotts in seinem Buch V*om Spiel zur Kreativität* spricht die grundlegende Bedeutung des Spieles für die psychotherapeutische Arbeit an: »Psychotherapie geschieht dort, wo zwei Bereiche des Spielens sich überschneiden: der des Patienten und der des Therapeuten. Psychotherapie hat mit zwei Menschen zu tun, die miteinander spielen. Hieraus folgt, dass die Arbeit des Therapeuten dort, wo Spiel nicht möglich ist, darauf ausgerichtet ist, den Patienten aus einem Zustand, in dem er nicht spielen kann, in einen Zustand zu bringen, in dem er zu spielen imstande ist« (Winnicott 1971, S. 49). Spielen ist ein Teil des *potential space*, des Übergangsraumes, in dem subjektiv Vorgestelltes und objektiv Wahrnehmbares zusammenkommen, in dem sich Innenwelt und Außenwelt begegnen. Insofern ist spielen Winnicott zu Folge immer ein Wagnis und Teil unserer Kreativität. Daher rührt auch die Hochachtung, ja geradezu Begeisterung, die wir als Kinderpsychotherapeuten dem kindlichen Spiel entgegenbringen. Woher rührt dann aber die Skepsis, die wir den spielerischen Welten der virtuellen Realität gegenüber empfinden? Zweifellos hat vieles von dem, was dort in der virtuellen Welt zu erleben ist, spielerischen Charakter. Man mag gegen diese virtuellen Spielwelten einwenden, dass die Phantasietätigkeit, die Kreativität durch die übermächtigen Bildwelten, die diese elektronischen Spiele so attraktiv machen, eingeschränkt, ja geradezu zum Verkümmern gebracht werde. Dem wird gerne das Ideal eines einfachen, sozusagen naturwüchsig gedachten Spiels von Kindern entgegengehalten, das aus einem Stöckchen, einem Lumpen und einem Kieselstein phantasievolle Welten entstehen lässt.

---

[1] Diese Arbeit ist eine überarbeitete Fassung eines Vortrags am 29. April 2012 auf der 59. Jahrestagung der VAKJP »*… jetzt aber mal in echt!*« – *Facetten des Spielens in der kinderanalytischen Arbeit* in Berlin. Teile der Arbeit wurden bereits anderweitig publiziert.

Schiller lobte bekanntlich in seinen Briefen *Über die ästhetische Erziehung des Menschen* (Schiller 1795) den Spieltrieb als höchste Verwirklichung des Menschen und fasste prägnant zusammen: »Denn, um es endlich auf einmal heraus zu sagen, der Mensch spielt nur, wo er in voller Bedeutung des Wortes Mensch ist, und er ist nur da ganz Mensch, wo er spielt.« (15. Brief) Auch die neurobiologische Forschung versichert uns, dass der Spieltrieb neben Wut, Angst, Panik, Sexualität, Sorge für andere und Bindungssuche eines der biologisch verankerten primären Affektsysteme schon bei Säugetieren darstelle. Der amerikanische Neurobiologe Panksepp, der sich vor allem mit der Neurobiologie von Tieren beschäftigte, wies nach, dass Ratten sich sozial sehr ungünstig entwickeln, wenn man ihren Spieltrieb unterdrückt. Er sah daher freies Spiel bei Tieren als notwendig für die Reifung von Stirnhirnfunktionen an. Die Unterdrückung dieses Spiels bei jungen Ratten führe zu einer Veränderung der Genexpression, also zu einer An- und Abschaltung von Genen im Gehirn, zu einer Erniedrigung von Wachstumsfaktoren im Gehirn und schließlich zu deutlich erhöhtem impulsivem, aggressivem und antisozialem Verhalten. Diese Veränderungen waren seinen Untersuchungen zu Folge nicht auf den Moment beschränkt, sondern dauerhaft. Es ließ sich zeigen, dass sich das aggressive Verhalten der Ratten bis ins Erwachsenenalter hinein fortsetzte (Panksepp 2007).

Angesichts derart positiver Stimmen aus unterschiedlichen Forschungszusammenhängen ist erneut zu fragen: Wie kommt es, dass, durchaus mit guten Gründen, anzunehmen ist, dass bestimmte elektronische Spiele nicht das prosoziale Verhalten stärken, sondern im Gegenteil aggressive Impulse hervorbringen? Warum glauben wir nicht so recht, dass die virtuelle Welt, die Welt der Medien, die in vielfacher Gestalt eine Welt moderner Spiele ist, unsere sozialen Kompetenzen erweitert und bei der Bewältigung der schwierigen Aufgabe helfen kann, innere und äußere Realität miteinander zu vermitteln?

Diese zwiespältige Haltung, die wir gegenüber der virtuellen Welt und den in den elektronischen Medien angebotenen Spielen einnehmen, hat – so meine These – etwas zu tun mit der zwiespältigen Natur des Spieles selbst. Das Spiel hat, soweit es mit der Triebhaftigkeit der infantilen Sexualität verknüpft ist, etwas Anarchisches. Kreativität hat zu tun mit der Zerstörung festgefügter Ordnungen. Auf der anderen Seite unterliegt das Spiel durch seine Nähe zur Triebhaftigkeit auch der Konservativität der Triebe, dem Wiederholungszwang. So hat das Spiel also zwei Seiten, eine sprengende und damit Neues schaffende

einerseits, eine disziplinierende und alte Ordnungen im Individuum veran-
kernde andererseits. Plato hat diese beiden Funktionen im Auge und setzt dabei
auf die staatserhaltende, disziplinierende Funktion des Spieles und der Musik,
wenn er im 4. Buch seiner *Politeia* davor warnt, Neues in der Kunst einzufüh-
ren, weil dadurch die Gesetze des Staates erschüttert würden. Er lässt seinen
Bruder Adeimantos im Dialog mit Sokrates sagen: »Ja, eine Abweichung von
ihren Gesetzen schleicht sich leicht unbemerkt ein.« Sokrates: »Ja, man sieht
die Sache als bloße Ergötzlichkeit[2] an und meint, sie richte keinen Schaden
an.« Die Folge dessen sei schließlich der Umsturz in allen persönlichen und
öffentlichen Verhältnissen. Die Schlussfolgerung Platos, wie er sie Sokrates
sprechen lässt: »Müssen demnach, wie wir gleich zu Anfang sagten, unsere
Knaben nicht von vornherein eine gesetzmäßige Erziehung erhalten, da, wenn
sie gegen die Gesetze verstößt und also das Nämliche auch mit unseren Knaben der Fall ist, diese unmöglich zu gesetzestreuen und tugendhaften Männern
heranreifen können?« Adeimantos: »Offenbar.« Sokrates: »Wenn nun also
Knaben gleich mit ihren Spielen den richtigen Anfang machen und der Geset-
zestreue vermittelst der Musik eine sichere Stätte in sich bereiten, so ist diese
ihrerseits, in entgegengesetzter Richtung wie bei jenen anderen, die Begleite-
rin zu allem und erstarkt immer mehr, so dass sie auch wieder aufrichtet, was
in der Stadt etwa darniederlag.« (Platon 2010, 161) Plato beschreibt Spiel und
Musik als Gefahr, da sich unbemerkt Neues leicht einschleichen könne, was
die Ordnung des Staates unterminiere, richtig zur Erziehung angewandt, aber
auch als Disziplinierungsinstrument. Je nach Perspektive haben wir heutzutage vielleicht nicht ganz zu Unrecht den Verdacht, dass die kommerzielle Welt
der elektronischen Virtualität auf subtile Weise disziplinieren könnte und eben
nicht so sehr die Kreativität induziert.

Freud diskutierte die geschilderte Zwiespältigkeit des alltäglichen Spieles
in *Jenseits des Lustprinzips* (Freud 1920) anhand des berühmten Garnrollen-
spieles seines eineinhalbjährigen Enkels. »Das Kind hatte eine Holzspule, die
mit einem Bindfaden umwickelt war. Es fiel ihm nie ein, sie zum Beispiel
am Boden hinter sich herzuziehen, also Wagen mit ihr zu spielen, sondern
es warf die am Faden gehaltene Spule mit großem Geschick über den Rand
seines verhängten Bettchens, so dass sie darin verschwand, sagte dazu sein

---

[2] In der Übersetzung von Wilhelm Siegmund Teuffel (*Platons Werke. Zehn Bücher vom
Staate.* Stuttgart 1855) wird dies explizit mit »Spiel« übersetzt.

bedeutungsvolles o-o-o-o und zog dann die Spule am Faden wieder aus dem Bett heraus, begrüßte aber deren Erscheinen jetzt mit einem freudigen ›Da‹. Das war also das komplette Spiel, Verschwinden und Wiederkommen, wovon man zumeist nur den ersten Akt zu sehen bekam, und dieser wurde für sich allein unermüdlich als Spiel wiederholt, obwohl die größere Lust unzweifelhaft dem zweiten Akt anhing.« (Freud 1920, S. 12-13) Freud interpretierte dieses Spiel als Ausdruck einer großen kulturellen Leistung des Kindes, als Verzicht auf Triebbefriedigung: Das Kind verzichte nämlich darauf, das Fortgehen der Mutter ohne Theater zu gestalten. An Stelle dessen setzte Freuds Enkel Verschwinden und Wiederkommen mit der Garnrolle selbst in Szene, verwandelte ein passives Ausgeliefertsein in eigene Aktivität. Freud diskutierte im Weiteren verschiedene Möglichkeiten, aus welcher Quelle dieses Bestreben rühren könne: Bemächtigungstrieb, Befriedigung eines tatsächlich unterdrückten Racheimpulses u. a. Er betont aber schließlich in seiner weiteren Diskussion, dass es jenseits des Lustprinzips den Wiederholungszwang gebe, den er darauf zurückführt, dass es ein »allgemeiner Charakter der Triebe ist, dass sie einen früheren Zustand wiederherstellen wollen« (Freud 1920, S. 67). Diesen Wiederholungszwang sieht er neben dem Lustprinzip als einen »Antrieb zum Spiel des Kindes« (Freud 1920, S. 21). Und weiter: »Wiederholungszwang und direkte lustvolle Triebbefriedigung scheinen sich dabei zu intimer Gemeinsamkeit zu verschränken« (Freud 1920, S. 22).

An dieser Stelle seien noch einmal einige wesentliche Bestimmungsgrößen des kindlichen Spieles zusammengefasst: Das Spiel gehört dem *potential space* an, ist ein Übergangsphänomen zwischen Innenwelt und Außenwelt. Aus ihm entwickelt sich die gesamte Kultur. Ihm wohnt eine Kultur sprengende Kraft ebenso inne, wie es zur Sozialisation, gar zur Disziplinierung eingesetzt werden kann. Schließlich ist das kindliche Spiel aufs Engste verknüpft mit der infantilen Sexualität und entspringt damit erneut gegensätzlichen Motiven: Erstens, es dient der Triebbefriedigung, Spannungsabfuhr und somit dem Lustprinzip. Zweitens, es ist ebenso sehr Resultat des Wiederholungszwangs, der Konservativität der Triebe und damit etwas jenseits des Lustprinzips und schließlich drittens, dient es der Bemächtigung und der Bewältigung von Traumata im Sinne einer symbolisierenden Darstellung und Verwandlung von Passivität in Aktivität.

Im folgenden Teil dieser Arbeit werde ich Facetten dieser widersprüchlichen Bestimmungsgrößen des kindlichen Spieles in der Verwendung medialer Bildwelten durch Kinder und Jugendliche darstellen. Ich werde meine Darstellung in zwei Abschnitte gliedern:

1. Die Faszination virtueller Spiele und Bildwelten und ihre Verwendung zur Abwehr von Affekten durch Kinder und Jugendliche im Entwicklungsprozess.
2. Das Problem der Verwendung elektronischer Medien in der Therapie.

1. Die Faszination virtueller Spiele und Bildwelten und ihre Verwendung zur Abwehr von Affekten durch Kinder und Jugendliche im Entwicklungsprozess

Die virtuelle Welt, man könnte auch sagen, die Welt der unbeschränkten Phantasie spricht Bedürfnisse an. Darauf sind diese medialen Bildwelten ausgelegt. Denn ihr kommerzieller Erfolg bestimmt sich genau darüber, ob die Bedürfnisse der potentiellen Konsumenten angesprochen und bis zu einem gewissen Grad befriedigt werden können. Insofern unterscheiden sie sich kaum vom Traum und weder vom Spiel der Kinder noch von der Kunst, denen gemeinsam ist, dass sie »eine Wunscherfüllung, eine Korrektur der unbefriedigenden Wirklichkeit« darstellen (Freud 1908e, S. 216). Oder, wie Freud in *Das Unbehagen in der Kultur* zur gleichartigen Funktion von Phantasie und Kunstgenuss bezüglich der Abwendung von der Realität ausführte: »Hier wird der Zusammenhang mit der Realität noch mehr gelockert, die Befriedigung wird aus Illusionen gewonnen, die man als solche erkennt, ohne sich durch deren Abweichung von der Wirklichkeit im Genuss stören zu lassen. Das Gebiet, aus dem diese Illusionen stammen, ist das des Phantasielebens; es wurde seinerzeit, als sich die Entwicklung des Realitätssinnes vollzog, ausdrücklich den Ansprüchen der Realitätsprüfung entzogen und blieb für die Erfüllung schwer durchsetzbarer Wünsche bestimmt. Obenan unter diesen Phantasiebefriedigungen steht der Genuss an Werken der Kunst, der auch dem nicht selbst Schöpferischen durch die Vermittlung des Künstlers zugänglich gemacht wird. Wer für den Einfluss der Kunst empfänglich ist, weiß ihn als Lustquelle und Lebenströstung nicht hoch genug einzuschätzen. Doch vermag die milde Narkose, in die uns die Kunst versetzt, nicht mehr als eine flüchtige Entrückung aus den Nöten des Lebens herbeizuführen und ist nicht stark genug, um reales Elend vergessen zu machen«. (Freud 1930a, S. 439) Man könnte, wie sicher leicht nachzuvollziehen ist, ohne weiteres für Kunst Vokabeln wie Second Life, First Person Shooter, World of Warcraft, Fantasy-Rollenspiele, Castingshows etc. einsetzen.

In der populärwissenschaftlichen Literatur werden sogenannte »Fun factors« diskutiert, die auf wichtige Aspekte dessen hinweisen, was moderne Medienformate bewusst und unbewusst so attraktiv macht:

1. Spannungserleben und emotionale Beteiligung
2. Gruppenbeziehungen, Teamgeist
3. Handlungswirksamkeit, Macht, Möglichkeiten, andere zu manipulieren, Identifikation mit Helden
4. (intellektuelle) Herausforderung und Erfolg, Sieg

Ich werde im Anschluss an diese *Fun factors* vier wichtige Funktionen diskutieren, die aus psychoanalytischer Sicht zu einem Verständnis derartiger Angebote beitragen.

1.1 Eskapismus, Abdichtung gegen die Realität bis hin zu autistoiden Abwehrformationen, Projektionen

Die erwähnte »milde Narkose«, die »eine flüchtige Entrückung aus den Nöten des Lebens herbeizuführen« imstande sei (Freud 1930a, S. 439), ist eine wichtige Funktion des Medienkonsums. Man kann sogar noch weiter gehen und jede Art von Phantasiebildung mit Loch (1993) als »progressive Abwehr«, als »Vorbauten« gegen die Realität verstehen, die den Zugang zu den Erinnerungen, zu den Urszenen »versperren«, und die eine entscheidende Rolle bei der Abwehr von tiefen Ängsten haben können. Die verwendeten Abwehrmechanismen können dabei unterschiedlicher Art sein und reichen von projektiven Abwehrmanövern – man projiziert eigene aggressiv-destruktive oder sexuelle Wünsche in die handelnden Figuren – über eine Entlastung durch die angebotenen Spaltungsprozesse – gut gegen böse – bis hin zu autistoidem Rückzug aus der Realität mit stundenlanger Versenkung in das Spiel und korrespondierender Ausblendung der Anforderungen der Realität und des banalen Alltagslebens. Um es klar zu sagen: Meist haben diese Abwehrprozesse keine pathologische Relevanz, sondern entspringen allgegenwärtigen Bedürfnissen nach Entlastung und entsprechen dem, was Kris als »Regression im Dienste des Ich« bezeichnete (Kris 1952). Sie können aber auch zu pathologischen Entgleisungen führen oder – häufiger – das Medium darstellen, in dem diese pathologischen Verfestigungen der Abwehr ihren Ausdruck finden und weiter fixiert werden. Im folgenden Fallbeispiel war letzteres zu einem gravierenden Problem geworden.

Fallvignette

Der damals neunjährige Lukas wurde mir vorgestellt, nachdem er schon mehrere Jahre in einer analytischen Kinder- und Jugendlichenpsychotherapie war. Es ging darum, die Diagnose einer Aufmerksamkeitshyperaktivitätsstörung (ADHS) zu überprüfen und gegebenenfalls zusätzlich eine medikamentöse Behandlung einzuleiten. Die umfangreiche klinische und testpsychologische Untersuchung bestätigte die Diagnose einer hyperkinetischen Störung des Sozialverhaltens mit deutlich narzisstischer und depressiver Problematik und ergab, dass bei sehr hoher sprachlicher Intelligenz und überdurchschnittlicher Gesamtintelligenz außerdem eine ausgeprägte Lese-Rechtschreib-Schwäche mit deutlichen Einschränkungen vor allem im Schreiben und eine motorische Teilleistungsschwäche vorlagen. Aufgrund der schweren sozialen Integrationsproblematik und des schon damals drohenden Schulausschlusses empfahl ich eine zusätzliche medikamentöse Behandlung. In der Folge sah ich den Jungen einige Male bei Kontrollterminen.

Infolge eines Umzugs der Familie lief die Therapie aus, als Lukas elf Jahre alt war. Ich übernahm daraufhin die Behandlung zunächst in einem niederfrequenten Setting, vereinbarte jedoch nach wenigen Terminen eine hochfrequente psychoanalytische Behandlung, nachdem sich die Situation in der Schule erneut zugespitzt hatte und er hinausgeworfen zu werden drohte. Er verweigerte die Mitarbeit phasenweise völlig und flüsterte anderen Kindern blutrünstige Drohungen zu. Er war in keiner Weise fähig, in seinen Schulsachen Ordnung zu halten, geschweige denn Hefte zu führen. Auch zu Hause wurde er als extrem widerständig und ausweichend beschrieben. Er wollte einzig und allein Computer spielen. Es kam zu heftigen Auseinandersetzungen, vor allem mit dem Vater, der beschrieb, dass er als Kind ähnlich gewesen sei.

Mir gegenüber wirkte Lukas zwar kooperativ, aber emotional weitgehend unerreichbar, bis auf demonstrativ provokant vorgetragene aggressive Phan-

tasien. Im Zuge der Verfestigung seiner psychischen Fehlentwicklung hatte sich eine ausgeprägte narzisstische Abwehr mit negativem Selbstbild, Verweigerungshaltung und emotionaler Unzugänglichkeit herausgebildet. Dennoch kam er fast immer pünktlich und gerne zu seinen Stunden. Unbewusste Konflikte zu deuten war über weite Strecken der Behandlung kaum möglich, zumal derartige Versuche meinerseits in der Regel bei ihm wenig Effekt zeigten. Im Vordergrund stand – und dies sei im Folgenden skizziert – eine Arbeit an den Mechanismen, mithilfe derer Lukas seine Denk- und Affektverarbeitungsstörung zu kompensieren suchte. Gleichzeitig trieben ihn diese aber in eine nahezu vollkommene emotionale und soziale Isolation. Lukas war über lange Zeit hinweg in den Therapiestunden – und wohl auch außerhalb – zu einem freien Spiel nicht fähig.

Eines der wichtigsten Dinge für Lukas waren Computerspiele, die überwiegend mit Schießen, zum Teil in Form von Ego-Shootern, zu tun hatten. Ich hatte mit Lukas auf seine dringende Bitte hin vereinbart, dass er 20 Minuten jeder unserer Stunden dazu verwenden könne, an meinem Computer Spiele, die im Internet frei zugänglich waren, zu spielen. Er müsse allerdings akzeptieren, dass ich zwar nicht mitspielen werde, mich aber insofern beteilige, als ich von ihm wissen wolle, um was es da gehe, und mit ihm währenddessen im Gespräch bleiben wolle. Er wählte meist Schießspiele. Nach etwa eineinhalb Jahren der Behandlung entschied er sich oft auch für Geschicklichkeitsspiele. Ich saß auf einer Stuhllehne, ihm sozusagen im Nacken, und zwang ihn, zumindest in Ansätzen zu erklären, um was es im Spiel gehe. Dies war größtenteils extrem mühsam und wurde häufig von ihm nur mit wenigen, zwischendurch herausgequetschten Worten beantwortet, führte aber immerhin zu einer rudimentären sozialen Kommunikation, während er ständig, wie er dies wohl auch sonst tat, in der virtuellen Welt des Spiels zu versinken drohte. Ich versuchte weiter, immer wieder Affekte zu benennen, seien es aggressive Affekte, seien es Momente des Triumphes über die Gegner oder auch Ärger über Misserfolg, Enttäuschung oder Bewunderung seiner Geschicklichkeit. Auch dies war über weite Strecken sehr mühsam und oft von wenig Resonanz seinerseits begleitet. Etwas lebendiger wurde es, wenn er mit mir darum kämpfte, die 20 Minuten verlängern zu dürfen. Es stellte sich rasch ein Spiel dergestalt ein, dass er praktisch jedes Mal mit mir aushandelte, dass er 10 Minuten länger spielen durfte, allerdings im Gegenzug einwilligte, dass er in der nächsten Stunde überhaupt nicht am Computer spielen könne. Sein Witz, seine Kreativität und

Geschicklichkeit, mit der er versuchte, mich zu überlisten, um noch ein oder zwei Minuten herauszuhandeln, fanden allerdings auf meiner Seite an dieser Vereinbarung eine unverrückbare Grenze, was er trotz aller Versuche, diese Grenze zu überschreiten, immer akzeptierte.

Im weiteren Verlauf der Behandlung traten an diese Stelle grausame Quälereien eines Stoffaffen, die sich intensivierten, als ich ihm irgendwann sagte, dass ich in unseren Stunden keine Spiele am Computer mehr akzeptieren werde. Seine diese Spiele mit dem Affen begleitenden aggressiv-destruktiven Bemerkungen waren schablonenhaft und wurden ohne wirklichen Affekt vorgebracht. Ich schaute auch da aufmerksam zu, kommentierte das Geschehen immer wieder sprachlich und benannte versuchsweise mögliche Affekte: Wut, Zerstörungslust, Schmerz, Angst, Rache, Ohnmacht. Gefühle von Hilflosigkeit, Schmerz, Angst etc., die ich dem Affen zuschrieb, kommentierte er meist so, dass dem Affen recht geschehe und ihm noch mehr davon gebühre. Er verfiel aber meist sogleich wieder in seine perseverativen Aggressionen, die so heftig waren, dass sie ihn auch körperlich anstrengten.

Nach und nach wurde deutlich, dass diese Aktivitäten trotz ihrer äußerlichen Aggressivität und Destruktivität gar keine wirklichen Affekte darstellten. Sie waren nur zu verstehen im Hinblick auf ihre Qualität als psychische Pseudoaktivität: als Surrogate für ein lebendiges Konflikt- und Beziehungsgeschehen, als sozusagen industriell vorgefertigte Denk- und Affektschablonen, wie sie nirgends besser als in diesen Computerspielen zur Verfügung stehen. Ihre eigentliche psychische Funktion bestand darin, dass Lukas derartige aggressiv-destruktive Schablonen, die er in den Computerspielen vorfand, als narzisstische Panzerung verwendete. Sie sahen aus wie Affekte, ihr virtueller Kontext machte sie aber in Wahrheit verwendbar, um sich tatsächlich damit gegen das Erleben von Gefühlen abzudichten und sich so vor dem Erleben existenzieller Angst, die einen biografischen Hintergrund in seiner frühesten Zeit hatte, vor tiefen Enttäuschungen, Demütigungen und extremer Hilflosigkeit zu schützen. Man könnte aus einer anderen Perspektive auch sagen, sie repräsentierten tote innere Objekte.

Neben diesen Formen des Eskapismus im Sinne einer narzisstischen Panzerung bieten moderne Medienwelten aber auch sozial akzeptiertere Formen der narzisstischen Stabilisierung an, deren Attraktivität für Jugendliche nicht zu unterschätzen ist.

1.2 Mediale Inszenierungen als narzisstische Identifikationsangebote

Eine wesentliche Funktion des Konsums moderner medialer Formate durch Jugendliche sind die damit zur Verfügung gestellten narzisstischen Identifikationsangebote. Dies betrifft ebenso die Großartigkeit von magisch-omnipotent, oft gewalttätig agierenden Heldenfiguren, wie Bilder bewunderter Schönheit und sexueller Attraktivität. Solange sie zu passageren Identifikationen führen, wie dies meist der Fall ist, haben sie vielfältig entlastende Funktion. Mit ihrer Schablonenhaftigkeit und dank ihrer virtuellen Natur helfen sie den Jugendlichen dabei, sich der beunruhigend andrängenden sexuellen und aggressiven Triebe zu erwehren. Jugendliche versichern sich durch derartige Identifikationen ihrer Normalität: Sie fühlen so, wie alle fühlen, und bewegen sich in ihren Phantasien im Rahmen des Gängigen, von allen Geteilten. Derartige narzisstische Identifikationsangebote, wie sie über die Medien zur Verfügung stehen, tragen auf diese Weise nicht nur zur Sozialisierung bei, sondern sind narzisstisch verwendbar als in diesem Alter dringend gesuchte Elemente für den Aufbau einer eigenen Identität in Abgrenzung von den Eltern und der eigenen Familie. Dabei gibt es durchaus bedeutsame Geschlechtsunterschiede. Traditionell identifizieren sich männliche Jugendliche mehr mit aggressiv-gewalttätigen Angeboten, während für weibliche Jugendliche die narzisstische Besetzung des Körpers vorrangige Bedeutung hat.

Beispielhaft sei die Bedeutung dieser letztgenannten Identifikationen, aber auch deren Ambiguität, an der Allgegenwart sexueller Phantasien und sexueller Attraktivität in der medialen Öffentlichkeit, konkret an Formaten wie *Germany's Next Topmodel*, die sich größter Beliebtheit erfreuen, erläutert. Was fasziniert an diesen hochgradig sexualisierten Darstellungen des Körpers, vor allem des adoleszenten Körpers? Warum schauen vor allem weibliche Jugendliche derartige Sendungen an? Was finden sie daran und welche psychischen Funktionen mögen derartige inszenierte sexualisierte Phantasieprodukte für sie haben?

Vordergründig geht es darum, sich ähnlich wie Aschenputtel in eine Rolle als glamouröse Prinzessin oder – aktueller – als Medienstar hineinzuträumen und sich darüber narzisstisch aufzuwerten. Diese narzisstische Aufwertung wurde dezent bereits bei Aschenputtel – man denke an die Schuhe und das schöne Kleid –, nunmehr aber ganz offen und überzogen durch die Herausstellung sexueller Attribute in Szene gesetzt. Tatsächlich aber bleiben bei aller

vordergründigen Inszenierung von sexuellen Reizen sowohl sexuell Trieb-
haftes im engeren Sinne, als auch zärtliche Objektbeziehungen ausgeblendet.

Stattdessen geht es um eine narzisstische Inszenierung des sexuellen Körpers und der sexuellen Attraktivität. Vermieden wird mit Hilfe sexuell-narzis-
tischer Phantasien ein wirkliches Sich-Einlassen auf Objektbeziehungen und
auf die emotionale Erschütterung, die eine libidinös aufgeladene Objektbezie-
hung und in ihrem Fahrwasser die sexuelle Begegnung mit sich bringt. Sowohl
zärtliche als auch sexuelle Bedürfnisse werden zugunsten der narzisstischen
Selbstdarstellung unterdrückt. Es kommt zu einer Pseudosexualisierung, indem
bestimmte sexuelle Attribute deutlich herausgestellt werden: Brust, Bauch und
Beine. Andere, die heutzutage tendenziell als primitiv angesehen werden, wie
etwa Scham- und Achselbehaarung, werden rasiert oder zumindest verdeckt.
Ich nehme an, dass dies mit ihrer zu großen Nähe zu triebhaften Momenten
zu tun hat. Im Kern geht es also um eine inszenierte Selbstsicherheit in Bezug
auf Sexualität, die märchenhafte Züge trägt. Eine realistische Auseinandersetzung sowohl mit dem Problem der durch die Sexualität entstehenden Intimität
und Nähe, als auch mit dem Problem der Endlichkeit und des Todes kann so
vermieden werden. Letzteres wird durch eine Fiktion ewiger Jugendlichkeit
ausgeprägt verleugnet.

Diese Funktion wird allerdings häufig von den Jugendlichen, die derartige
Sendungen sehen, genau erkannt. Sie nehmen durchaus eine realistisch distan-
zierte Haltung gegenüber den Sendungen ein. Sie nutzen solche Medienformate mit ihrer narzisstisch sexualisierten Selbstinszenierung und die dadurch
evozierten sexuell-narzisstischen Phantasien als konstruktiv zu lesende Abwehrformation gegen das unverträglich einbrechende Sexuelle, das die Gesellschaft wie das Individuum zu zerstören droht. Sie nutzen sie also als Abwehr,
sprich: als schützende Rückzugsgebiete in die Phantasie, wenn die Anforderungen der sexuellen Entwicklung und damit die Anforderung von Intimität
und Nähe auf der einen Seite und von Ablösung und Verselbständigung auf der
anderen Seite zu heftig werden.

Dennoch wirken derartige mediale Inszenierungen über ihren Einfluss auf
die Entwicklung sexueller Phantasien wie ein schleichendes Gift: Die Ansprüche, denen man in Bezug auf sexuelle Attraktivität als Jugendlicher zu genügen hat, werden immer höher geschraubt. Im selben Atemzug werden die
Ängste vor der Wiederkehr des verdrängten sexuell Triebhaften immer größer.
Das hat fatale Konsequenzen für die Selbstwertregulation und ist einer der

Faktoren, die schlussendlich diese Form der gesellschaftskonformen Abwehr problematisch werden lässt: Ein Teil der Mädchen muss zu neuen, nunmehr individualisierten Abwehrformationen greifen, beispielsweise zu anorektischen und bulimischen Erkrankungen, um derartige Ängste in Schach zu halten. Diese Aspekte führen mich zum nächsten Abschnitt.

1.3 Faszination und Abwehr sexueller und aggressiver Triebwünsche und -ängste durch elektronische Medien

Die virtuelle Welt ermöglicht uns nicht nur eine gewisse Relativierung des Realitätsprinzips, sondern versetzt uns auch in die Lage, uns mit sexuellen und aggressiven Triebwünschen zu identifizieren und sie zugleich auf eine gewisse Distanz zu bringen: Es ist ja alles nur unecht, Spiel, virtuell.

Moses und Egle Laufer wiesen wiederholt darauf hin, wie bedrohlich der pubertäre Triebschub für die Adoleszenten werden kann, wie stark sie sich mitunter von den damit einhergehenden körperlichen Veränderungen bedroht fühlen und den Körper als Feind und Verfolger erleben. Dieses Moment war schon immer Ausgangspunkt mannigfaltiger Abwehrmechanismen. So ist es nicht verwunderlich, dass heutzutage auch die Welt der elektronischen Medien und Kommunikationsmittel in den Dienst derartiger Abwehrmechanismen genommen wird. Zum Teil gelingt darüber eine Integration sexueller Triebbedürfnisse in die Persönlichkeit und damit eine Entwicklung hin zu einer reifen erwachsenen inneren Struktur und mit Hilfe der Peergroup auch eine Sozialisierung und damit Entschärfung der Triebhaftigkeit. Zum Teil aber bilden sich auch in diesen Sphären verfestigte Abwehrstrukturen mit pathologischem Ausgang (Laufer und Laufer 1989, S. 66).

Hierzu zwei kleine Fallvignetten:

1. *Die 16-jährige Lissi kam zu mir, nachdem sie für eine Woche von der Schule verwiesen worden war. Sie war ein hochintelligentes und attraktives Mädchen, das aber ihre Lehrer am Gymnasium gegen sich aufbrachte, da sie nahezu nichts für die Schule arbeitete. Dennoch waren ihre Noten ausgezeichnet. Auch von ihren Mitschülern fühlte sie sich in der Vergangenheit oft isoliert, obwohl sie sonst sowohl Gleichaltrigen als auch Erwachsenen gegenüber charmant, kontaktfreudig und offen war. Sie hatte aktuell mit einem Schulkameraden Fotos, die jeder für sich zu Hause mit*

dem Mobiltelefon gemacht hatte, ausgetauscht. Dabei hatte jeder der beiden sich Zug um Zug weiter entkleidet, ein Foto von sich gemacht und dies per MMS an den anderen geschickt, der im Gegenzug sein nächstes Foto schickte. Der Junge hatte diese Fotos seinem Freund weitergegeben und dieser hatte sie auf das Schulnetzwerk eingespielt, so dass jeder die beiden dort nackt sehen konnte. Diese Veröffentlichung der gegenseitigen Nacktfotos war offensichtlich der Tropfen gewesen, der das Fass zum Überlaufen brachte und bei ihr zum Schulverweis führte.

Lissi schämte sich zu Beginn der Behandlung bei mir sehr darüber, dass sie sich zu den Fotos – die sozusagen in der Anonymität der Distanz, wie sie für elektronische Medien charakteristisch ist, gemacht worden waren – hatte hinreißen lassen. Es war anfänglich schwer möglich, mit ihr ein realistisches Maß für die empfundene Peinlichkeit zu erarbeiten. Nach und nach wurde deutlich, dass die ausgetauschten Nacktfotos sichtbare Manifestationen eines Mechanismus waren, mit dem sie ständig arbeitete und der sie einerseits mit heftigen Schuld- und Schamgefühlen erfüllte, andererseits sie aber auch fesselte und erregte. Sie musste ihren Freund betrügen, indem sie andere Jungen verführte. Sobald ihr dies gelungen war, verlor sie regelmäßig das Interesse an den Betreffenden, ja fühlte sich, als ob sie genau den Falschen verführt hätte. Sie pendelte ständig zwischen der Sehnsucht nach einer stabilen Beziehung, wie der zu ihrem Freund, der sie stark zu kontrollieren suchte und sehr Besitz ergreifend war und der nach völliger Freiheit, jeden Jungen, den sie momentan attraktiv fand, verführen zu können. Die biografischen Wurzeln dieses Hin-und-her-gerissen-Seins zwischen sexueller Verführung und Freiheit auf der einen Seite und dem Wunsch nach einer stabilen Beziehung auf der anderen Seite waren komplex und hatten unter anderem mit der elterlichen Konstellation zu tun. Diese hatten sich in der frühen Kindheit Lissis getrennt, wobei der charmante und erfolgreiche Vater ständig Affären hatte und wenig verlässlich verfügbar war, gleichwohl von Lissi sehr geliebt wurde. Die Mutter dagegen fühlte sich durch das Verhalten des Vaters stark entwertet, reagierte mit Depressionen und geriet trotz ihrer Sorge um die Kinder immer stärker in eine ambivalente Kampfsituation mit Lissi hinein.

Ich möchte dies hier nicht weiter ausführen, sondern nochmals die spezifische Form ihrer Abwehr mit Hilfe des Gebrauchs einer elektronisch vermittelten Kommunikation beleuchten. Die dadurch gegebene Distanz ermöglichte ihr zum einen, ihre Scham – nicht nur die Scham, sich nackt zu präsentieren, sondern vermutlich mehr noch die Scham auf diese Weise zwanghaft ihren unbewussten Konflikt inszenieren zu müssen – zu begrenzen. Man könnte darüber hinaus die Idee haben, dass der mit Hilfe des elektronischen Austausches zugleich so ferne und doch so nahe Fotopartner auf nahezu ideale Weise den idealisierten und damit nahen, zugleich aber unendlich fernen, weil weitgehend auf einem anderen Kontinent lebenden und die meiste Zeit seinerseits nur elektronisch erreichbaren Vater repräsentierte. Man könnte auch sagen, das Medium schaffte den idealen Nährboden für die Organisation ihres Konfliktes, indem es ihr ermöglichte, Nähe und Distanz nahezu perfekt zu regulieren. Erst als sie in meinem Sprechzimmer mir, einem realen Menschen, gegenübersaß und eine Vaterübertragung mit verführerischen, aber auch distanzierten Elementen auf mich entwickelte, überfiel sie ihre Scham.

2. *Der 15-jährige Max war in der Schule seit Jahren mehr oder weniger Außenseiter gewesen und insbesondere von einem Mitschüler über viele Jahre hinweg gemobbt worden. Er war kognitiv überdurchschnittlich begabt, aber in seiner sozialen Kompetenz und Kontaktfähigkeit deutlich retardiert und beeinträchtigt. Er hatte sich einmal kurz in ein Mädchen seiner Schule verliebt, es aber nie gewagt, sie in irgendeiner Weise anzusprechen. Bei seiner Suche nach Kontaktmöglichkeiten stieß er im Internet auf einen Pädophilen, der ihm versprach, im Gegenzug gegen Bilder und Videos seiner vier Jahre jüngeren Schwester sexuelle Kontakte zu seiner Cousine zu vermitteln, die etwa im gleichen Alter wie Max sei. Der Erwachsene, der sich jedoch als Jugendlicher etwa im Alter von Max ausgab, schickte zum angeblichen Beweis aus dem Internet heruntergeladene Bilder von Mädchen, die nackt posierten, und gab an, dass dies seine Cousine sei, die Kontakt mit Max haben wolle. Er überredete Max so lange, bis dieser schließlich mehrfach Nacktvideos von seiner Schwester aufnahm, sich dabei teilweise auch selbst nackt mit erigiertem Penis zeigte.*

Auch da hatte also die scheinbare Anonymität des Internet zunächst einmal als Möglichkeit gedient, Ängste, die im direkten sozialen Kontakt unüberwindbar erschienen wären, zu überspringen und erste vorsichtige Kontaktversuche anzubahnen. Dies sehen wir häufig bei Jugendlichen, teilweise führt dies sogar nach und nach zu richtigen »leibhaftigen« Beziehungen. In diesem Fall aber wurde die Naivität des Jungen ausgenutzt, und er verübte schließlich an seiner Schwester Taten, für die er auch strafrechtlich belangt wurde. Spätestens an diesem Punkt schlug die angstbindende Funktion der Beschäftigung auf Distanz mit so gefährlich erscheinenden Dingen wie Sexualität jedoch in eine durch die Virtualität des elektronischen Mediums beförderte Virtualisierung realer Beziehungen um. Dies hatte eine massive Verleugnung der Realität und eine Beschwichtigung der durchaus vorhandenen Über-Ich Einwände zur Folge. Was zunächst hilfreich als Phantasiespiel im virtuellen Raum begann, schlug so in eine reale Schädigung um, in dem Moment, in dem der Bezug zur Realität, der normalerweise beim Spiel erhalten bleibt, verlorenging.

1.4 Fernseh-, Video-, Internetkonsum und Gruppenprozesse

Auf die Bedeutung eines Gruppenerlebens im Zusammenhang mit dem Konsum medialer Angebote habe ich oben bereits hingewiesen. Tatsächlich ist es so, dass sich interaktive Computerspiele mit mehreren Akteuren, wie beispielsweise *World of Warcraft (WoW)*, höchster Beliebtheit erfreuen. Die Zugehörigkeit zu einer Gruppe kann ein wichtiges Motiv für die Nutzung sein. Auch viele Fernsehformate, ganz zu schweigen von DVDs, werden von Jugendlichen bevorzugt in der Gruppe angesehen oder zumindest im Nachhinein intensiv besprochen. Die Zugehörigkeit zur Peergroup wird heutzutage häufig über derartige mediale Aktivitäten organisiert. *SchülerVZ*, *Facebook*, *Twitter* etc. laufen zum Teil permanent neben allen anderen Beschäftigungen, sichern die Zugehörigkeit ab und vermeiden dadurch Gefühle von Ausschluss, Einsamkeit und Verlorenheit. Viele Jugendliche geben an, mehr als 100, teilweise mehrere Hundert SMS pro Tag zu senden und zu empfangen.

Erneut erscheint die mediale Vernetzung als ideales Medium für die Regulation von Nähe und Distanz und für die für Jugendliche so zentrale Gewissheit, Teil einer Gleichaltrigengruppe zu sein, die sie ihrer Normalität und ihrer Eigenständigkeit gegen die Eltern und gegen den regressiven Sog, der von den Bindungen an letztere ausgeht, versichert. Die Verständigung über die Inhalte des im Spiel oder im Film Erlebten ist regelmäßig Teil dieser Prozesse. So können beispielsweise tief reichende adoleszente Ängste durch die Projektion destruktiver Aspekte und regressiver Wünsche in Horrorvideos oder in Computerspiele abgewehrt werden. Dies gelingt dann, wenn eine distanzierende Verständigung über das Gesehene in der Gruppe erfolgt oder im Spiel aktive

Strategien des gemeinsamen Kampfes gegen die bedrohliche gegnerische Welt entwickelt werden. Bemerkenswert ist in diesem Zusammenhang auch, dass Computerspiele (so z. B. auch *WoW*) vielfach, im Gegensatz zu dem, was von außen vermutet wird, heile Welten inszenieren, die zwar bedroht werden, jedoch bei genügendem Geschick erfolgreich zu verteidigen sind. Bei den Fernsehformaten ist die Bedrohung der an sich heilen Welt ohnehin häufig zentral. Man könnte sagen, in den Spielen und in vielen Fernsehformaten und Filmen werden auf attraktive Weise wesentliche Elemente des adoleszenten Entwicklungs- und Verselbständigungsdramas in virtuellen Welten entfaltet. Dies eröffnet Möglichkeiten zur spielerischen Auseinandersetzung mit Problemen, die den Adoleszenten erheblich in Unruhe versetzen.

2. Das Problem der Verwendung elektronischer Medien in der Therapie von Kindern und Jugendlichen.

Lawrence Zelnick publizierte 2011 eine Arbeit mit dem Titel *»Can I show you something online?« or »How the eLife comes alive in therapy«*, in der er in einer kurzen Vignette die Therapie eines zu Beginn der Behandlung etwa 10-jährigen Jungen im Hinblick darauf skizzierte, in welcher Weise dieser Junge seine elektronischen virtuellen Welten in die Therapie einbrachte. Zelnick stellte dar, wie dieser sozial isolierte Junge, John, von Anfang an seinen Laptop in die Stunden mitbrachte und wie die Gespräche über seine elektronischen Spielaktivitäten ihm ermöglichten, ein Verständnis der inneren Welt des Jungen zu gewinnen. Zelnick war der Meinung, dass John ein ganzes Gebäude an Regulation, Vorhersagbarkeit und Selbstvertrauen in seinem virtuellen Leben errichtet hatte. Er berichtete auch, dass er zunächst sehr stark mit dem Gefühl zu kämpfen hatte, dass Johns Eintauchen in sein virtuelles Leben eine vermeidende Abwehr, sogar eine Verleugnung seiner realen Probleme darstellte und im Zuge dessen von ihm auch als Widerstand gegen die Behandlung erlebt wurde. Er schilderte, wie er nach und nach ein besseres Verständnis der hilfreichen Aspekte dieser Abwehr entwickelte, so dass er aus einer anderen Perspektive anerkennen konnte, dass diese elektronischen Spiele John mit mächtigen verlässlichen Kräften ausstatteten, ihn gegen Beschämung durch andere schützten und ihn darüber versicherten, dass es Teile in ihm selbst gab, mit denen er sein Leben in kompetenter Weise bewältigen konnte. Nach und nach, so schilderte Zelnick, wurde der Computer ein Mittel, mit dem Therapeuten über innere Zustände zu kommunizieren, so beispielsweise dem Therapeuten auf eine eher beiläufige Weise, die John nicht der Gefahr einer Beschämung aussetzte, mitzuteilen, dass er mittlerweile Kontakt zu Mädchen aufgenommen hatte.

Es ist also durchaus möglich, elektronische Medien auch in der Therapiestunde als das zu behandeln, als was sie für uns von Interesse sind: als Ausdruck einer Innenwelt, als Phantasiebildungen, als Einfälle, als Spiel mit den Möglichkeiten.

Dennoch scheint mir das Unbehagen nicht unberechtigt zu sein. Woher aber rührt dieses intuitive Unbehagen, das wohl die meisten von uns empfinden, wenn ein Kind elektronische Spiele mit in die Stunde bringt oder schnell einmal in *Facebook* schauen möchte, SMS empfängt oder versendet oder gar telefoniert. Ich kann zwei Aspekte erkennen, die eine Beeinträchtigung der therapeutischen Arbeit darstellen und es zumindest erforderlich machen, dass wir mit erhöhter Aufmerksamkeit bei unserer Arbeit bleiben, nämlich der Beschäftigung mit den psychischen Bewegungen in unseren Patienten und in therapeutischen Beziehungen:

Die Verwendung elektronischer Medien hat, wie ich bereits erwähnte, auch die Funktion, nicht alleine sein zu müssen. Sie versichert uns der permanenten Gegenwart eines anderen, gerade auch dann, wenn wir uns ganz auf uns selbst zurückgeworfen fühlen. Viele von uns kennen dies. Ich beispielsweise, wenn ich manchmal nachts noch ein Gutachten diktiere und dabei den Fernseher laufen lasse. Ich nehme nicht wirklich wahr, was im Fernsehen kommt, aber ich benutze in diesem Moment das Gefühl, umhüllt zu sein von einem – zugegeben virtuellen – Kontakt zur Welt und somit nicht völlig in meiner Aufgabe aufzugehen und nicht zu vereinzeln. Man könnte dies, die berühmte Formel Winnicotts vom »Alleinsein in Gegenwart des anderen« (Winnicott 1958) aufgreifend und umkehrend als »sich gemeinsam fühlen in Abwesenheit des anderen« bezeichnen. Man könnte auch sagen, das, was Winnicott als »innere Umwelt« (Winnicott 1958) bezeichnet, wird bis zu einem gewissen Grad durch eine äußere Umwelt ersetzt. Winnicott weiter folgend, könnten wir an dieser Stelle alarmiert sein, weil, wie er betont, »die Fähigkeit zum Alleinsein fast vollständig synonym ist mit emotionaler Reife« (Winnicott 1958, S. 417). Ist also das Herbeiholen eines anderen, um nicht allein zu sein, wie in meinem

Beispiel vom nächtlichen Fernsehen während des Diktierens oder in der analytischen Stunde durch das Kind ein Zeichen emotionaler Unreife? Ja und nein. Ich würde es vorziehen, die Antwort auf diese Frage dynamisch zu formulieren: Es kann eine Regression im Dienste des Ich darstellen, etwa, wenn ich zwischendrin kurz von der hohen Konzentration auf meine Arbeit entspanne, indem ich in *Facebook* nachschaue, ob mir jemand geschrieben hat. Diese Formen der Regression tragen aber, wie die meisten von uns wissen, auch den Kern eines Suchtcharakters in sich, so dass wir in Gefahr geraten, nicht mehr selbst die Regression im Dienste des Ich zu steuern, sondern von dem Verlangen nach Regression gesteuert zu werden.

Auf die Situation in der analytischen Beziehung übertragen, bedeutet dies zweierlei: Zum einen ist es unsere Aufgabe als Analytiker mit derart regressiven Phänomenen umzugehen und sukzessive die Fähigkeit unserer Patienten zur Affektverarbeitung zu erweitern. Insofern ist die Arbeit an regressiven Phänomenen unser tägliches Brot. Zum anderen aber ist das derart konkrete Hereinholen eines anderen immer auch als Widerstand zu verstehen gegen eine Beschäftigung mit sich selbst und der Übertragungsbeziehung. Die Arbeit daran ist ebenfalls genuine Aufgabe einer analytischen Behandlung. Einerseits, so möchte ich einräumen, misstrauen wir uns selbst zu Recht ein bisschen dahingehend, dass auch wir leicht in Gefahr geraten, uns dem angenehmen regressiven Sog der Ablenkung von der Arbeit an der Übertragungsbeziehung mit ihren heftigen Gegenübertragungsaffekten hinzugeben. Man müsste schon ein über alle Maßen kompetenter Analytiker sein, wenn man dieser Gefahr nicht hin und wieder erläge, und insoweit ist unser Misstrauen, das wir gerne auf den Patienten und seine Verhaltensweisen projizieren durchaus, was uns selbst anlangt, berechtigt.

Wenn man also mit diesen Medien in der Stunde konfrontiert und mit diesem Material zu arbeiten bereit ist oder vom Patienten dazu gezwungen wird, bedarf es großer Wachheit in der Analyse der eigenen Gegenübertragungsregression.

Bildwelten ergreifen uns emotional tendenziell stärker als Sprachwelten dies tun. Dies hat mit der schon von Freud in der *Traumdeutung* ausgeführten, größeren Nähe der Sachvorstellungen zum Unbewussten zu tun, die erst durch Koppelung an Wortvorstellungen wirklich bewusstseinsfähig werden (Freud 1900). Nun sind Bildwelten nicht frei von begrifflichen Vorstellungen, die in ihnen enthaltenen Begriffe und denkfähigen Inhalte sind jedoch wesentlich unbestimmter. Man könnte auch sagen, sie sind stärker mit einem assoziativen Umfeld verwoben, als dies bei sprachlich gefassten Vorstellungswelten der Fall ist. Das Denken in Bildern ist etwas anders strukturiert, potentiell emotionsnäher und affektiv stärker gefärbt als das Denken in Worten. Dies ermöglicht uns in vielen Fällen einen erleichterten Zugang zu Affekten, erschwert allerdings die denkende Verarbeitung dieser Affekte. Ich habe daher vorgeschlagen, die Unterschiede zwischen diesen beiden Formen des Denkens dadurch zu charakterisieren, dass ich in Anlehnung an Bion und Ferro (Ferro 2009; Günter 2010) das Denken in Bildern und Piktogrammen als α1-Funktion, das daraus sich entwickelnde Denken in sprachlichen Begriffen und Narrativen als α2-Funktion bezeichnete.

Bei der Verwendung virtueller elektronischer Bildwelten kommt heutzutage jedoch hinzu, dass die rasche Abfolge des dargebotenen, affektiv hoch geladenen, damit auch erregenden Materials eine volle Verarbeitung zusätzlich erschwert und somit umgekehrt das Material unsere volle Aufmerksamkeit einfordert. Während bei der Betrachtung eines Bildes oder beim Malen eines Bildes in der analytischen Stunde durchaus genügend Raum bleibt für eine Bewegung der Aufmerksamkeit, ein Hin-und-her-Schwingen zwischen Bezugnahme auf das Bild und Bezugnahme auf die Beziehung zum Analytiker, wird dies durch die rasche Abfolge und die mit ihr verbundene affektive Erregung außerordentlich erschwert. Damit wird die assoziative Lockerung, die solche Bildwelten mit sich bringen und die ja eigentlich erwünscht wäre, weil sie interessanter Weise relativ genau der psychoanalytischen Technik entspricht – denken Sie an die freie Assoziation – jedoch konterkariert, da sie ihre therapeutische Wirksamkeit nur in Beziehung auf die gleichschwebende Aufmerksamkeit des Analytikers entfalten kann. Hier aber wird die Übertragungsbeziehung tendenziell unterbrochen zugunsten einer Fixierung auf das dargebotene Material. Darüber hinaus werden die Assoziationen sehr stark durch die Darbietung gelenkt und eben gerade dadurch nur eingeschränkt durch den Patienten selbst hervorgebracht. Dieser letzte Punkt lässt mich persönlich sehr zurückhaltend sein in der Verwendung elektronischer Medien in der therapeutischen Situation. Zumindest fordert es, wie Sie sich anhand des Beispiels von Lukas erinnern werden, hohe Wachsamkeit und im Grunde auch massives Eingreifen, um die therapeutische Beziehung am Leben zu halten, ja, wie in diesem Falle, tendenziell sogar gegen sein Ausweichen zu erzwingen.

Ich möchte am Ende berichten, wie meine Analyse mit Lukas weiterging. Er konnte im weiteren Verlauf der Behandlung mühsam und teilweise sich, mich und den Affen quälend, eine frühe schwere Traumatisierung im Alter von neun Monaten durch eine Verbrühung und die daraus resultierenden unverarbeiteten Gefühle tiefer existenzieller Angst und bedrohlicher Destruktivität und Wut, die von früh auf in eine pathologische Entwicklung gemündet hatten, bearbeiten. Schließlich gelang es ihm nach einer langen und mühsamen, teilweise stationär geführten, hochfrequenten Analyse, über die Abwehrmechanismen, die uns so viel Mühe bereitet und ihn in eine soziale Isolation und schwere Entwicklungshemmung hineingetrieben hatten, nachzudenken. Anhand einer Skizze mit Strichmännchen, auf der er den Ablauf seiner Zustände von Ohnmacht über Wut hin zu phantasierter Gewalttätigkeit skizzierte, erklärte er mir: »Oben fühle ich mich hilflos, dann kommt Wut und schließlich der Untere, der gewalttätige Phantasien hat, verliert sich selbst.« Knapper kann man diesen Ablauf der Abwehrmechanismen kaum formulieren, und es ist bemerkenswert, dass er in der flüchtig hingeworfenen Skizze sowohl das obere Männchen, als auch das untere ohne Gesicht gezeichnet hatte, während der Mittlere, der Wütende, ein Gesicht hatte.

Zusammenfassung

Die modernen Medien erzeugen virtuelle Welten, deren Charakteristikum vor allem eine Entkörperlichung ist und deren Auswirkungen in einer Zerstreuung im doppelten Sinne gesehen werden: Zerstreuung im Sinne einer zumindest gedacht genussvollen Ablenkung von der Realität des Alltags, Zerstreuung aber auch im Sinne einer Beliebigkeit und ständigen Verfügbarkeit der Beziehungs- und Identifikationsangebote. Kinder und Jugendliche nutzen diese Angebote vielfach in spielerischer Weise. Das Spiel in der virtuellen Welt kann je nach bewusster und unbewusster Motivation Phantasie und Symbolisierungsprozesse befördern und dadurch Triebe und Affekte psychisch repräsentieren und organisieren. Es kann aber auch zur Abwehr von Denkprozessen Verwendung finden, die Bedürfnisse disziplinieren und auf ihre kommerzielle Verwendbarkeit zurichten und im pathologischen Wiederholungszwang erstarren. Bildwelten anstelle von Sprachwelten, ständige Verfügbarkeit und das subjektive Erleben eigener Wirkmächtigkeit stellen jenseits pathologischer Prozesse neue Identifikationsmöglichkeiten zur Verfügung und verändern in bedeutsamer, aber großenteils noch unverstandener Weise psychische Strukturen bei uns allen. Es ist an uns, die Faszination dieser neuen Welten und ihre schillernde Bedeutung für die Entwicklung der kindlichen Psyche besser verstehen zu lernen.

Literatur

Ferro, A. (2009): Klinische und technische Probleme in der Kinder- und Jugendlichenanalyse (In Bions Fußstapfen). Kinderanalyse 17: 176-195.

Freud, S. (1900): Die Traumdeutung. G. W. 2-3.

Freud, S. (1920): Jenseits des Lustprinzips. G. W. 13:1-69.

Freud, S. (1908e): Der Dichter und das Phantasieren. G. W. 7:211-223.

Freud, S. (1930a): Das Unbehagen in der Kultur. G. W. 14:419-506.

Günter, M. (2010): Das Squiggle-Spiel in der therapeutischen Arbeit – Dialog und problemlösendes Denken. In: Dammann, G., Meng, T. (Hrsg.): Spiegelprozesse in Psychotherapie und Kunsttherapie. Göttingen: Vandenhoeck und Ruprecht, S. 89-101.

Kris, E. (1952): Psychoanalytic explorations in art. New York. Teilweise auf Deutsch in: ders., Die ästhetische Illusion. Phänomene der Kunst in der Sicht der Psychoanalyse. Frankfurt a. M.: Suhrkamp 1977.

Laufer, M., Laufer M. E. (1989): Adoleszenz und Entwicklungskrise. Stuttgart: Klett-Cotta.

Loch, W. (1993): Deutungs-Kunst. Dekonstruktion und Neuanfang im psychoanalytischen Prozess. Tübingen: edition diskord.

Panksepp, J. (2007): Can Play diminish ADHD and facilitate the construction of the social brain? Journal of the Canadian Academy of Child and Adolescent Psychiatry 16:57-66.

Platon (2010): Der Staat. Übersetzung von Otto Apelt. Köln: Anaconda.

Schiller, F. (1795): Über die ästhetische Erziehung des Menschen, in einer Reihe von Briefen. Stuttgart: Reclam.

Winnicott, D. W. (1958): The capacity to be alone. International Journal of Psychoanalysis 39: 416-420.

Zelnick, L. (2011): »Can I show you something online?« or »How the eLife comes alive in therapy«. Journal of Infant, Child, and Adolescent Psychotherapy, 10:4, 411-414.

Ann Kathrin Scheerer
DAS MODERNISIERTE KRIPPENKIND

Bald soll es 780.000 Krippenplätze für Kinder unter drei Jahren in Deutschland geben und ab August 2013 einen einklagbaren Rechtsanspruch auf einen solchen Platz. Das flächendeckende Angebot von Krippen- oder Tagesmutterplätzen gilt als unverzichtbarer Teil und Inbegriff der »Modernisierung der Frauenpolitik« (Süddeutsche Zeitung, 2012). Das ist ein Irrtum. Denn schon immer, wenn ein Staat mehr Zugriff auf die weiblichen Arbeitskräfte und zugleich eine Anhebung der Geburtenzahlen anstrebte, ging dies mit der notwendigen »Befreiung von der Kindererziehung« einher, die dann zu »Profis« in kollektive Institutionen oder zu Tagesmüttern, Ammen oder Kinderfrauen ausgelagert wurde (vgl. Harsch, 2008). Als Beispiele seien hier genannt die Kibbuzim in Israel mit ihren »Kinderhäusern« oder »die Hälfte des Himmels«, die chinesische Mütter mit der Krippenpflicht für ihre Neugeborenen ab dem 64. Lebenstag bezahlten, und die ehemalige DDR, in der in den 1950er Jahren die Gründung von »immer mehr Kinderheimen (als) eine wesentliche Erleichterung für unsere werktätigen Mütter« gefeiert wurde (Report, 2008). Auch in diesen Gesellschaften wuchs in den letzten Jahren das rückblickende Bewusstsein, dass die frühe außerfamiliäre, kollektive Kinderbetreuung bei den »Bürgern von morgen« (Bayerischer Rundfunk, 1974; Zwiener, 1994; Israel u. Kerz-Rühling, 2008; Gayron, 2000) psychische Schäden hinterlassen kann, die später die Gesellschaft als Ganzes belasten.

Dass kollektive Krippenbetreuung für sehr kleine Kinder eine Patentlösung, also mehr als eine individuelle Not-Lösung sein kann, ist eine gesellschaftliche Lebenslüge, heute umso bestürzender als unser Wissen über die Verletzbarkeit der frühen Kindesentwicklung und deren Spätfolgen vielfältig belegt und allgemein zugänglich ist.

Das Motto der »modernen Frauenpolitik« heute lautet: »Wir müssen die Kinder so früh wie möglich in die Welt hinausschicken, denn ein Kind braucht mehr als die Mutter allein ihm geben kann.«[1] Der programmatische Satz facht

---

[1] Überschrift des Interviews mit Ursula von der Leyen, in: Brigitte 16/06.

mehr als nur unterschwellig den Leistungsdruck und Wettbewerb junger Mütter an, die, existentiell erschüttert durch die Erfahrung der Geburt, immer durchlässig verletzbar und manipulierbar sind vom Zeitgeist, der das gültige Frauen- und Mutterbild vorgibt. Wer sich darüber besorgt, wird in die konservative Ecke gestellt und ist damit einfach »unmodern«. »Mütterlichkeit« hat schon immer bedeutet, eigene Vorlieben zugunsten der kindlichen Bedürfnisse vorübergehend zurückstellen zu müssen, einen inneren Ausgleich herzustellen im Interessenkonflikt zwischen Mutter/Eltern und Kind. Was die »Karriere« der berufstätigen Mutter angeht, ist ihr Säugling und Kleinkind zweifellos ein natürlicher Gegner, und Mutterschaft bedeutet durchaus auch, diese Gegnerschaft, diesen Interessenkonflikt zugleich mit der Abhängigkeit des Kindes anzuerkennen. Der engagierte Vater, der gebraucht wird, um die verletzbare frühe Mutter-Kind-Beziehung zu schützen und sich als entlastender, welt-erweiternder Dritter anzubieten, wird heute durch »Vätermonate« als Ersatzmutter funktionalisiert, was am Ende wiederum einen verleugneten Betreuungswechsel mit Verlusterfahrung mit sich bringen kann. Die frühe Eltern-Kind-Beziehung ist durch das unbewusste Spiel der seelischen Verbindung durch Wünsche und Projektionen einzigartig. Das Funktionalisieren und frühe Delegieren der hochindividuellen mütterlichen/elterlichen Fürsorge tangiert das angeborene Recht des Kindes, die Unverwechselbarkeit seiner Eltern lang genug kennenzulernen, um sicher zu wissen, wessen Kind »Ich« bin. Die Krippensubventionen suggerieren nicht nur, dass der Konflikt zwischen Familie und Beruf für beide Eltern patentgelöst werden könne, sondern sie schüren unterschwellig eine Gegnerschaft zwischen Mutter/Eltern und Kind und erklären mütterliche/elterliche Verzichtsleistungen aus Liebe für unnötig. In dieser Tendenz geht der Gesellschaft als Ganzes viel an »Mütterlichkeit« insgesamt verloren.

Frauen- und Mutterbilder verändern sich natürlich in jeder Generation und damit auch die jeweilige Definition einer «guten Kindheit«; heute gehört zu einer guten Mutter und einer guten Kindheit die institutionelle »Frühförderung« und die »Ganztagsbetreuung«: »25 Kinder ab einem Lebensalter von acht Wochen werden künftig wochentags von 8-18 Uhr auf dem Campus der Bucerius Law School betreut. Vier Vollzeitpädagogen und Aushilfskräfte kümmern sich (…);das ganzheitliche pädagogische Konzept umfasst naturwissenschaftliche und künstlerisch-ästhetische Bildung. Unser Angebot ist bilingual, Musik und Bewegung gehören zur Ganztagsbetreuung.« (Hamburger Abendblatt, 2008) Die Zeit, die das Kind mit der Mutter in familiärer Umgebung verbringt, heißt heute Qualitätszeit, auch dies verstärkt den Druck auf die Mutter-Kind-Beziehung, die nun viel früher unter leistungsorientierter Beobachtung steht. Der stressfördernde Aktionismus der Frühförderungsprogramme wird immerhin durch »Ruheeinheiten« unterbrochen.

Was sich nun aber trotz aller gesellschaftlicher Wunschvorstellungen nicht verändern kann und sich über die Jahrhunderte auch nicht verändert hat, sind die Abhängigkeit und Hilflosigkeit von Säuglingen und Kleinkindern, ihre Bindungsbedürfnisse, die wohldosierte eigen-willige Separationen als wesentliche Entwicklungsstimuli mit einschließen, ihre psychische Verletzbarkeit und Empfindlichkeit gegenüber forcierten Trennungen von der Mutter (oder der sie vertretenden Hauptbindungsperson), die für das Kind die Welt bedeuten.[2] Um die frühen Trennungserfahrungen herum formieren sich die wichtigsten psychischen Abwehr- und Anpassungsmechanismen, die lebenslang erhalten bleiben und die Persönlichkeit im Kern prägen werden, vor allem ihren Umgang mit Gefühlen, mit Beziehungen und Verlusten, mit Stress und Frustrationen, Hingabe und sexueller Lust (Scheerer, 2008). Besorgniserregend in der Diskussion ist das mangelnde Risikobewusstsein angesichts skandalöser Gruppengrößen und ungenügender Personalbedingungen, die fehlende Alters-Differenzierung und vor allem die Nebensächlichkeit, mit der die Frage der frühen forcierten Trennung von Mutter und Kind bagatellisiert wird. Dies erscheint als gedankenloser Angriff auf die zeit- und altersgebundenen Intimitäts- und Exklusivitätsbedürfnisse einer noch in der Kennenlernphase befindlichen Paarbeziehung. Wenn das von den Eltern getrennte Kleinkind in der zu großen Krippengruppe keine Ersatz-Beziehung finden kann, führt dies auch zwangsläufig zu einem Mangel an schützender Sprach-Verbindung, in der die Abwesenheit der lebenserhaltenden Mutter/Eltern aufgehoben und erträglich gemacht werden könnte. Die vorsprachlichen Kinder sind psychisch existentiell auf an sie gerichtete Sprache als »Stimmungsregulierer« angewiesen (Hessischer Rundfunk, 2012).

Wenn heute viel über die Bedeutung sicherer Bindungen in der frühen Kindheit geredet wird, so wird zugleich dabei übersehen, dass Bindungsfähig-

---

[2] Der Vater des Kindes ist als triangulierendes Objekt, das das primäre stellvertretend ersetzen kann, gleichgewichtig in der Bedeutung für die psychische Entwicklung des Kindes. Für die Frage der frühen Trennung von Mutter und Kind muss er für die Argumentation zunächst noch einmal zurücktreten – auch auf die Gefahr eines Missverständnisses hin.

keit sehr viel mit wohldosierter Trennung und Trennungslust zu tun hat, mit dem Spiel von Nähe und Distanz, das nur ein beglückendes Spiel bleibt, wenn die Trennungen das Kind nicht überfordern und zu übergroßen Anpassungsleistungen zwingt. »Gute Trennungen« in der frühen Kindheit sind die, die das Kind aus eigenem Antrieb und innerhalb seiner Frustrations- und Angstgrenzen erleben und mit Hilfe verbaler Begleitung überbrücken kann. Es ist wichtig zu erkennen, dass nicht die Trennungserlebnisse per se schädlich sind – im Gegenteil: Getrenntheitserfahrungen sind Denkanstöße! (Krejci 1990:14) –, sondern der verleugnende Umgang mit dem Trennungsschmerz, der bei Mutter und Kind den Krippenalltag immer wieder begleitet. Und hier, an diesem empfindlichsten Punkt kindlicher Entwicklung und elterlicher Strapaziertheit, greift das Krippenangebot wie eine verführerische Propaganda ein: »Frühe Trennung ist gut.«

Das vorsprachliche Kind ist noch wenig tolerant für zu lange Abwesenheiten der geliebten Person, sie bedeutet Verunsicherung und Liebesverlust. Verlassenheitsgefühle sind gleichbedeutend mit Ungeliebtheitsgefühlen. Dafür haben wir viele Hinweise aus Psychoanalysen mit Erwachsenen, die extensive Krippenerfahrungen mitbringen, in denen keine sichere Bindung an die Betreuungsperson gelungen war. Zweifellos bedeutet lange Krippenbetreuung auch ein Risiko für die Mutter-Kind-Beziehung: Entfremdungsgefühle bis hin zu einem unterschwelligen lebenslangen Groll gegenüber der Mutter werden nicht selten berichtet. Eifersucht zwischen Mutter und Betreuerin kann ebenfalls die gute Gewöhnung des Kindes an die neue Situation verhindern. Die heute glücklicherweise doch ernster genommenen Eingewöhnungszeiten in Kinderkrippen müssen zunächst vertrauensvolle Bindungen innerhalb der Gruppe gestatten und ermöglichen, bevor das Kind mit langen Abwesenheiten der Mutter zurecht kommen kann, ohne sich verlassen zu fühlen. Natürlich gehören Trennungserfahrungen und Verlusterlebnisse zu jeder Kindheit und lassen sich nicht vermeiden, sie werden psychisch integriert und verarbeitet, können die Persönlichkeit und ihren Umgang mit Krisen stärken. Wiederholte, zu lange Einsamkeits- und Verlassenheitserfahrungen, die bei kleinsten Kindern mit Überlebensangst und entsprechender Überforderung der Anpassungsfähigkeit einhergehen, müssen jedoch abgespalten werden und schwächen die Persönlichkeit in ihren Potentialen. Die kognitive Entwicklung muss davon gar nicht unbedingt berührt sein, kann als Kompensation bekanntlich sogar forciert werden, die psychosoziale und emotionale Gesundheit wird jedoch tiefgreifend beeinflusst und kann lebenslang auf Trennungs- und Verlustangst, auch in Form von Bindungs- und Beziehungsangst fixiert bleiben und stagnieren. Kinderärzte warnen schon lange – und haben es auch in der DDR bereits getan –, dass die durch frühen Krippeneintritt erzwungenen Trennungen von der vertrauten Person häufiger zu Immunschwäche, Krankheitsanfälligkeit und Entwicklungsstörungen führen. Die US-amerikanische Langzeitstudie NICHD (2005) weist auf einen Zusammenhang hin zwischen zeitlich extensiver Krippenerfahrung und späteren Verhaltensproblemen im Schulalter. »Je mehr Zeit kumulativ Kinder in einer Einrichtung verbrachten, desto stärker zeigten sie später dissoziales Verhalten wie Streiten, Kämpfen, Sachbeschädigungen, Prahlen, Lügen, Schikanieren, Gemeinheiten begehen, Grausamkeit, Ungehorsam oder häufiges Schreien. Unter den ganztags betreuten Kindern zeigte ein Viertel im Alter von vier Jahren ein Problemverhalten, das dem klinischen Risikobereich zugeordnet werden muss.« (Frankfurter Allgemeine Zeitung, 2012) In jedem Einzelfall, wohlgemerkt, kann Krippenbetreuung gänzlich unproblematisch verlaufen; für die moderne Gesellschaft jedoch wird eine durch Krippenbetreuung als »Regelfall« größer werdende Zahl aggressiv gestimmter, verunsicherter junger Menschen ein eigener Risikofaktor.

Der knapp zweijährige Junge steht nach dem Weggang der Mutter einen kurzen Moment mit hängenden Armen und hängendem Kopf in der Mitte des Raumes, dann läuft er zu einem roten Bobbycar und düst damit im Raum herum, sich heftig mit den Beinen abstoßend. Er fährt der Erzieherin gegen die Beine, die überrascht »Aua!« ruft, der kleine Junge lacht. Er wiederholt das Manöver noch zweimal, bis die geduldige Frau, die gleichzeitig andere Kinder und Eltern begrüßt, ihn ermahnt. David reagiert auf die Ermahnungen nicht, holt noch einmal Anlauf für seine »Affektabfuhr«, wird diesmal ernst kritisiert. Die Kinder sollen sich in den Morgenkreis setzen, David rempelt dabei ein kleines Mädchen an, das fast vom Stuhl fällt und erschrocken zu weinen beginnt. David lacht. Er wird ermahnt, zeigt keine Reaktion. Er bleibt »aufgedreht« und heimst etliche negative Reaktionen ein, aber von seiner niedergeschlagenen Ratlosigkeit im Moment der schnellen Trennung von der Mutter ist nichts mehr zu spüren.

Krippenkinder verfügen noch nicht über die differenzierten sprachlichen Ausdruckmöglichkeiten für ihren Trennungsprotest oder ihre Angst. Um verstanden zu werden, sind sie angewiesen auf unsere genaue Beobachtung, mit der ein Zusammenhang hergestellt werden kann zwischen dem Trennungsmoment, den ein Kind als Verunsicherung oder gar als Verlassenwerden erlebt, dem folgenden Moment der Hilflosigkeit und dem Aktivieren der Abwehr. Donald Meltzer problematisiert die in der Gruppe verlangte frühe Affektbeherrschung, wenn er über einen anderthalbjährigen Jungen schreibt, der, mit gutmütigem Temperament und liebevollen Eltern ausgestattet, in die Krippe kommt, viel lacht und sich freut, aber auch viel und schnell weint. Nach fünf Monaten in der Krippe, schreibt Meltzer, sei er ein »guter Institutionen-Mensch« geworden, der das Recht des Stärkeren akzeptierte und auch ausübte, der ernst geworden war und nur noch weinte, wenn er sich wirklich wehgetan hatte. Für die Entfaltung des Gefühlslebens ist das keineswegs ein Plus, für die Organisation der Kinderkrippe oder eines Staates schon (Meltzer 1984). Steht es gerade uns Deutschen, west- wie ostgeboren, dann nicht gut an, darüber zu streiten, ob das wirklich modern und ein politischer Fortschritt ist?

Die anderthalbjährige Amelie sitzt den ganzen Vormittag in ihrer Karre auf dem Spielplatz, auf dem sich die Krippengruppe morgens getroffen hat. Will man sie herausheben, schreit sie wie am Spieß. Man lässt sie lieber in Ruhe. So bleibt sie zwar im Abseits, aber steckt die anderen Kinder mit ihrem kummervollen Weinen nicht an. Es ist anzunehmen, dass sie unter großem innerem Stress steht.

Kinder im Krippenalter sind noch nicht empathiefähig. Sie befinden sich im Stadium der Affektansteckung (Körner 1998), daher ist es für den Ablauf in Krippen wichtig, dass die Kinder nicht so viel weinen. Es ist auch unpraktisch, wenn einzelne Mütter ihre Kinder früher abholen, weil dies das Heimweh der anderen verstärken und alle beunruhigen kann. Die Notwendigkeit der affektiven Gleichschaltung und Affektunterdrückung, bevor die verschiedenen Gefühle unterschieden und benannt werden können, führt nicht selten bei ehemaligen Krippenkindern zu einer mangelnden Affektdifferenzierung und zu einer generalisierten Angst vor Gefühlen, die aber nun einmal unsere Individualität ausmachen.

Wenn man längere Zeit als Beobachterin in einer durchschnittlich gut ausgestatteten Kinderkrippe verbringt, lässt man sich eine Weile vom Lärmpegel und den motorischen Schüben der Kinder, die zum Teil ja ihr neues Laufen können begeistert üben und als Affektabfuhr und als Explorationsmotor einsetzen, suggerieren, dass hier fröhliches Kinderleben stattfinden mag. Aber je weiter der Tag fortschreitet, umso genauer kann man »sehen«, dass – zumal in großen Krippengruppen – immer wieder eine Atmosphäre von Anstrengung und Ernst herrscht, von unterdrückter und überspielter Trauer und Angst. »Glücklich« wirken die Kinder selten, sie haben einen langen Arbeitstag zu bewältigen und leisten psychische Schwerstarbeit (Bailey 2008). Am Nachmittag haben sie verstärkt Heimweh. Der Trennungs- und Selbsterhaltungsstress nimmt zu – Cortisolstudien an Krippenkindern haben das gezeigt – und normalisiert sich am Abend langsamer als bei gleich alten »Familienkindern« (Bensel 2009). Kinder, die ihren Trennungsprotest schon lautstark äußern können, haben es dabei etwas leichter als die »Pflegeleichten«, die ihn, auch aufgrund fehlender physiologischer Reife, noch gar nicht nach außen zeigen können, und daher auch weniger Zuspruch und Trost erhalten. Sie bleiben damit doppelt allein und werden »von innen überschwemmt«. So kann es sein, dass die Mütter am Abend ihr Kleinkind lange beruhigen müssen, während es tagsüber in der Krippe »unauffällig« war.

Modern erscheint auch die Idee, die Kinderkrippe könnte als Multifunktionsheilmittel defizitäre Familienverhältnisse ausgleichen und Fälle von Kindesmisshandlung oder -vernachlässigung verhindern. Dafür müssten es heilpädagogische Einrichtungen sein, wofür sie nicht ausgestattet sind. Die Eltern müssten mitbetreut werden, um ihre Beziehung zum Kind zu verbessern und den schädlichen Effekt beliebigen Betreuerwechsels (multiple indiscriminate care, Lyth 1985) zu mildern.

Paul ist sechs Monate alt und kommt aus schwierigen Familienverhältnissen. Seine Mutter ist psychisch krank, der Vater arbeitet im Schichtbetrieb. Wenn Paul morgens in die Krippengruppe kommt, hat er noch den Schlafanzug und die Windel aus der Nacht an. Die Betreuerin kümmert sich liebevoll um ihn, zieht ihn an und gibt ihm Frühstück. Die beiden mögen einander, das ist zu sehen. Beim Abholen am Mittag berichtet die Mutter, dass sie nun eine andere Krippe gefunden habe, wo sie Peter den ganzen Tag betreuen lassen kann.

Aus historischen Erfahrungen, aus wissenschaftlichen Langzeitstudien und aus Psychoanalysen mit ehemaligen Krippenkindern kennen wir die psychischen Risiken früher forcierter Trennungen von Mutter und Kind, zumal wenn die Ersatz-Betreuung ungenügend ist oder zu einem weiteren Verlusterlebnis führt: geringes Selbstwertgefühl, Entfremdungsgefühle, chronische Trennungs- und Verlustangst, Depression und Somatisierungsstörungen, aggressive Kompensationen geringer Frustrationstoleranz, Hemmung des Affektausdrucks, Versagen der innerpsychischen Affektregulierung, Bindungs- und Beziehungsstörungen, Gefühl des Ungeliebtseins u. a. m. Das Kind kann sich den sozialen und kognitiven Erfordernissen erfolgreich anpassen – »Krippenkinder machen häufiger Abitur!« – und dennoch unter emotionalen Defiziten und Selbstwertzweifeln leiden, die sich mitunter viel später im Leben, wenn Krisen und neue Trennungen zu bewältigen sind, zeigen.

In der neuen Krippendiskussion wird die kognitive Frühförderung überbetont und das emotionale Problem der Trennung von Mutter und Kind verleugnet. Insbesondere wird verleugnet, dass auch die Mutter psychisch beschädigt werden kann durch den frühen Trennungsdruck, dem sie nur ihre mütterliche Intuition, aber keine rationalen Argumente entgegensetzen kann. Der Schreck-Affekt angesichts des Trennungsdrucks allerdings ist in der feindseligen, beidseitig vorwurfsvollen und polarisierenden Atmosphäre der Debatte spürbar. Mütter werfen anderen Müttern ihre Entscheidungen vor und auf diese Weise fließen unser eigener früher Kummer, unsere Unzufriedenheiten und Konflikte, unsere unbewussten Erinnerungen an die eigene Mutterbeziehung als Affektverstärker in die Debatte ein.

»Ich frage mich«, sagte Veronika Mächtlinger in ihrem Vortrag zum »Problem der Trennung bei Kleinkindern«, »ob wir nicht alle eigene innere Gründe haben, solche bedrohlichen Trennungsaffekte zu vermeiden, zu verleugnen. Ist dies vielleicht auch der Grund, warum das viele Wissen, das wir seit Jahren angesammelt haben über die Folgen von Trennungen bei Kleinkindern, uns immer wieder verloren zu gehen scheint?« (Mächtlinger 1987)

Der Grund für unseren Verleugnungswunsch ist, dass wir alle Spuren dieser frühen Ängste in uns tragen und um ihre psychisch bedrohliche Wucht wissen, ohne uns das bewusst machen zu können. Die intuitive Rettung des Kindes aus der Verlassenheitsnot und das dafür notwendige vorübergehende Aufschieben eigener Bedürfnisse nennen wir »Mütterlichkeit«. Diese mütterliche Funktion – die von jedem Erwachsenen in engem Kontakt zu Kleinkindern geleistet werden kann – und die Bereitschaft zum vorübergehenden Zurückstecken eigener Interessen, zum Verzicht auf libidinöse wie aggressive Wünsche zugunsten des abhängig-angewiesenen Kleinkindes ist die Voraussetzung dafür, dass das kindliche Spiel mit Bindung und Trennung zu Beziehungsglück und Lebensfreude werden kann. Welt- und Selbstbild des Kindes werden durch diese frühen Beziehungserfahrungen lebenslang geprägt, und das Kind hat dabei »Lieblingspartner«, es bindet sich gerne »hierarchisch«, wie Bensel (2009) schreibt, es kommt noch-gebunden an die Mutter zur Welt. Es braucht Zeit, bis die ursprünglich sein Leben sichernde physiologische Nabelschnur nach der Durchtrennung in eine stabile seelische verwandelt ist, die wir dann »Objektkonstanz« oder auch »Urvertrauen« nennen. Forcierte und zu lange frühe Trennungen und kollektive Kleinkindbetreuung, die – seien wir ehrlich[3] – zunächst allein den Interessen der Erwachsenen dienen, sind in dieser Zeit vor der vollen Objektkonstanz ein Risikofaktor. Und so müssen wir doch aufpassen, dass »wir nicht Gefahr laufen, in unseren gut gemeinten Sozialeinrichtungen gerade die Schäden herbeizuführen, die wir verhüten möchten« (Schmalohr 1975, S. 14).

Literatur

Bailey, A. K. (2008): Verlust: Ein vernachlässigtes Thema in der Forschung zur außerfamiliären Betreuung. Psyche 62, 154-170.

Bayerischer Rundfunk (1974): Sendung vom 29.10.1974: »Bürger von morgen. Über neue Einsichten bei der Kleinkind-Erziehung berichtet Charlotte Drews-Bernstein«.

Bensel, J. (2009): Über den Anpassungsstress kleiner Kinder in Krippen. DPV-Tagungsband 1, 251-261.

Frankfurter Allgemeine Zeitung (2012): Rainer Böhm: »Die dunkle Seite der Kindheit.« 4. 4. 2012

Gavron, D. (2000): The Kibbutz. Awakening from Utopia. Boston, Rowman & Littlefield Publishers.

Hamburger Abendblatt (2008): »Schirmherrin Loki Schmidt: Ich finde das Konzept, wunderbar!« 11. 1. 2008.

Harsch, H. E. (2008): Psychoanalytische Überlegungen zur 4000-jährigen Geschichte der frühen außerfamiliären Betreuung. Psyche 62, 109-117.

Hessischer Rundfunk (2012): Sendung in der Reihe Doppelkopf am 26.4.2012: »Brigitte Boothe ›Geschichtsauswerterin‹«.

---

[3] »Eine Kinderkrippe ist nichts, was sich ein Kind selber ausdenken würde«, schreibt Z. Matejcek (1989) »Über die Krippen in der Tschechoslowakei« und nennt sie »eine Einrichtung für Erwachsene«.

Israel, A., Kerz-Rühling, I. (2008): Krippen-Kinder in der DDR. Frankfurt a. M.: Brandes & Apsel.

Körner, J. (1998): Über Empathie. Forum der Psychoanalyse 14,1-17.

Krejci, E. (1990): Vorwort zu Bion, W. R.: Lernen durch Erfahrung. Frankfurt a. M.: Suhrkamp.

Lyth, I. M. (1985): The development of the Self in Children in Institutions. J. Child Development 11, 49-64.

Mächtlinger, V. (1987): Zum Problem der Trennung bei Kleinkindern – eine Rückbesinnung. Arbeitskreis DGPPT/VAKJP für analytische PT bei Kindern und Jugendlichen 2, 31-55.

Matejcek, Z. (1989): Über die Krippen in der Tschechoslowakei. Der Kinderarzt 20, 829-834.

Meltzer, D. (1984): A One-Year-Old goes to Nursery: a Parabel of Confusing Times. J Child Psth. 10, 89-104.

NICHD Early Childcare Research Network (2005): Child Care and Child Development, N. Y. London, Guilford.

Report (2008): Sendung vom 26. 2. 2008: »Vergessen und verraten: die späten Leiden der DDR-Wochenkrippenkinder.«

Scheerer, A. K. (2008): »Mein Baby wird keine Probleme machen…« Konfliktdiagnosen im Zusammenhang mit früher außerfamiliärer Betreuung. Psyche 62, 118-135.

Schmalohr, E. (1975): Frühe Mutterentbehrung bei Mensch und Tier. Entwicklungspsychologische Studie zur Psychohygiene der frühen Kindheit. München, Kindler

Süddeutsche Zeitung (2012): »Ihr Bild von einer Frau.« 14. 6. 12.

Zwiener, K. (1994): Kinderkrippen in der DDR. Materialien zum 5. Familienbericht der Bundesregierung.

Rainer Böhm
NEUROBIOLOGISCHE ASPEKTE DER KLEINKINDBETREUUNG

Bindung und seelische Gesundheit

In der öffentlichen Wahrnehmung führte die seelische Gesundheit lange
Zeit ein Schattendasein. Erst durch die Aufarbeitung der erbarmungswür-
digen Situation seelisch Kranker in totalitären Systemen (z. B. während
des Nationalsozialismus in Deutschland oder des Ceaucescu-Regimes in Ru-
mänien) sowie die Psychiatriereformen in den 1970er Jahren entstand allmäh-
liches Umdenken. Seelische Störungen erfahren heute aber auch deswegen
mehr Aufmerksamkeit, weil sie in Form der steigenden Zahl von »Burnout«-
Fällen bei den Leistungsträgern der Industriegesellschaften angekommen sind.

Die hohe Bedeutung seelischer Gesundheit spiegelt sich in einem Leitsatz
der Weltgesundheitsorganisation: »*There is no health without mental health*«
(»Es gibt keine Gesundheit ohne seelische Gesundheit«) (WHO 2010). Ihr
Stellenwert wird noch dadurch unterstrichen, dass seelische Erkrankungen –
neben ihrem hohen Leidensdruck – auch mit massiven volkswirtschaftlichen
Konsequenzen verbunden sind. Die Public-Health-Abteilung der Harvard
Medical School prognostiziert in einem Report für das Weltwirtschaftsforum
allein in den westlichen Industrienationen für das Jahr 2030 jährliche Kosten
von 4 Billionen Dollar (Bloom 2011, S. 27).

Dass frühkindliche Erfahrungen lebenslang einen wesentlichen Einfluss auf
die seelische Gesundheit haben, wurde erstmals vor etwa 100 Jahren durch den
damals revolutionären Ansatz der Psychoanalyse propagiert. Es dauerte nochmals 50 Jahre, bis die Psychoanalyse durch die von John Bowlby entwickelte
Bindungstheorie den Anschluss an die modernen Naturwissenschaften fand.
Trotz schlüssiger wissenschaftlicher Resultate wird dieser Ansatz aber bis heute immer wieder kritisiert, vor allem durch die feministischen Bewegung, die
in der Betonung mütterlicher Qualitäten Rückschläge für die Frauenbewegung
sah und sieht.

In den letzten 20 Jahren hat die Bindungstheorie durch moderne neurowissenschaftliche Methoden wie MR-Volumetrie, funktionelle MR-Tomographie und Neuroendokrinologie einen weiteren Aufschwung erlebt. Aus einer großen Zahl von Studien kristallisiert sich heraus, dass der Verarbeitung von psychosozialem Stress eine zentrale Rolle sowohl in frühen Bindungsprozessen als auch in der Genese psychischer Störungen zukommt.

Das »emotionale Gehirn«

In Ergänzung zu Behaviorismus und Kognitivismus zeigen die psychologischen und Neurowissenschaften in neuester Zeit starkes Interesse an der menschlichen Emotionsverarbeitung. Die Fülle aufschlussreicher Ergebnisse dieses neuen Schwerpunkts führte bereits zum Begriff der »Emotionalen Revolution« (Rosenthal NE 2002).

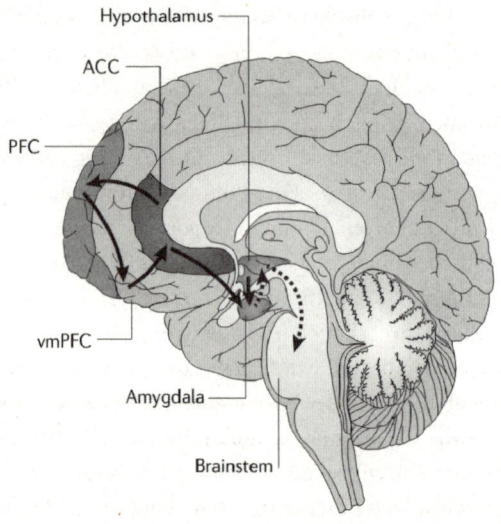

Abb.: Das sozio-emotionale Gehirn des Menschen (Meyer-Lindenberg 2011, S. 530): ACC=vorderes Cingulum, PFC=präfrontaler Cortex, vmPFC=ventromedialer PFC, nicht dargestellt ist der Hippocampus, der seitlich und hinter der Amygdala lokalisiert ist.

Die Strukturen und Funktionen der emotionsverarbeitenden Zentren des Gehirns sind komplex und können im Rahmen dieser Übersicht nur in Grundzügen dargestellt werden. Sie werden zusammenfassend als *»Limbisches System«* bezeichnet. Seine wichtigsten Teile, z. T. in Anlehnung an ihre anatomische Form benannt, sind der Hippocampus (»Seepferdchen«), die Amygdala (»Mandelkern«) und der präfrontale Cortex (Abbildung).

Der *Hippocampus* ist für die Speicherung von Gedächtnisinhalten zuständig. Er besitzt dadurch eine hohe Bedeutung für alle Arten von Lernprozessen. Außerdem hat er eine wichtige Funktion in der Stressregulation. Ein gesunder Hippocampus verfügt über eine hohe Zahl von Rezeptoren (Sensoren) für das Stresshormon Cortisol. Hierdurch ist er in der Lage, dämpfend auf das Stresssystem des Körpers einzuwirken und überschießende Stressreaktionen zu vermeiden (negatives Feedback-System).

Die *Amygdala* kann als Alarmzentrale des Gehirns angesehen werden. Sie speichert negative Erfahrungen, die als unangenehm oder potentiell bedrohlich empfunden werden, und reagiert auf entsprechende Reize sehr schnell mit einem instinktiv-reflexhaften, häufig aggressiv getönten Verhalten (»fast and dirty emotions«). Eine stark ausgebildete Amygdala kann in feindseligen Umgebungen eine adaptive Funktion erfüllen, ist aber im Kontext aufgeklärter Industriegesellschaften durch das Überhandnehmen impulsiver, »unüberlegter« Reaktionen eher als antizivilisatorisches Element zu charakterisieren.

Der *präfrontale Cortex (PFC)* hat eine zentrale Funktion bei der Moderation und Integration von Emotionen. Er vermittelt zwischen den analytischen Arealen des Neocortex und den tieferen und stammesgeschichtlich älteren Hirnregionen bis hinab zu den vegetativen Steuerzentralen des Hirnstamms. Er gewährleistet u. a. die sogenannten Exekutivfunktionen, insbesondere die Aufmerksamkeitssteuerung, Konzentrationsausdauer und Impulskontrolle. Damit hat der PFC hohe Bedeutung als Kontrollinstanz der Amygdala und kann als strukturelle Basis von Willenskraft, Selbstkontrolle und Empathie angesehen werden (Gerhardt 2004, S. 37).

Eine besondere Rolle kommt dabei den *medialen Anteilen des PFC* zu. Aus einer Reihe von vorwiegend fMRI-basierten Studien konnte die folgende Liste von neun Funktionen dieses Hirnareals herausdestilliert werden (Siegel 2007, S. 42):

1. übergeordnete Regulation des vegetativen Nervensystems
2. feinfühlige/eingestimmte Kommunikation (attuned communication)
3. emotionale Balance
4. Flexibilität von Reaktionen (response flexibility)
5. Empathie
6. Selbst-Bewusstsein (self awareness)
7. Angstmodulation
8. Intuition
9. moralisches Empfinden

Es konnte gezeigt werden, dass die Entwicklung dieses Hirnareals auf der intrapersonellen Ebene durch Achtsamkeitstechniken und Meditation und auf der interpersonellen Ebene durch feinfühlige Kommunikation im Rahmen einer sicheren Eltern-Kind-Bindung gefördert wird. Viele dieser Funktionen wirken sich unmittelbar prosozial aus und haben für das funktionierende Miteinander in menschlichen Zivilisationen eine zentrale Rolle. Der mediale PFC wurde daher auch als der »Humanitärer Cortex« beschrieben (Siegel 2007, S. 261).

Das Ausmaß, in dem die beschriebenen Funktionen im menschlichen Verhalten zum Tragen kommen, korreliert mit Größe bzw. Volumen der jeweiligen Hirnregion, welche wiederum durch die Anzahl von Nervenzellen und ihre Fortsätze (Axone) sowie die Zahl ihrer Kontaktstellen (Synapsen) zu benachbarten Zellen bedingt sind. Ein äußeres und inneres Milieu, das das Wachstum z. B. des präfrontalen Cortex auf mikro- und makroskopischer Ebene fördert, erhöht auch die Wahrscheinlichkeit, dass die oben beschriebenen Funktionen des PFC sich in der Persönlichkeitsstruktur und im Verhalten dieses Menschen abbilden.

Stressregulation und Limbisches System

Als Stress lassen sich Situationen charakterisieren, bei denen auf subjektiver Ebene die verfügbaren individuellen Bewältigungsmechanismen nicht ausreichen, um einer gestellten Anforderungssituation gerecht werden zu können. Vereinfacht kann man dies auch als Wahrnehmung von Bedrohung oder Überforderung beschreiben. So vielfältig die Arten möglicher Überforderungs-szenarios sein mögen, so relativ uniform ist die physiologische Antwort des menschlichen Körpers, die über die Produktion und Freisetzung einer kleinen Anzahl von Hormonen gesteuert wird.

Der primäre Stresssensor im menschlichen Gehirn ist der Hypothalamus. Bei einer deutlich wahrgenommenen Überforderung sendet er ein Signal an die Hirnanhangsdrüse (Hypophyse, pituitary gland), die wiederum auf dem Blut-weg ein Hormonsignal an die Nebennierenrinde (adrenal cortex) übermittelt, welche das *zentrale Stresshormon Cortisol* in die Blutbahn freisetzt. Dieser Signalweg wird, abgeleitet von den englischen Bezeichnungen der Organe, als *HPA-Achse* bezeichnet. Die HPA-Achse ist eng mit dem oben beschriebenen Emotionsverarbeitungssystem, dem Limbischen System, verknüpft. Das Ge-samtsystem wird daher auch als *LHPA-Achse* bezeichnet.

Cortisol bewirkt eine Vielzahl von Effekten im Körper, die zusammenfas-send auch als »Kampf- oder Fluchtreaktion« (»fight or flight«) bezeichnet wer-den. Im Wesentlichen geht es dabei um die Bereitstellung von zusätzlicher Energie auf Kosten von Wachstums- und Entwicklungsprozessen. Der nahe-liegende biologische Sinn liegt darin, die Überlebenswahrscheinlichkeit in Krisensituationen zu erhöhen. Dieses System ist für seltenen und punktuellen Einsatz entwickelt. Wenn es häufig oder lang andauernd aktiviert wird, stellen sich mittel- und langfristig negative Begleiterscheinungen ein, die sich als kör-perliche und seelische Störungen manifestieren.

Eine zu starke Aktivierung der HPA-Achse führt u. a. zu einer Unterdrü-ckung des Immunsystems, zu einer langfristigen Begünstigung entzündlicher Erkrankungen, zu Kopfschmerzen, Bluthochdruck und Übergewicht, wahr-scheinlich auch Krebs. Daneben wirkt Cortisol aber auch auf das Zentralner-vensystem zurück. Insbesondere im sich noch entwickelnden Gehirn bewirkt es in bestimmten Regionen ein vermehrtes, in anderen Bereichen ein vermin-dertes Wachstum oder sogar einen Untergang von Nervengewebe (Sapolsky 2004).

Neue Studien zeigen, dass insbesondere die Strukturen des Limbischen Systems empfindlich auf erhöhte Cortisolwerte reagieren (Lupien 2009, S. 440). Eher fördernd wirkt vermehrter Stress auf die Entwicklung der Amyg-dala, eher hemmend oder schädigend hingegen auf den Hippocampus und auf den präfrontalen Cortex (Frodl 2010; Lupien 2011). Im Hippocampus wird durch chronische Stressexposition zudem die Anzahl an Cortisol-Rezeptoren reduziert, was später zu einer dauerhaften Einschränkung der negativen Feed-back-Regulation (s. o.) führt (Murgatroyd 2011). Wenn wir uns die oben be-schriebenen Funktionen dieser Hirnareale ins Gedächtnis rufen, so lässt sich daraus der Schluss ziehen, dass chronische Stressbelastung, vermittelt über die hormonelle Steuerkaskade, zu Hirnveränderungen führt, die in der Summe dissoziales und antizivilisatorisches Verhalten begünstigen.

Ein Grundprinzip hormoneller Regulation besteht darin, dass zu einem Hormon-Agonisten in der Regel ein Antagonist existiert, die gemeinsam ein sinnvolles Gleichgewicht orchestrieren. Dieser Gegenspieler der Stresshor-mone, insbesondere des Cortisol, ist das Hormon *Oxytocin*. Es wird im Hy-pothalamus gebildet und hat eine Reihe von stressdämpfenden Funktionen. Es senkt Cortisolspiegel und Blutdruck, reduziert Angst, unterstützt Heil- und Lernprozesse, fördert Vertrauen, beruhigt, entspannt und verbessert die soziale Interaktion, u. a. indem es die Fähigkeit fördert, soziale Stichworte richtig zu deuten (Uvnäs-Moberg 2011, S. 13).

Im Bindungsprozess von Eltern und ihren Kindern spielt Oxytocin eine zen-trale Rolle. Seine Produktion wird bei der Mutter durch den Geburtsvorgang stark stimuliert. Im Verlauf der Säuglings- und Kleinkindzeit kommt es dann durch den engen Kontakt zwischen beiden Eltern und dem Kind, z. B. beim Stillen, beim Schmusen oder im Spiel, immer wieder zu einer Aktivierung und Synchronisation der Oxytocin-Freisetzung bei allen Beteiligten (Gordon 2010). Oxytocin führt somit im intakten familiären System zu Stressreduk-tion und unterstützt die Ausbildung prosozialer Funktionen und psychischer Sicherheit, die als zentrale Ergebnisse einer sicheren Eltern-Kind-Bindung seelische Gesundheit langfristig fördern (Grossmann 2006).

Psychosozialer Stress spielt eine wichtige Rolle bei der Entstehung psychi-scher Störungen. Die meisten seelischen Erkrankungen basieren nach heutigen Vorstellungen auf einer ungünstigen Kombination von genetischer Veranla-gung und äußeren Belastungsfaktoren (Diathese-Stress-Modelle). Die indivi-duelle Stressverarbeitungskapazität entscheidet somit wesentlich, ob und in welcher Ausprägung sich eine seelische Störung manifestieren kann (Cirulli 2009). Über den psychischen Bereich hinausgehend werden die intakte Koor-dinierung und Modulation von Stressreaktionen aber auch allgemein als Indi-katoren von Gesundheit angesehen (Rifkin-Graboi 2009, S. 59).

Die ersten zwei bis drei Lebensjahre stellen eine hochsensible Prägungspha-se dar, in der die lebenslange Funktionalität des Stressverarbeitungssystems justiert wird. Schwere oder wiederholte Stressbelastungen in dieser Periode (early life stress) erhöhen durch Schädigung des Limbischen Systems dauerhaft das Risiko, später z. B. an dissozialen Störungen, Angst- und Schmerzstörungen, posttraumatischer Belastungsstörung oder Depression zu erkranken (Nanni 2012; Dannlowski 2012). Allen Beschwerdebildern gemeinsam ist ein Mangel an Selbstwertgefühl (Gerhardt 2004, S. 88). Es besteht daher mittlerweile Konsens darüber, dass insbesondere in dieser Lebensphase übermäßige Stressbelastungen dringend vermieden werden müssen (Blackburn 2012).

Erwähnt sei an dieser Stelle noch, dass es schwache Stressauslöser gibt, die sich durchaus entwicklungsförderlich auswirken können. Sie zeichnen sich dadurch aus, dass sie gut bewältigbare Herausforderungen darstellen, die z. B. Neugierverhalten auslösen (novelty stress). Auf physiologischer Ebene werden diese Reaktionen über ein alternatives Stresssystem reguliert, das mit dem Hormon Adrenalin arbeitet (sympathiko-adrenomedulläre Achse, SAM) (Rothenberger 1997, S. 634).

Frühe Betreuung und Stressregulation

Studien der letzten 15 Jahre haben zur Überraschung vieler Arbeitsgruppen gezeigt, dass verschiedene Betreuungsformen von Kleinkindern mit teilweise erheblichen Stressbelastungen einhergehen können.

Im Gegensatz zu einem normalen, gesunden Cortisolprofil mit hohen Werten am Morgen (als Bereitstellung von Energie zu interpretieren), steilem Abfall bis zum Mittag und dann langsamem Absinken zum Abend hin, zeigen zahlreiche Kinder in außerfamiliärer Gruppenbetreuung erhöhte Cortisolwerte während der gesamten Betreuungszeit, viele Kinder sogar eine Umkehrung des Profils mit kontinuierlichem Anstieg der Cortisolwerte zum Abend hin (Vermeer 2006). In der Betriebsmedizin wurden derartige Profile z. B. bei Managern unter beruflicher Maximalbelastung oder bei Lehrern, die unter einer Burnout-Symptomatik litten, gefunden (Gunnar 2001, S. 520). Selbst in qualitativ befriedigenden Einrichtungen fand sich eine derartige chronische Stressbelastung bei bis zu über 90% der untersuchten Kinder (Tout 1998). Auch in außerfamiliärer Tagespflege wurden erhebliche Stressbelastungen gemessen, selbst bei Kleinstgruppen (zwei Kinder) (Gunnar 2010). Studien, die Cortisol sowohl in der Krippe als auch im familiären Umfeld untersuchten, zeigten, dass dieselben Kinder, die in der Tagesbetreuung stark stressbelastet waren, zu Hause normale Cortisolprofile zeigten (Vermeer 2006, S. 395).

Es zeigt sich dabei eine deutliche Altersabhängigkeit der Stressreaktivität. Am empfindlichsten reagieren ein- und zweijährige Kinder. Zum Vorschulalter hin nimmt die Stressempfindlichkeit dann deutlich und kontinuierlich ab (Watamura 2003). Verschiedene Studien untersuchten den Zusammenhang zwischen Betreuungsqualität und Stressprofil. Dabei zeigte sich, dass man im Kindergartenalter die Stressbelastung durch hohe Qualität normalisieren konnte (Sims 2005), während bei den unter Dreijährigen (U3) auch hohe Qualität keine ausreichende Schutzwirkung entfaltete (Vermeer 2006).

Erhebliche chronische Stressbelastung führt mit der Zeit zu einem Absinken des morgendlichen Cortisolwerts (attenuation), was längerfristig zu einem sogenannten abgestumpften Profil (blunted profile) führt. Dieses Muster ist, im Vergleich zum gesunden Profil, durch niedrigere Cortisolwerte am Vormittag und höhere Werte am Nachmittag gekennzeichnet. Der Umfang der Reduktion des Morgenwerts kann als Maß für die kumulative Stressbelastung (Allostatic Load) angesehen werden (Tarullo 2006, S. 634). In zahlreichen Studien konnte gezeigt werden, dass dieses typische Profil regelmäßig bei misshandelten, missbrauchten oder vernachlässigten Kindern nachzuweisen ist (McCrory 2010), ferner bei Kindern gefunden wird, die hohe Aggressivität in sozialen Beziehungen (relational aggression) an den Tag legen (Murray-Close 2008). Im weiteren Verlauf ist dieses Muster u. a. mit posttraumatischen Belastungsstörungen, Alexithymie und psychosomatischen Beschwerdekomplexen wie z. B. der Fibromyalgie assoziiert (Gerhardt 2004, S. 82).

In der großen Wiener Krippenstudie fanden sich kürzlich bei den einjährigen Kindern nach fünf Monaten Betreuungsdauer erheblich erniedrigte Werte für das Morgen-Cortisol (Eckstein 2010). Die Profile waren vergleichbar mit denjenigen schwer deprivierter Kleinkinder aus rumänischen und russischen Waisenhäusern aus den 1990er Jahren (Gunnar 2001, S. 522; Tarullo 2006, S. 633).

In der weltweit größten und sorgfältigsten Langzeitstudie zur außerfamiliären Betreuung von Kleinkindern (NICHD-Studie) wurden kürzlich ebenfalls Morgen-Cortisolwerte gemessen. Noch bei den 15-jährigen Jugendlichen konnte nachgewiesen werden, dass die Werte umso niedriger lagen, je früher und länger außerfamiliäre Betreuung in Anspruch genommen wurde, und zwar unabhängig von deren Qualität. Dieser Effekt zeigte sich in gleicher Art und Ausprägung wie bei der Gruppe der Studienteilnehmer, die als Kleinkinder im familiären Umfeld abweisenden, zudringlichen oder feindseligen Erziehungspraktiken, also emotionaler Vernachlässigung, ausgesetzt waren. Die stärksten Abweichungen zeigten sich bei denjenigen Teenagern, die sowohl negative familiäre Erziehungserfahrungen als auch frühe außerfamiliäre Betreuung in ihrer Biographie aufwiesen (Roisman 2009).

Kindern ein Gefühl von Sicherheit und Geborgenheit zu vermitteln ist eine der fundamentalsten Aufgaben früher Betreuung (Groeneveld 2010, S. 502). Die soeben geschilderten Befunde zeigen uns, dass sehr vielen U3-Kindern in ihren individuellen Reifungsstadien die Entwicklungsaufgabe der Trennung von ihren primären Bezugspersonen noch nicht gelingt, sondern dass wir es im Gegenteil mit einem Trennungstrauma zu tun haben. Damit wird auch eine Reihe von negativen Begleiterscheinungen früher Tagesbetreuung erklärbar, die in Studien mit unterschiedlichen Ansätzen gefunden wurden. Hierzu zählen u. a. die deutlich erhöhte Anfälligkeit von Krippenkindern für Infektionserkrankungen, die erhöhte Häufigkeit von Neurodermitis und Kopfschmerzen sowie gehäufte impulsiv-aggressive Verhaltensweisen bei Vorschulkindern und Jugendlichen nach einer Vorgeschichte früher Gruppentagesbetreuung (Böhm 2011; Bischof-Köhler 2011, S. 177). Kleinkinder zeigen nach früher Ganztagsbetreuung, auch bei hoher Betreuungsqualität, eine um das zehnfache erhöhte Wahrscheinlichkeit externalisierender Verhaltensauffälligkeiten im klinischen Risikobereich. Die beschriebenen Verhaltensmuster sind sehr gut mit einer Überaktivität der Amygdala und einer reduzierten Aktivität des präfrontalen Cortex vereinbar (Belsky 2011).

Die Auswirkungen dieser erheblichen Stressbelastungen durch frühe außerfamiliäre Betreuung auf Hirnmorphologie und -stoffwechsel wurden bisher noch nicht systematisch untersucht. Wir wissen aber, dass vergleichbare Stressbelastungsprofile definitiv negative Auswirkungen auf Strukturen des limbischen Systems zeigen (Frodl 2010). So weiß man z. B., dass bei den deprivierten Kindern aus rumänischen Waisenhäusern, einer sehr gut untersuchten Gruppe mit schwerer frühkindlicher Stressbelastung, erhebliche funktionelle Defizite des präfrontalen Cortex vorliegen (Chugani 2001). Frühe emotionale Deprivation führt zu einer Vergrößerung der Amygdala (Lupien 2011). Bei durch Misshandlung oder Missbrauch chronisch gestressten Kindern wurde später ein geringeres Hippocampus-Volumen gefunden (Gerhardt 2004, S. 139). Aus zumindest einer komplementär angelegten Studie ist ferner bekannt, dass sensible, supportive und stressreduzierende elterliche Zuwendung zu jungen Kindern mit eindrücklich besser ausgeprägten Hippocampus-Strukturen einhergeht (Luby 2012). Die Autoren sehen eine deutliche Relevanz für politische Planung in Richtung systematischer Unterstützung und Stärkung elterlicher Erziehung.

Die derzeit in vielen westlichen Gesellschaften postulierte Überlegenheit oder zumindest Gleichwertigkeit institutioneller Früherziehung gegenüber familiärer Erziehung wird somit durch neueste Daten aus den Neurowissenschaften zunehmend in Frage gestellt (Sigman 2011; Böhm 2013). Neben dem Aspekt der Verbesserung der Betreuungsqualität muss daher dringend auch die Frage des Eintrittsalters und der Betreuungsdauer auf die Agenda genommen werden (Böhm 2013). Ein allgemeiner Rechtsanspruch auf außerfamiliäre Betreuung ab dem ersten Geburtstag setzt hier ein falsches und gefährliches Signal. Unterstützung und Förderung für unter dreijährige Kinder muss wesentlich stärker vom familiären System her gedacht werden. Strukturen, die auf frühe und langdauernde Abwesenheit beider Eltern setzen, sind kontraproduktiv, ja schädlich.

Eine neurobiologisch-integrative Sichtweise

Schutz, Sicherheit und Geborgenheit sind evolutionäre Grundbedürfnisse des menschlichen Säuglings und Kleinkinds, die durch eine oder wenige vertraute Bindungspersonen gewährleistet werden. Die Bindungsperson reguliert in dyadischer Abstimmung mit dem Kind dessen Affekt- und Stressbelastungen. Durch die modernen Techniken der biologischen Stressmessung können die Wirksamkeit und Qualität dieser Bindungen, ergänzend zu Verhaltensbeobachtungen, in zuvor nicht gekannter Genauigkeit anhand physiologischer Parameter bestimmt werden. Kleinkinder, deren Grundbedürfnis nach Geborgenheit häufig missachtet wird, sei es durch anhaltende Misshandlung, Missbrauch, Vernachlässigung oder überfordernde Gruppentagesbetreuung, zeigen typische biologische Stresssignaturen.

Early Life Stress wurde als eine der bedeutsamsten Hypotheken für die lebenslange körperliche und seelische Gesundheit identifiziert. Frühkindlichen Stressbelastungen, egal ob innerhalb oder außerhalb der Familie, muss daher auf allen Ebenen konsequent entgegengetreten werden.

Zahlreiche Studien der vergangenen 20 Jahre zeigen uns, dass die biologischen Schutzeffekte der Familie, u. a. unterstützt durch das Bindungshormon Oxytocin, ganz offenbar unterschätzt und die möglichen Nachteile einer zu frühen und zu umfangreichen außerfamiliären Betreuung systematisch bagatellisiert wurden. Wir wissen, dass selbst im Bereich der Naturwissenschaften die Hypothesenbildung und Interpretation von Untersuchungsergebnissen durch gesellschaftliche Strömungen und Leitbilder (Ökonomie, Feminismus) beeinflusst wird (Rittelmeyer 2005, S. 79). Neue wissenschaftliche Methoden eröffnen uns jetzt die Möglichkeit, hier zu größerer Objektivität zu gelangen.

Kleinstkinder chronischem Stress auszusetzen, ist unethisch (Böhm 2012). Zu frühe außerfamiliäre Betreuung widerspricht somit verschiedenen Forderungen der, auch von Deutschland ratifizierten, UN-Kinderrechtskonvention, u. a. Art. 12 (Berücksichtigung der Meinung des Kindes entsprechend seines Alters und seiner Reife), Art. 24 Abs. 1 (Recht auf das erreichbare Höchstmaß an Gesundheit), Art. 24 Abs. 3 (Abschaffung sozialer Praktiken, die für die Gesundheit schädlich sind), Art. 31 (Recht auf Ruhe, Freizeit und altersgemäße Erholung) sowie Art. 32 (Schutz vor wirtschaftlicher Ausbeutung).

Es ist daher an der Zeit, unsere gesellschaftlichen Leitbilder von Leistung, Effizienz und Wachstum so zu modifizieren, dass sie wieder mit kindlichem Wohlbefinden vereinbar werden. Diese Forderung reiht sich ein in eine zunehmende Strömung unterschiedlicher Wissenschaftssektoren, die auf verbesserte Nachhaltigkeit entwickelter Gesellschaften abzielen. Die Pflege unseres »Humanitären Cortex« ist für die Bewältigung vor uns liegender Herausforderungen existentiell wichtig und sollte eine unserer vornehmsten Aufgaben werden.

Literatur

Belsky, J. (2011): Long Term Results of Early Daycare; Vortrag zur NICHD-Studie bei der 63. wissenschaftlichen Jahrestagung der DGSPJ, Bielefeld 23.9.2011, Abrufbar: http://www.fachportal-bildung-und-seelische-gesundheit.de/index.php?option=com_ content&view=article&id=6&Itemid=172, Stand: 30.8.2012

Bischof-Köhler, D. (2011): Soziale Entwicklung in Kindheit und Jugend; Kohlhammer.

Blackburn E. (2012): http://www.zeit.de/2012/16/Gespraech-Blackburn-Klein, Stand: 29.8.2012.

Bloom, D. E., Cafiero, E. T., Jané-Llopis, E. et al. (2011): The Global Economic Burden of Noncommunicable Diseases. Geneva: World Economic Forum.

Böhm, R. (2011): Auswirkungen Frühkindlicher Gruppenbetreuung auf Entwicklung und Gesundheit; Kinderärztliche Praxis 82, 316-21.

Böhm, R. (2013): Stress – das unterschätzte Problem frühkindlicher Betreuung; In: Christine Haderthauer / Hans Zehetmair (Hrsg.): Was brauchen Kleinkinder, damit Bildung gelingt? Argumente und Materialien zum Zeitgeschehen 81, hrsg. von der Hanns-Seidel-Stiftung, München (im Druck).

Böhm, R. (2012): Die dunkle Seite der Kindheit; Frankfurter Allgemeine Zeitung, 4.4.2012; abrufbar: http://www.fachportal-bildung-und-seelische-gesundheit.de/index. php?option=com_content&view=article&id=9&Itemid=176, Stand: 30.8.2012.

Chugani, H. T., Behen, M. E., Muzik, O. et al. (2001). Local brain functional activity following early deprivation: a study of postinstitutionalized Romanian orphans. Neuroimage 14, 1290-301.

Cirulli, F., Laviola, G., Ricceri, L. (2009): Risk factors for mental health: translational models from behavioural neuroscience. Neurosci Biobehav Rev 33, 493-7.

Dannlowski, U., Stuhrmann, A., Beutelmann, V. et al. (2012): Limbic Scars: Long-Term Consequences of Childhood – Maltreatment Revealed by Functional and Structural Magnetic Resonance Imaging; Biological Psychiatry 71, 286-93.

Eckstein, T., Kappler, G., Datler, W., Ahnert, L. (2010): Stressregulation bei Kleinkindern nach Krippeneintritt: Die Wiener Kinderkrippenstudie. Vortrag bei der Jahrestagung der Deutschen Gesellschaft für Psychologie, Bremen. Zit. in: http://www. fachportal-bildung-und-seelische-gesundheit.de/index.php?option=com_content&vie w=article&id=13&Itemid=177, Stand: 30.8.2012.

Frodl, T., Reinhold, E., Koutsouleris, N. et al. (2010): Interaction of childhood stress with hippocampus and prefrontal cortex volume reduction in major depression; J Psychiat Res 44, 799-807.

Gerhardt, S. (2004): Why Love Matters – How Affection Shapes a Baby´s Brain; Routledge.

Gordon, I., Zagoory-Sharon, O., Leckman, J. F. et al. (2010): Oxytocin, cortisol, and triadic family interactions; Physiol Behav 101, 679-84.

Groeneveld, M. G., Vermeer, H. J., van Ijzendoorn, M. H. et al. (2010): Children´s wellbeing and cortisol levels in home-based and center-based childcare; Early Childhood Research Quarterly 25, 502-14.

Grossmann, K., Grossmann, K. E. (2006): Bindungen – das Gefüge psychischer Sicherheit. Klett-Cotta, 4. Aufl.

Gunnar, M. R. (2010): The Rise in Cortisol in Family Daycare: Associations With Aspects of Care Quality, Child Behavior, and Child Sex; Child Dev 81, S. 851-69.

Gunnar. M. R., Vazquez, D. M. (2001): Low cortisol and a flattening of expected daytime rhythm: Potential indices of risk in human development; Development and Psychopathology, 13, 515–538.

Luby, J. L., Barch, D. M., Belden A et al (2012): Maternal support in early childhood predicts larger hippocampal volumes at school age. Proc Natl Acad Sci USA 109, 2854-9.

Lupien, S. J., McEwen, B. S., Gunnar, M. R. et al. (2009): Effects of stress throughout the lifespan on the brain, behaviour and cognition. Nat Rev Neurosci 10, 434-45.

Lupien, S. J., Parent, S., Evans, A. C. et al. (2011) : Larger amygdala but no change in hippocampal volume in 10-year-old children exposed to maternal depressive symptomatology since birth ; PNAS 108, 14324-9.

McCrory, E., De Brito, S. A., Viding, E. (2010),: Research Review: The neurobiology and genetics of maltreatment and adversity; Journal of Child Psychology and Psychiatry 51, 1079–95.

Meyer-Lindenberg, A., Domes, G., Kirsch, P. et al. (2011): Oxytocin and vasopressin in the human brain: social neuropeptides for translational medicine; Nat Rev Neurosci 12, 524-38,

Murgatroyd, C., Spengler, D. (2011): Epigenetic programming of the HPA-axis: Early life decides; Stress 14, 581-9.

Murray-Close, D., Han, G., Cicchetti, D. et al. (2008): Neuroendocrine Regulation and Physical and Relational Aggression: The Moderating Roles of Child Maltreatment and Gender; Dev Psychol 44, 1160-76.

Nanni, V., Uher, R., Danese, A. (2012): Childhood maltreatment predicts unfavorable course of illness and treatment outcome in depression: a meta-analysis. Am J Psychiatry 169:141-51.

Rifkin-Graboi, A., Borelli, J. L., Bosquet Enlow, M. (2009): Neurobiology of Stress in Infancy; in: Zeanah jr. CH (ed): Handbook of infant mental health; Guilford Press.

Rittelmeyer, C. (2005): Frühe Erfahrungen des Kindes – Ergebnisse der pränatalen Psychologie und der Bindungsforschung, Kohlhammer.

Roisman, G. I., Susman, E., Barnett-Walker, K. et al. (2009): Early Family and Child-Care Antecedents of Awakening Cortisol Levels in Adolescence. Child Development 80, 907-920.

Rosenthal, N. E. (2002): The Emotional Revolution; Citadel.

Rothenberger, A., Hüther, G. (1997): Die Bedeutung von psychosozialem Stress im Kindesalter für die strukturelle und funktionelle Hirnreifung; Prax Kinderpsychol Kinderpsychiatr 46, 623-44.

Sapolsky, R. M. (2004): Why zebras don´t get ulcers; 3rd ed., Henry Holt and Co.

Siegel D (2007): The Mindful Brain; W. W. Norton & Co.

Sigman, A. (2011): Mother superior? The Biological Effects of Day Care; The Biologist 58, 28-32.

Sims, M., Guilfoyle, A., Parry, T. (2005): What children´s cortisol levels tell us about quality in childcare centers; Australian J Early Childhood 30, 29-39.

Tarullo, A. R., Gunnar, M. R. (2006): Child maltreatment and the developing HPA axis. Horm Behav 50, 632-9.

Tout, K., de Haan, M., Campbell, E. K., Gunnar, M. R. (1998): Social behavior correlates of cortisol activity in child care: gender differences and time-of-day effects. Child Dev 69, 1247-62.

Uvnäs-Moberg, K. (2011): Die Funktion von Oxytocin in der frühen Entwicklung, in: Bindung und frühe Störungen der Entwicklung, hrsg. von Karl-Heinz Brisch, Klett-Cotta, Stuttgart.

Vermeer, H. J., van Ijzendoorn (2006): Children´s elevated cortisol levels at daycare: A review and meta-analysis. Early Childhood Research Quarterly 21, 390-401.

Watamura, S. E., Donzella, B., Alwin, J. et al. (2003): Morning-to-afternoon increases in cortisol concentrations for infants and toddlers at child care: age differences and behavioral correlates. Child Dev 74:1006-20.

WHO (2010): http://www.who.int/mediacentre/factsheets/fs220/en/, Stand: 3.12.2012.

Ellen Lang-Langer

DAS BÖSE OBJEKT

Die Behandlung eines siebenjährigen Jungen
mit früher Krippenerfahrung

Prolog

Walton Ford: Der Pantherausbruch, 2001

D ieses Bild faszinierte mich in seiner archaischen Ausdruckskraft der Darstellung des Bedrohlichen, Wilden, Triebhaften, Aggressiven. Walton Ford wurde zu dem Bild inspiriert durch eine alte Notiz in einer Schweizer Zeitung. Ein Panther war zu Beginn des letzten Jahrhunderts aus einem Zirkus, in dem er vorgeführt worden war, ausgebrochen in die seltsame Kulisse der Schneelandschaft der Schweizer Berge. Wie man auf dem Bild im Hintergrund sehen kann, verfolgte ihn eine Menschenmenge mit Fackeln. Er wurde alsbald getötet, abgeschossen. Im Nachhinein erscheint es als deutlich: Die Bedrohung durch das Wilde, Undomestizierbare fordert ein Opfer. Und ist es nicht seltsam: Wird der wilde Panther inmitten der fremden Schneelandschaft und seiner Verfolger nicht zum Verlorenen, Bedürftigen, Geopferten?

Hatten sie ihn nicht einstmals eingefangen, über den Ozean gebracht, aus heißen Gegenden in kalte Länder hinein? Hatten die Verfolger nicht gewähnt, des Wilden in ihm angesichtig zu werden, ohne selbst jemals bedroht zu sein? Dann, als er ausbrach, einer von ihnen zu werden drohte, zum Spiegel von etwas, was sie fürchteten, vielleicht ersehnten, mussten sie ihn töten.

Was ich sagen will: Das böse Objekt ist sicher eine frühe Projektion sehr tiefer Ängste und Phantasien. Es ist nicht, was es zu sein scheint. Es ist nicht, was es ist. Das böse Objekt ist ein verlorenes Objekt, in vereisten Landschaften sich findend, die ihm nicht angehören, bricht es aus in die phantasierten Tropenlandschaften, aus denen es einmal kam, und findet den Tod im Schnee. Es fällt den Verfolgern anheim. Der Atem versagte ihm in der kalten Luft, sie schossen es ab. Es war nicht, was es sein wollte, einmal war. Ist es nicht wirklich schwer, sehr schwer, darüber nachzudenken?

Das böse Objekt ist nicht, was es ist. Aggression, Enthemmtheit und Gier zeichnen es aus. Da, wo es herkam, suchte es einfach nur zu überleben, andere Gesetze galten in der Tropenwelt. In der Schneewelt geriet es zur Projektion, war todgeweiht. Die Menschen in der Schneewelt töteten den Panther, ein böses Objekt, das sie anzufallen drohte, nachdem er ausgebrochen war aus der Gitterwelt, die sie ihm zugedacht hatten, ihn anzuschauen. Es ist aber so: Seine Verlorenheit, die seiner Wildheit und Aggression beigemischt war, führte seinen Tod herbei. Vollkommen hilflos sank er danieder, von Kugeln ausgelöscht.

Ich werde von einem Kind berichten, das, dem Panther gleich, ausbrach und nicht aufhören konnte auszubrechen. Beseelt von einer unglaublichen Wildheit brach es aus. Es gab da ganz wenig, was es hatte halten können. Es wurde zur Projektion der ihn umgebenden Menschen, die sich an seiner rätselhaften Wildheit rieben. Gleichzeitig sank es zusammen, dem Panther gleich, als wäre es tot, als wolle es sterben.

Ich werde von einem Kind berichten, das keinen Ort für seine Wildheit fand, sich selbst verletzte, sich einigelte, als wäre es am Sterben, denn es fand keinen Ort zu sein, gepeinigt von der Phantasie des bösen Objektes – zu der es zu werden schien. Manchmal dachte ich: Das Kind stand für viele, es war so wild und fand keinen Ort. Was sie aus ihm machten, war es nicht gewesen. Sie hatten es allein gelassen im Schnee, es erinnerte sich aber heftig und unablässig der vergangenen Tropenlandschaft, aus der sie es vertrieben hatten. Es konnte gar nicht aufhören, auszubrechen dahin. Denn damals hatte es sein können, sie hielten es fest, sie träumten von ihm. Es war gefangen in diesem alten Traum. Sie hatten es fallenlassen, sich abgewandt, es fuhr seine Krallen aus, es wollte wieder dahin. Manchmal dachte ich: Es fuhr seine Krallen aus, denn es kämpfte um einen verlorenen Ort, von dem nicht sicher war: Existierte er noch?

1.

... unter dem Druck der Furcht, das geliebte Objekt zu verlieren, arbeitet das Kind an der Aufgabe, seine innere Welt aufzubauen und zu integrieren, das heißt, seine guten Objekte in sich selbst zu verankern. (Melanie Klein, 1962)

Melanie Klein (1962) wählte die Bilder »gute Brust« und »böse Brust«, um den frühen inneren Zustand des Säuglings zu beschreiben. Die Brust, die nicht rechtzeitig da ist, um die verzweifelte Gier des Säuglings zu stillen, diese »böse Brust«, die die Milch für sich behält, wird in der Wut über die Nichterfüllung seiner Not angegriffen. Der Angriff des Kindes auf die böse Brust löst die Angst aus, von dieser nun seinerseits angegriffen und verfolgt zu werden. Allein die Übermacht einer guten, stillenden Brust vermag die Vernichtungsangst des Kindes zu mildern.

Die frühe Szene mit der guten und bösen Brust, die Melanie Klein so eindrücklich zu schildern verstand, bildet die Basis für die gesamte weitere Entwicklung des Kindes, vor allem seine Möglichkeit, sich von der Mutter zu trennen. Wird die sich im Verlauf der Entwicklung des Kindes unweigerlich trennende Mutter, der bösen Brust gleich, zu einem bösen Objekt, das in der inneren Welt des Kindes nicht gehalten werden kann? Oder aber gab es da die Erinnerung an eine auch erfüllende, stillende Brust? Aber auch: in welcher Weise geschieht nun die Trennung der Mutter von ihrem Kind? Wird sie ihm die Zeit ermöglichen können, die es benötigt, seinerseits die Schritte weg von ihr zu machen?

Margaret Mahler (1985) beschäftigte sich auf ihre Weise mit derselben Thematik. In ihren faszinierenden Studien sprach sie darüber, wie das Kleinkind voller Lust mit seinen ersten Schritten in die Welt zu laufen beginnt, begleitet von einem Hochgefühl, so als gehöre ihm nun die Welt. Tatsächlich ist es

aber so, dass die Verfügbarkeit der Mutter, die Möglichkeit zu ihr zurückzu-
laufen, von ihr eingefangen zu werden, bei ihr aufzutanken, unabdingbar ist
für die weitere Entwicklung des Kindes, sein Liebesverhältnis mit der Welt.
Bis zur Vollendung seines dritten Lebensjahres benötigt es die Gegenwart der
Mutter als sicheren Hafen, zu dem es zurückkehren kann. Aber es benötigt
auch sehr stark die Mutter, die sich seiner Fähigkeit »Nein« zu sagen stellt.
Denn im »Nein« des Kindes konstelliert sich noch einmal die Frage nach der
frühen »bösen Brust«. Das lustvolle Nein des Kindes droht die böse, verfolgende Brust erneut auf den Plan zu rufen. Wird es eine Möglichkeit geben, das
»Nein« in der Beziehung zu verhandeln? Ich bin davon überzeugt, dass die
Möglichkeit des Kindes, sein »Nein« mit der Mutter zu verhandeln, abhängt
von der vorangegangenen Auseinandersetzung mit der »bösen Brust«.

Vermochte es das Kind, das unweigerlich der Beschränktheit der Brust, ihrer
nicht immer daseienden stillenden Präsenz und Verfügbarkeit gewärtig wurde,
auch den Trost des immer wieder Gestilltwerdens, zur Ruhe Kommens zu erfahren? Vermochte es, ohnmächtig ausgeliefert den Zuständen von Getrieben-
sein und Hunger, die Milch, die immer wieder floss, zu genießen? Oder aber
färbte die böse, verweigernde Brust die Milch in einer Weise ein, dass sie das
Kind nicht mehr zu nähren und beruhigen verstand? Trank es die Milch voller
Wut und Hass, vermeinte es im Saugen zerstört zu werden und zu zerstören?

Spätere Erfahrungen von Trennung und Verlust von traumatischer Qualität
können die frühe Angst vor einem bösen Objekt wiederbeleben. Das böse Objekt ist der Nachfahre der bösen Brust. Es trägt die Eigenschaften, die Spuren
der bösen Brust, die nicht stillt, die versiegt, die Rache übt. Das böse Objekt
löscht die Ambivalenz aus. Es macht das einstmals gute Objekt unkenntlich.
Das Objekt insgesamt wird zu einem verfolgenden Objekt. Es kann in seiner
Zwiespältigkeit nicht mehr erkannt werden.

Die Macht des guten Objektes ist begrenzt, sein Trost ist in der inneren Welt
nicht immer verfügbar und nicht unendlich.

Mir kommt das alte Märchen von *Hänsel und Gretel* in den Sinn. Alleingelassen, ausgesetzt, mit ihrem Hunger und ihrer Furcht in einem finsteren Wald,
fanden sie ein aus Leckereien erbautes Haus, es erschien ihnen wie das Para-
dies, das Haus ihrer Träume, es hatte, was sie benötigten, ihren Hunger zu stillen. Sie klaubten die Lebkuchen vom Dach und aßen. Sie konnten aber nicht
in Ruhe weiter essen und satt werden, sie hörten eine unheimliche Stimme,
der sie zu entrinnen trachteten. Der bedrängenden Frage: »Wer knabbert an

meinem Häuschen?«, suchten sie mit ihrer Antwort zu entgehen: »Der Wind, der Wind, das himmlische Kind.« Die wunderbaren Leckereien, die ihre Gier zu befriedigen schienen, konnten sie nicht in Ruhe genießen. Die alte Hexe, die das Haus bewohnte, lag auf der Lauer, die Kinder nun ihrerseits zu fressen und Rache zu üben. Sie hatte die Kinder angelockt mit dem Duft der Lebkuchen, die sie ihnen niemals hatte geben wollen.

Mit alten Krumen von Brot, ihnen von den Eltern gegeben, hatten die ausgesetzten Kinder in ihrer Verwirrtheit versucht, eine Spur zu legen, die ihnen ein Wiederfinden ihrer Heimat, ihrer Eltern, eines erträumten guten Objektes, ermöglichen sollten. Tiere fraßen die Krumen. Die Brotkrumen waren nicht mehr da, als die Kinder es vermochten, sich von dem bösen Objekt, der Hexe, ihrem fälschlichen Versprechen des unendlichen Stillens ihres Hungers, zu lösen, zu entrinnen.

Es war ein schöner, weißer Schwan, der sie schließlich auf seine Flügel nahm und zurück zu ihren Eltern brachte. Dieses Bild des Schwanes wird zu einem Medium, einem Medium zwischen gutem und bösem Objekt. Manchmal gelingt es dem Therapeuten, diese Rolle wahrzunehmen.

Das sich von der Mutter fortbewegende, sich im »Nein« übende Kind, beides ungemein lustvolle Vorgänge, in denen es sich selbst als getrenntes Wesen erfährt, ist mit diesen Aktivitäten einerseits angewiesen auf die Präsenz und die haltenden, es verstehenden Antworten seiner realen Mutter, es ist aber in seiner inneren Welt auch geprägt von den sehr frühen, vorangegangenen Erfahrungen mit der mütterlichen Brust. Man könnte auch sagen: Die innere Repräsentanz seiner Mutter begann sich zu bilden in dieser allerfrühesten Zeit, und die Frage ist nun: Welcher Spielraum entsteht für die weitere Entwicklung des Kindes? Führt die ungenügend repräsentierte gute und stillende Brust unweigerlich zur Konstitution eines bösen inneren Objektes? Tatsächlich weist vieles darauf hin. Das Kind, das die Milch seiner Mutter nur selten oder nie genießen konnte, wird in allen folgenden Szenen seiner Entwicklung auf der Suche sein nach der frühen Milch. Es wird nicht lustvoll krabbeln, sich erheben können, es wird der »bösen«, nun abwesenden, sich von ihm fortbewegenden Mutter gegenwärtig sein, es wird sich an seine Mutter klammern und schreien, es wird die kleinste ihrer Bewegungen interpretieren als ein Fort von ihm. Diese wird verzweifeln, sie wird nicht begreifen, sie wird sich schmerzlich als ungenügende Mutter begreifen.

Das Kind wird sein Nein in einer verzweifelten Weise in die Welt hinausschreien, es wird sich nicht trösten lassen. In dieser Weise wird es die böse, verfolgende Brust wiederbeleben im Angesicht seiner zu einem bösen, sich trennenden Objekt werdenden Mutter. Es wird das gute Objekt, die Mutter, die wiederkommt, in seiner inneren Welt nicht halten können. Das gute Objekt droht ausgelöscht zu werden, der guten Brust gleich, die nicht da war zu stillen in den Momenten seiner Not.

2.

Ich möchte Einblick in eine von vielen Kinderbehandlungen geben, in der sich gleich zu Beginn eine Szene konstituiert, in der der Therapeut zum »bösen« und verfolgenden Übertragungsobjekt wird.

Was wir in der Regel ja anstreben, die Konfrontation mit dem »bösen Objekt« in der Übertragung – meist dauert es lange, zu diesem Punkt vorzustoßen, Abwehrprozesse verhindern dies –, begegnet uns aber in der Behandlung einiger Patienten mit Wucht schon am Anfang. Frühe Spaltungsprozesse, eine ungenügend ausgeprägte Ambivalenz gegenüber dem Objekt in der inneren Welt des Kindes und Schwierigkeiten im Ausbilden der Objektkonstanz begünstigen diesen Vorgang.

Das Alleingelassenwerden im Behandlungsraum kann in diesen Fällen frühe, traumatische, nicht integrierte Erfahrungen von Verlassensein wiederbeleben. Es gibt dann keine »gute« Zeit, in der man sich annähert, Ja sagt, dann Nein. In einigen Fällen der Kindertherapie gibt es nur: Nein, Nein, Nein.

Man muss sich hier vor Augen führen, dass viele Patienten von ihren Eltern, die nicht mehr ein und aus wissen, geschickt werden, selbst aber keinerlei Wunsch haben, deshalb zu einer fremden Person gebracht zu werden. Sie erleben die Therapie wie ein »Weggebrachtwerden«. Sie hassen den Therapeuten. Er steht für die Eltern, die ihn »wegbringen«, einen wichtigen Entwicklungsraum nicht zur Verfügung stellen können, an ihrem Kind zu verzweifeln drohen.

Das Vorstellen beim Therapeuten hat mitunter traumatisierende Qualität. Das Kind fürchtet unbewusst von den Eltern bei einem bösen Objekt zurückgelassen, ausgesetzt zu werden, wie in dem alten Märchen die Kinder Hänsel und Gretel. Alleingelassen in einem finstern Wald drohten sie der Hexe anheimzufallen, die sie vernichten wollte. Die Phantasie, von den Eltern bei einem bösen Objekt zurückgelassen zu werden, wurzelt in der Angst vor Strafe und Vergeltung, der inneren Frage: Bin ich so unerträglich und böse, dass sie nun mich dem Bösen ausliefern werden?

Der Therapeut verkörpert den »Hexenanteil« der Eltern. Er ahndet in der unbewussten Phantasie des Kindes das Böse, nicht integrierte Triebhafte, Aggressive in diesem selbst. Er verbindet sich den Erfahrungen mit der frühen, bösen Brust.

André, sieben Jahre alt, gerade in die Schule gekommen, kehrte mir in seiner ersten Behandlungsstunde den Rücken zu, wortwörtlich. Er ließ sich von seiner Mutter in meinen Raum wie einen Sack bringen, sie schubste ihn hinein. Kaum war sie gegangen, sie ging schnell, ließ er sich an der Tür zu Boden fallen, kehrte mir seinen Rücken zu, kauerte sich zusammen vor der geschlossenen Tür des Behandlungsraumes. Und es gab gar nichts, was ich hätte sagen können, was ihn erreichte. Ich versuchte einiges. »André, du wolltest nicht kommen«, sagte ich. »Du bist richtig wütend jetzt, du willst gar nicht hier sein... vielleicht denkst du, deine Mutter, sie soll kommen und dich holen...« André schwieg. Ich konnte sehen, wie er versank. »Du willst am liebsten weg sein von mir«, fuhr ich fort, »Es ist schrecklich für dich, dass du hier sein musst, du willst nicht.« André sprach kein einziges Wort, ich sah, er sank und sank in sich zusammen. Er igelte sich regelrecht ein. Ich existierte gar nicht mehr. Ich spürte, dass meine Hoffnung nachließ, ich würde André nicht erreichen können. Er war gar nicht mehr da. Ich vernahm plötzlich ein schnarchendes Geräusch, André war eingeschlafen, er schnarchte leise. Ich verfiel nun meinerseits in einen Zustand, der mich autistisch anmutete. Ich saß da und sah André, der in einen tiefen Schlaf gefallen war. Ich dachte: Er will vergessen, wo er ist, er will hier nicht sein. Ich weiß auch nicht mehr, wo ich bin und warum. Es ist furchtbar. Bitte, diese Stunde, sie soll vorübergehen.

Ich hörte das Schellen, es brach hinein in unseren Zustand des Nicht-Seins. »Das ist deine Mutter, André«, sagte ich. Ich bemerkte, dass er langsam aufwachte. Ich stieg über ihn hinweg, er lag ja vor der Tür, immer noch zusammengekauert. Ich öffnete der Mutter. Ich dachte: Es ist schrecklich. Ich sah André, er stand langsam auf, sein Gesicht war wie zerknautscht, ich schämte mich, ihn in diesem Zustand seiner Mutter übergeben zu müssen. Aber ja, er stand auf, er ging zur Tür, seine Augen schienen mir verschlossen zu sein.

Lebte er noch? Hatte er ertragen können, was ihm geschah? Ich zweifelte. Aber ich sah ihn gehen, seiner Mutter nach, als sei er befangen in einem schrecklichen Traum, er wankte ihr nach.

Ich erinnerte mich, die Eltern hatten mir berichtet: Als die Mutter mit André schwanger war, mussten sich die Eltern für den Zeitraum von einem Jahr aus beruflichen Gründen, der Vater hatte eine gute Stelle in einer anderen Stadt bekommen, trennen und sahen sich nur am Wochenende. Die Mutter wurde in dieser Zeit depressiv und medikamentös behandelt. André war ein sehr ruhiges Kind, ganz im Gegensatz zu der zwei Jahre älteren Schwester, deren Schreiattacken erst aufhörten, nachdem André geboren worden war. »Ohne André«, sagte die Mutter, »er war wie ein Engel..., ich hätte es mit meiner Tochter nicht mehr ausgehalten...« Als André eineinhalb Jahre alt war, sein Bruder war gerade geboren worden, kam er in eine Krippe. Er schrie stundenlang, jeden Tag, nachdem seine Mutter ihn abgegeben hatte. Auch in seiner Kindergartenzeit kämpfte er jeden Morgen gegen die anstehende Trennung an, klammerte sich an seine Mutter, wollte seine Jacke nicht ablegen, die Schuhe nicht ausziehen. Schon am Morgen, gleich nach dem Aufstehen, weigerte er sich, seinen Schlafanzug auszuziehen. Die Mutter zerrte ihn, oft halb angezogen, durch die Straßen. Sie hatte mittlerweile eine Arbeit angetreten, der Vater, der seine Stelle aufgegeben hatte, betreute Andrés kleinen Bruder.

Über den Zeitraum vieler Jahre kämpfte André gegen die Trennung von seiner Mutter an. Er schrie, warf mit Gegenständen umher, er schlug andere Kinder, zumeist zog er sich vollkommen zurück. Ich dachte, manchmal verleugnete er den Zustand der Trennung, igelte sich ein, wie vor der Tür meines Behandlungsraumes, als er schließlich einschlief. Im Zustand des Eingeigeltseins suchte er den wiederkehrenden Schmerz über sein Ausgeliefertsein, die Antwortlosigkeit des Objekts, zu überstehen. Er konnte nicht begreifen und verstehen, warum er gehen musste, Tag für Tag. Seine Verweigerung schürte die Verzweiflung seiner Eltern, die mittlerweile fünf Kinder hatten. Andrés kleine Schwester wurde geboren, als er drei Jahre alt war, auch sie wurde vom Vater betreut. André machte seiner Familie das Leben zur Hölle, sie konnten kaum Luft holen. Er war anders als seine Geschwister. Er verweigerte jegliche Anpassung, schrie, tobte, warf Möbel um, bei der geringsten Versagung.

Ein halbes Jahr, bevor ich ihn kennenlernte, verbrachte André eine Woche bei seinen Großeltern, die er sehr mochte. Schon nach dem ersten Tag verlangte er zu seinen Eltern, die ihn vertrösteten, zurückzukehren. Am dritten

Tag seines Aufenthaltes bei den Großeltern war André plötzlich verschwunden. Die Großeltern suchten ihn stundenlang, die Eltern reisten an. Sie fanden ihn schließlich im Keller des Hauses, eingeigelt, unansprechbar, mit blutenden Händen. Neben ihm lag eine Glasscherbe. Er hatte sich die Hände aufgeritzt.

Als Andrés nächste Stunde heranrückte, nachdem er, ein wirklich kleiner Junge, es geschafft hatte, eine gesamte Stunde, und die Stunde war lang, mich zu vermeiden, in meiner Funktion zu vernichten und zu beschämen, selbst nur im Schlaf zu überleben, fürchtete ich mich schon lange vor dem Beginn unserer folgenden Stunde. Ich dachte: Wie soll ich noch einmal eine solche Stunde überleben (und wie er)? Ich dachte, wieder und wieder: Ich kann nicht, noch einmal eine solche Stunde, ich ertrage es nicht. (In diesem starken Gefühl, da war ich sicher, verstand ich etwas von meinem Patienten.)

André kam wieder mit der Mutter, sie schob ihn gleichsam die Treppe empor. Oben angekommen, klammerte er sich an ihren Arm. Ich schwieg, stand da wie ein Beobachter, fühlte mich schlecht. Sie mühte sich, ihn in den Raum zu bringen, André aber ließ sich auf den Boden des Flures fallen. Eine schreckliche Wut erwachte in mir, ich konnte kaum sprechen. Dieses Mal sprach ich gar nicht zu André, es war, als wäre er gar nicht da. Ich sprach zu der Mutter: »Sie können nun gehen, wir schaffen das.« André und seine Mutter starrten mich an, André ließ den Arm der Mutter los vor Schreck, so kam es mir vor. Die Mutter bewegte sich langsam zur Tür hin, sie stand ja noch offen. In einem wilden Sprung hielt André seine Mutter, die sich nur langsam bewegen konnte, auf. Er fasste erneut nach ihrem Arm. In einer ähnlich wilden Aktion fasste ich Andrés Arm, hielt ihn fest, er starrte mich verblüfft an. Ich schlug die Tür zu, schleppte ihn in meinen Raum und verschloss auch diese Tür. (Später dachte ich: Die Hexe, sie wirft ihn in ihren Stall.)

André warf rasend vor Wut einen neben der Tür stehenden Stuhl mit Karacho zu Boden. »Das geht gar nicht«, entfuhr es mir. Gleichzeitig begann ich zu denken, ich dachte: Es ist jetzt so. Der Stuhl muss umgestürzt am Boden liegen. André ließ sich gleich im Anschluss an seine wilde Aktion zu Boden fallen vor der Tür, wie beim letzten Mal. Er schien in sich zusammenzufallen, sein Körper verkrümmt wie ein Embryo, den Rücken mir zugekehrt.

Wie in der vorhergegangenen Stunde begann ich nach langen Phasen des Schweigens immer wieder zu sprechen. Es war vollkommen ungezielt, ich hatte keine Ahnung, was richtig wäre. Immer aber dachte ich: Ich will nun nicht aufgeben, ihn zu erreichen.

Einmal sprach ich darüber, wie es ihm nun wohl gehe in der Schule... Da begann er laut und heftig zu antworten, ich verstand ihn nicht und fragte nach. Eigentlich war ich unglaublich glücklich, dass André überhaupt etwas sagen wollte. Das war der Moment, in dem alles zu kippen begann. André schwieg. »André«, sagte ich, »ich habe dich gar nicht verstanden... Hast du gesagt (hier phantasierte ich, knüpfte an Berichte der Eltern an), du willst nicht in die Schule gehen?« Wieder murmelte André heftig, so heftig, dass ich kein Wort verstand. »Was hast du gesagt, André?«, fragte ich noch einmal nach. André schrie, und dieses Mal verstand ich alles: »Ich habe ganz viele Freunde in meiner Schule.« Das war der Moment, in dem ich fühlen konnte, dass alles kippte, dass ich endlich etwas verstehen konnte. »Wunderbar«, sagte ich.

Es war ein so kleines Wort, »wunderbar«. André aber hatte es gehört, er wandte, ja, er wandte seinen Blick, er drehte sich um zu mir. Er wollte sehen, ob ich das wirklich verstand: Er hatte viele Freunde in seiner Schule, er war ein Junge, der Bestand hatte. Ich fühlte, er sehnte sich nach meinem bewundernden Blick. Ich sollte endlich sehen, dass er, André, ein Kind war, mit dem die anderen zusammen sein wollten. Und ja, er war nicht nur der Junge, der sich einigelte, seinen furchtbaren Hass auf diese Weise zu überstehen trachtete und wie es einmal geschehen war, in dem Zustand seines Eingeigeltseins die Hand mit einer Glasscherbe zerritzt hatte, nein, er war André, ein Junge, der sich danach sehnte, mit seinen Freunden zu spielen und seine Höhle zu verlassen.

Ich sah, wie sein Kopf sich erneut dem Boden zusenkte, er dabei war, mir wieder den Rücken zuzukehren, ich dachte: Jetzt geht er zurück in seine Höhle, er tut sich weh, es tut weh da. Er wird es nicht ertragen können, ohne erneut einzuschlafen.

»André«, sagte ich, ohne weiter nachzudenken, »vielleicht willst du mit mir spielen, ich habe da einige Playmobilfiguren... vielleicht willst du?« »Was hast du denn?«, fragte er langsam. Ich stand auf und holte die Spielfiguren. Wir saßen zusammen auf dem Teppich, André begutachtete, was ich ihm gebracht hatte, und, ja, er begann zu strahlen, als er die Ritter und Römer sah. Er schlug sofort vor, ich sei nun die Römer, er die Ritter mit dem Drachenturm und der Kanone. Wir würden gegeneinander kämpfen. Wir brachten unsere Leute in Stellung. André schoss meine Leute gnadenlos ab, ich wusste kaum, wie ich mich wehren sollte.

In der nächsten Stunde, dies wurde nun ein Ritual für viele folgenden Stunden, brachte er einen großen Playmobil-Bison von zu Hause mit, er war wirklich riesig, er rannte in meine Figuren hinein, übermannte sie, sie hatten keine Chance. Mit großer Wucht und Freude vollzog André stundenlang die Aktion mit seinem Bison, der mich komplett überwältigte, all meine Figuren fielen um. André gab aber an: »Sie sollen wieder aufstehen, sie sind nicht tot, sie sollen kämpfen.« Dann begann alles erneut. Unser Spiel erinnerte mich an das Spiel von Kleinkindern, die es lieben, Türme, die man ihnen aufschichtet, umzuwerfen, voller Freude, erneut und erneut, strahlend. Und ja, André strahlte und strahlte. Er liebte unser Spiel, ein Spielraum entstand. Er musste nicht mehr in dieser ihn, einen kleinen Jungen, überfordernden Weise sitzen, stumm und gelähmt, den Rücken mir zugekehrt. Denn ich dachte: Es hatte ihn tief verletzt, dass er nun zu mir kommen musste, zur Hexe, die ihn seiner Mutter entriss und in ihren Raum geschleppt hatte.

(Und knüpfte er mit seinem Spiel nicht an an die Zeit, als er sich von seiner Mutter trennen musste im Alter von eineinhalb? Suchte er nicht nach einer Möglichkeit, von ihn bedrängenden, wütenden und aggressiven Gefühlen zu berichten?)

Unser Spiel war nicht besonders variantenreich. Ich suchte den Bison mit einem Lasso einzufangen, ich suchte ihn zu zähmen. André aber schlug mir all meine Versuche aus der Hand. Er wollte nur eines: Der wilde Bison sollte mich niederwerfen, ich sollte aber nicht sterben, denn er wollte weiterspielen. »Du musst kämpfen«, sagte er oft. Er wollte mich niederwerfen, aber ich sollte kämpfen und nicht untergehen, denn er wollte es genießen, mich erneut zu besiegen.

Er brachte bald auch einen Königssohn auf einem weißen Pferd mit. Der kämpfte aber nicht. Der Königssohn auf seinem Pferd wurde von André versteckt. Er sagte: »Der Königssohn, er muss in Sicherheit sein.« Ich bemerkte: »Das ist wichtig.«

André begann plötzlich sehr leise zu sprechen, fast zu flüstern: »Ich will niemals groß werden, niemals.« »Warum, André?«, fragte ich. »Ich will nicht, dass meine Eltern alt werden und sterben«, erwiderte er, »ich will für immer bei ihnen bleiben.« Ich nickte, ich verstand, wie ernst ihm das war. André, der wilde Bison, war auch der Königssohn auf dem weißen Pferd. Er musste geschützt werden, er sollte nicht kämpfen müssen. André tat mit dem Königssohn, was er sich so schrecklich wünschte, dass man es für ihn täte: ihn bewahren und schützen, verstecken, ausliefern nicht. Der Königssohn war André, der gar nicht hatte kämpfen hatte wollen. Der Bison, das war André, der kämpfen musste.

Dieser Patient hatte die frühe Trennung von seiner Mutter, sie wurde begleitet von der Geburt seines Bruders, unbewusst als ein zutiefst verwirrendes Ausgesetztsein erlebt. In den eineinhalb Jahren, die er mit ihr und der eineinhalb Jahre älteren Schwester verbracht hatte, war er ein »engelsgleiches« Baby gewesen, das die überforderte, depressive Mutter sowohl über die schreiende Schwester als auch den abwesenden Vater zu trösten suchte. Er verstand nicht, warum er plötzlich gehen musste. Zwei weitere Geschwister wurden in kurzen Abständen geboren. Vielleicht hatte er geträumt, er sei der Königssohn auf dem weißen Pferd, der die Mutter rettete. In der Fremde, der Krippe zunächst, wurde André zum wilden Bison. Er schlug um sich, er schrie und tobte. Zum Schluss, vor gar nicht langer Zeit, in einem Kellerversteck im Hause seiner Großeltern, ritzte er seine Hand, bis sie blutete, nachdem er seine Eltern, die ihn vertrösteten, gebeten hatte, ihn abzuholen.

Im Akt des Ritzens seiner Hand mit einer Glasscherbe (ich konnte es kaum glauben, er war ja noch so klein) richtete sich die Wut des wilden Bisons gegen sich selbst. André bedurfte, das verstanden die Eltern nun, sehr dringend eines Raumes für die ihn bedrängenden aggressiven Gefühle. Er sprach ja auch davon, nicht mehr leben zu wollen, sich aus dem Fenster seines Zimmers hinauszustürzen.

In unseren Stunden fand er in einer wirklich kreativen Weise die Bilder des wilden Bisons und des Königsohns auf seinem weißen Pferd. Ich verstand: Er sehnte sich zurück in die Zeit seiner Bedeutsamkeit, in die Zeit, als er seine Mutter hatte trösten können, ihr Königssohn geworden war, die Zeit, in der sie ihm anhing, zu schützen und wertschätzen trachtete, so gut sie es vermochte, die Zeit, bevor er in die Krippe kam, es war auch die Zeit, in der der Vater zurückkam, plötzlich, unvermutet. Das war die Zeit, in der der Königssohn zum wilden Bison mutierte.

Ich dachte lange über diese beiden extremen Bilder nach, den wilden Bison, der sich in alles hineinstürzte und letztlich sterben wollte, und den Königssohn auf dem weißen Pferd, der nicht kämpfen wollte und geschützt werden sollte. Ich phantasierte, der Königssohn werde einmal vielleicht eine Weise des Kampfes finden, er, auf seinem weißen Pferd, er wird nicht einem Bison gleich kämpfen, er wird sich nicht hineinstürzen in alles und sterben wollen... er wird eine elegante Weise des Kampfes wählen... er wird seines Sieges gewiss sein...

er wird schlau sein, so schlau wie André, darüber berichtete ich noch nicht, der im Alter von sieben Jahren rechnen konnte wie ein zwölfjähriges Kind. Damit vermochte er alle zu verblüffen. Zwar fiel ihm das Schreiben und Lesen schwer, im Rechnen war er der Königssohn; alle übertraf und erstaunte er. Einige Stunden lang hatte er mir vorgerechnet... mich bezirzt... es war aber so, das war nicht das, worauf es ihm ankam. André kam als wilder Bison zu mir, er warf und warf alles um, er vergaß, wie gut er rechnen konnte.

In unseren Behandlungsstunden entstand ein Spielraum. André sehnte sich danach, zu spielen, es war das immer gleiche Spiel. Aber es war ein Spiel. Er kam aufgeregt zu seinen Stunden. Wir bauten langsam, wirklich langsam und behutsam unsere Figuren auf, erinnerten uns an die Szenen der letzten Stunde. André benötigte viel Zeit und Raum, bevor es losging. Ich war immer wieder erstaunt über den Kontrast unseres sorgfältigen Aufbauens und der abrupt sich immer wieder herstellenden Szene, in der der Bison in meine Figuren raste, dann war alles vorbei, besser gesagt: begann erneut. Eigentlich war es so: Wir gaben uns schreckliche Mühe, alles herzurichten für den wilden Bison, für den Moment, in dem er zu rasen begann.

»Weißt du, was ein Einzelkind ist?«, fragte mich André am Ende einer unserer Stunden zögernd. Ich: »Ein Kind ohne Geschwister.« André nickte ernst. »Mein Freund ist ein Einzelkind«, bemerkte er. Es wurde plötzlich still zwischen uns. Es war schon alles aufgeräumt. André starrte vor sich hin, ich zögerte, wusste nicht, was ich sagen sollte. »Einzelkind«, bemerkte ich schließlich ernst, »vielleicht hast du manchmal davon geträumt, eines zu sein.« André nickte, dabei senkte er seinen Kopf. Plötzlich schoss es aus ihm heraus: »Ich würde dann jeden Tag mit meinem Papa und meiner Mama alleine spielen.«

Nach dieser Stunde fiel mir ein, was die Mutter berichtet hatte. Einmal, auf der Straße, hatte sie André, der sich geweigert hatte, einen Schritt vor den anderen zu setzen, sie waren auf dem Weg in den Kindergarten, geschlagen, sie hatte auf ihn eingedroschen und nicht aufhören können. Eine Menschenansammlung bildete sich, jemand rief die Polizei. »Ich habe geweint, als sie kamen, aber ich war auch froh, ich dachte, es soll nun einmal jemand sehen, dass ich nicht mehr kann... und, Frau Langer, es hat mich so beruhigt, als Sie uns davon erzählten, wie schwer es mit André war, ich dachte, es beruhigt mich.«

Ich empfand André nun oft als zart, ich sah sein Gesicht manchmal an, es war engelsgleich. Seine Zartheit betörte mich, ich nahm wahr, wie er begann, mich zu beobachten, Rücksicht zu nehmen mit seinen Aktionen mit dem wilden Bison, es trieb mir die Tränen in die Augen. Ich dachte: Macht er das jetzt für mich, muss er mich schonen? Aber ich sah auch, er gewann eine ganz neue Art von Lebendigkeit... er wollte gewinnen, nach wie vor, aber er wollte mich, meine Figuren, nicht mehr zerstören, töten, sie sollten auch nicht immer wieder aufstehen, nachdem sie zerstört worden waren, nein... manchmal wusste ich gar nicht, was er wollte.

Die Eltern berichteten mir, André habe von einem Freund gesprochen (inzwischen hatte André tatsächlich einige Freunde in der Schule gefunden, sie luden ihn zum Übernachten ein), der habe schreckliche Wutanfälle, der müsse nun auch zu Frau Langer gehen. Die Eltern erzählten auch, dass André sich sehr verändert habe, er wüte nicht mehr und werfe Möbel um. Man könne nun mit ihm sprechen, einen Weg aushandeln, manchmal aber, das sei ganz neu, weine er auch plötzlich. Es war nämlich so: André hatte nie geweint. Er hatte die Möbel umgeschmissen und getobt, geweint hatte er nie.

André fand ein neues Spiel in meiner Praxis: Tipp-Kick. Er liebte Fußball und plante, bald in einen Verein einzutreten. »Später werde ich mal Fußballer«, äußerte er (ich dachte sofort, will er nun doch groß werden), »ich rechne aber auch gerne«, fuhr er fort, »ich liebe es, das wird mein Hobby sein.« Tatsächlich griff sich André immer am Stundenende einen kleinen Taschenrechner, der sich unter meinen Spielsachen befand, und rechnete, sehr ernst und konzentriert. Er stellte Rechenaktionen an und versuchte, das Ergebnis mit den folgenden Aktionen auf Null zu bringen, was er mir mehrmals vorführte. Im Rechnen war er ein Wunderkind. Er besaß eine Fähigkeit der Konzentration, aber auch eine Lust an diesen Vorgängen, die ganz erstaunlich war. Ich bemerkte, dass er auch die Uhr, mit der er sich zu Beginn unserer Stunden noch nicht ausgekannt hatte, nun beherrschte und eine exakte Vorstellung von Zeiträumen besaß. Er sagte oft, jetzt haben wir noch zwanzig Minuten.

Im Tipp-Kick-Spielen war André gut, er besiegte mich einige Male, schrieb unsere Ergebnisse auf und verwahrte sie in seiner Mappe. André spielte dieses Spiel nach strengen Regeln, an die wir uns beide zu halten hatten. Dann kam es in einer Stunde dazu, dass ich deutlich besser war, André lag drei Tore zurück. Das hatte es bisher noch nicht gegeben. Ich dachte, ich hatte mich in dieser Stunde nun getraut, so gut zu spielen, wie ich spielen konnte, ich hatte ihm das zugemutet. Ich bemerkte, er rang schwer mit sich, er begann schließlich, das Spielfeld aus Stoff so zu knüllen, dass vor seinem Tor eine Bodenwelle entstand, ich nur sehr schwer noch ein Tor erzielen konnte. Ich sagte: »Oh je. Wie soll ich da drüberschießen?« André lächelte. Und dann, unvermutet, erzielte ich ein weiteres Tor. Ich merkte sofort, es war eines zuviel. Tränen schossen in seine Augen, er begann bitterlich zu weinen. »Das war jetzt zuviel«, sagte ich sofort, »es ist zu schwer, verlieren ist so schrecklich schwer.« André nickte unter Tränen. Ich: »Weißt du, wir könnten das ja so machen, wir spielen nächstes Mal weiter, für heute hören wir auf.« André sah mich erleichtert an. Ich fühlte, wie das alles über seine Grenzen gegangen war. Und ja, Tränen standen in meinen Augen, ich konnte mich nur schwer fassen. »Manchmal denke ich«, sagte ich langsam, »dass Verlieren schwerer als Gewinnen ist.«

Ich dachte lange darüber nach, seine Tränen hatten meine hervorgelockt. Da war etwas so schwer, so unendlich schwer. Ja, ich konnte es nicht ertragen, ihn verlieren zu lassen. Gleichzeitig dachte ich, es ist gut, wir gehen langsam, wir tasten uns heran. Es muss dieses Mal langsam gehen, erträglich sein. Und es war ja auch so: Andrés Tränen durften nun fließen. Es war mir bewusst, wir begaben uns in eine lange vergangene Zeit, eine Zeit, in der Verlieren den Verlust der Mutter bedeutete, eine Zeit, in der er nicht hatte weinen, sondern wüten müssen, eine Zeit, in der er der wilde Bison geworden war und alles hatte zerstören wollen, auch die Mutter, die er liebte, als deren Königsohn er sich gewähnte. Andrés Tränen, die nun fließen durften, enthielten einen unsagbaren Schmerz, es war der Schmerz eines alleingelassenen, gerade eineinhalbjährigen Kindes, die Tränen intonierten seine vollkommene Hilflosigkeit, etwas, was er immer gemieden hatte. In der Gegenübertragung erschienen sie mir unerträglich, ich suchte sie zu mildern, ich wurde in unseren Stunden die Mutter eines eineinhalbjährigen Kindes.

In der Schule kam es wenig später zu einem dramatischen Vorfall. Ein Kind entriss ihm ein aufgelesenes Stöckchen, worauf sich André wild auf dieses Kind stürzte. Eine Lehrerin versuchte zu vermitteln, André aber nahm die Entschuldigung des anderen Kindes nicht an. Er sank auf dem Pausenhof zusammen und war vollkommen unansprechbar, igelte sich ein, bis seine Eltern ihn abholen kamen.

Die Einsamkeit Andrés in der von ihm imaginierten Welt feindlicher Objekte, sein Ausgesetztsein in dieser hatte immer wieder eine traumatische Qualität, die man nur verstehen kann, wenn man sich zurückerinnert an die Szenen seines frühen Ausgeliefertseins, der Anforderung, nun ohne die Mutter sein zu müssen, damals, in der Krippe, als sein Bruder gerade geboren worden war und er davon geträumt hatte, der weiße Ritter der Mutter zu sein, damals, als der Vater zurückgekommen war und, vielleicht kann man das so verstehen, ihm sein Stöckchen entriss, ihn entmachtete.

Im Verlauf meiner Arbeit mit André verstand ich, warum er den Zahlen anhing, warum er das Rechnen so liebte, auch die Uhrzeit verstand er ja schon in der ersten Klasse zu lesen. Er schuf sich einen berechenbaren Raum, in dem er sicher war über die Zeit und den Ort seines Bleibens. Nichts, gar nichts wollte er dem Zufall überlassen, niemals wieder wollte er eine unendliche Zeit lang in der Krippe bleiben, verlassen von den von ihm geliebten Menschen. Es war schwer, sehr schwer für ihn mit den Worten, die ja nicht den Zahlen glichen und unberechenbar waren. Selten, sehr selten erlaubte er es mir, mit ihm zu sprechen. Es war dann immer so, dass er wie plötzlich eingefangen war in den Worten, die ich zu ihm sprach. Er schaute mich lange an, und ich konnte spüren, wie ich ein Lasso auszuwerfen wünschte, wie ich mich zu beherrschen trachtete. Manchmal war es wunderbar mit André. Er ließ sich tief fallen in das, was zwischen uns geschah... und es geschah wirklich viel... André weinte, wütete und fing sich selbst wieder ein. Es blieb schwer, sehr schwer, wenn ich Worte dafür zu finden suchte. André hasste die Worte, sie ängstigten ihn, sie bedrohten seine Sicherheit, die er in den Zahlen gefunden hatte... Meine Worte, ich fühlte das, waren unberechenbar für ihn, sie stürzten ihn in dunkle Räume, die er zu verlassen gesucht hatte, als er, einem Wunderkind gleich, sich der Welt der Zahlen zugewandt hatte. Ich verstand: Nie, nie wieder wollte er zurück in die unberechenbare Zeit, als er, nichts verstehend, die Mutter verlor und in der Krippe ausharren musste, bedrängt von ihn überwältigenden Gefühlen von Ohnmacht und Verzweiflung.

Er warf sich oft wild im Raum umher, wenn er den Ball unseres Tipp-Kick-Spieles zu fangen suchte, sein Körper prallte hart auf, sehr hart, immer wieder. »Es tut mir gar nicht weh«, sagte er. »Damals, als wir uns kennenlernten, André«, sagte ich einmal, »damals hattest du dir die Hände blutig geschnitten mit einer Scherbe, bei deinen Großeltern, es muss sehr weh getan haben.« Er sah mich an, völlig fassungslos, als sei ich vom Himmel gefallen... Wir schwiegen ungewöhnlich lange. »Ich habe alles vergessen«, sagte André schließlich zu mir, und ich fühlte, es tat weh, die Worte, die ich sprach, sie taten ihm weh. »Ich habe gedacht«, sagte ich leise, »damals…, du warst sehr, sehr allein, es war furchtbar, einfach nur furchtbar, und ich weiß gar nicht, wie du das überstanden hast, ich weiß es nicht.« André: »Ich weiß es und ich weiß es nicht, es ist besser, alles zu vergessen, es ist wirklich besser... Frau Langer, du musst jetzt weiter mit mir spielen.« Und André warf mir den Ball zu, so vieles hätte ich sagen wollen und verstand, nichts, gar nichts darfst du nun weiter sagen, denn ich begriff: Im darüber Sprechen empfand André noch einmal den schrecklichen Schmerz, und ich war in diesem Moment sicher, es war gar nicht der Schmerz der Glasscherbe auf seiner Hand, es war ein viel schlimmerer, namenloser Schmerz, der dem Ritzen vorangegangen war.

Und, so stellte ich mir das vor, der physische Schmerz hatte ihn beruhigt, er war an die Stelle seines Verlorenseins, seiner unendlichen Verzweiflung getreten über die Ferne seine Eltern, von denen er nicht sicher hatte sein können: Würden sie ihn retten... würden sie Rache üben, ihn für immer verstoßen... würden sie ihn finden in seinem Verließ?

Im Angesicht des bösen Objektes, so verstand ich André, existieren die Worte nicht, es haust in der wortlosen, nackten Zeit. In Andrés innerer Welt gab es wenig Worte. André wollte nicht sprechen. Es war schon unglaublich, dass nun seine Tränen fließen durften und mussten. Sie flossen bitterlich und unaufhörlich hinaus, wenn er nicht gewinnen konnte. Die von ihm gefürchteten Worte, die seiner Verzweiflung eine neue Art von Ausdruck hätten geben können, so dachte ich lange, schienen seine Tränen zu vertausendfachen.

Immer wieder kam er aber nach einiger Zeit zurück auf die einmal von mir gebrauchte Wendung: »Verlieren ist viel, viel schwerer als gewinnen, man muss so schreckliche Gefühle aushalten dabei.« Das war so eine Wortkette, einmal von mir geäußert, sie schien Bedeutung zu gewinnen für ihn, als bestünde sie aus Zahlen, es war eine neue Art von Logik darin, die André beschäftigte. Manchmal nickte er schwer, wenn er vor Wut stöhnend eines meiner Tore kassierte, und murmelte: »Es ist wieder schwer, so schwer.« Er, der sich meine Art der Fernschüsse abgeschaut hatte, bemerkte allerdings mit Lust, wie mich das in Bedrängnis brachte und ich sozusagen mit den Zähnen knirschte. Es gefiel ihm, das sehen zu können.

Der geplante Umzug der Familie in ein in Eigenarbeit umzubauendes Haus bedrohte Andrés neu gewonnene innere Flexibilität im Umgang mit seinen Gefühlen. Die Eltern waren real schwer belastet mit dem Umbau des Hauses, und es gab kaum noch einen Spielraum. Während sich die anderen Kinder gut einbinden ließen und Spaß an kleinen Arbeiten, z. B. dem Abreißen der Tapeten, hatten, tigerte André wie verloren auf dem Grundstück umher und rastete mehrfach aus, weil niemand mit ihm spielen wollte. Seine Haut juckte von dem Baustaub und er entwickelte einen trockenen, tickhaften, stoßweisen Husten. »André, du kämpfst da mit deinem Atem, manchmal ist alles schwer für dich, du musst da etwas machen mit deinem Atmen.« André: »Was ist das? Ich weiß nicht warum.« Ich: »Ich habe gedacht, da ist viel, viel Stress im Moment, deine Eltern haben wirklich wenig Zeit für dich... das muss schwer sein... weshalb du nun schwer atmest. Es macht dich wütend, dass sie keine Zeit mehr haben und an dem Haus bauen müssen.« Beschämt richtete André seinen Blick zu Boden und schwieg.

»Es ist wirklich, wirklich schwer«, fuhr ich fort, »auch bei mir musst du oft warten... es wird dich wütend machen... und ich habe gedacht, manchmal atmest du jetzt wie ein zorniger Bison.« André lächelte, und mir wurde schlagartig bewusst, wie selten er lächelte, wie ernst sein Gesicht war. Ja, ich hatte ihn weinen, ausrasten, sich einigeln, strahlen gesehen, aber wann hatte er jemals mit mir gelächelt?

André entwickelte sich stark in dieser Zeit, er gewann eine neue Art von Flexibilität, er tigerte nicht mehr verloren umher auf dem Grundstück des neuen Hauses. Er freundete sich mit einem Nachbarssohn an. Immer wieder aber kam er bei den Eltern auf den Grund seines Bei-mir-Seins zurück und sagte: »Ich gehe zu Frau Langer, dass es besser wird mit meiner Wut.« Er genoss es unglaublich, dass die Eltern nun große Probleme mit dem ältesten Sohn hatten, und verhielt sich währenddessen still und beobachtend. Es war ganz unglaublich: Die Seiten begannen sich zu wenden. Nun begannen alle anderen Kinder schwierig zu werden, André aber hielt sich heraus und beobachtete. Nun war er plötzlich das Kind, das ruhig sein konnte, wenn alle tobten. »Er geht nun zurück zum Anfang«, sagte ich einmal zu den Eltern, »er geht zurück in die Zeit, als er, so habe ich das für mich genannt, der Königssohn seiner Mutter war, es gefällt ihm, sich beherrschen zu können... manchmal habe ich Angst, nun will er Sie erneut trösten, wie damals, als die Schwester schrie... aber es ist auch neu... er beginnt, etwas zu verstehen... er denkt nach über seine Wut, er kann das fühlen, so will er nicht mehr sein, er sucht nach einem eigenen Weg.«

André, der seine Mutter verloren hatte vor einer lange vergangenen Zeit, als sie nicht mehr vermochte, von ihm zu träumen, ihn, selbst verzweifelt, allein lassen musste mit seiner Wut, seinem Schmerz; er gewann nun Anschluss an eine noch ältere Zeit. In den Behandlungsstunden, so schien es mir, fand er das lange vermisste Gefäß für die ihn überschwemmende Wildheit und Destruktivität, einen Spielraum. Er lernte es, zu lächeln und zu weinen, manchmal sprach er. Die ihn bedrängenden Gefühle schnitten sich nicht mehr in sein

Fleisch, manchmal dachte ich, es war sehr, sehr wichtig, dass er bei mir ein Einzelkind war. Ich schäme mich ein wenig, das zu berichten, aber André, in seiner klugen und wirklich hellen Art, sagte einmal fragend: »Frau Langer, ich glaube, du hast auch viele Geschwister.« Ich sah ihn erstaunt an, antwortete aber schnell: »Ja, André, vielleicht hast du das gemerkt, ich habe auch viele Geschwister.« André lächelte, sagte nichts weiter. Ich konnte aber merken, es gefiel ihm sehr, das erahnt zu haben.

Ein anderes Mal sagte er: »Es ist gut, dass ich dich gefunden habe. Ich bin auch froh, dass meine Eltern zu dir kommen. Du sagst ihnen, wie das geht mit mir.«

Manchmal dachte ich: André wurde mein Einzelkind, denn ich dachte so viel über ihn nach. Er war in dieser Zeit der einzige kleine Junge, den ich behandelte, er war wirklich ein Einzelkind für mich und ich genoss die Stunden mit ihm. Ich liebte es, wenn er kam, noch vor wenigen Monaten hatte ich die Luft angehalten. Nun aber gefiel es mir, meine Zeit mit ihm zu verbringen, es machte mir Spaß.

Wir hatten uns herausgearbeitet aus der schrecklichen Zeit, in der es kaum einen Spielraum gegeben hatte. Es war jetzt oft so still und langsam zwischen uns, es musste nicht mehr eins nach dem anderen passieren. Manchmal durfte ich sprechen, aber es war auch André, er sehnte sich nach den Worten. Sein Dasein als Zahlenwunderkind genügte ihm nicht mehr, man könnte auch sagen, dieser Abwehr bedurfte er nicht mehr in einer ausschließlichen Weise.

Er wagte sich hinein in die Welt der Worte, in die Beziehung zum Objekt, das nun eines war, das ihn manchmal enttäuschte, manchmal etwas Wichtiges von ihm verstand. Die Zustände des Sich-Einigelns, aber auch die des wilden, zerstörerischen Bisons, die Zustände, in denen mein Patient sich einem bösen, vernichtenden Objekt gegenüber empfunden hatte, verloren ihre Macht. Und das war ja auch er selbst, in der Behandlung fand er Anschluss an ein altes, unbewusstes Sehnsuchtsbild: das Bild des Königsohns auf seinem weißen Pferd.

Ich glaube, es war wichtig für ihn, in der Übertragung zu mir anknüpfen zu können an die alte Zeit, an die Zeit, als er der Königssohn der Mutter gewesen war. Denn, so schien es mir, auf diese Weise gelang es ihm auch, sich herauszuarbeiten aus der Zeit, in der die Mutter ihm zur Hexe ward, ihn aussetzte, in die Krippe brachte. Ich bin mir auch bewusst: Das Objekt, das er schließlich fand, war weder die Mutter des Königsohns noch die Hexenmutter. Das war das eigentlich Schwere: sich einzulassen auf eine Entwicklung, in der es nicht mehr schwarz und weiß gab (den Zahlen gleich).

Ich will noch einmal zurückkommen auf meine wilden Assoziationen am Anfang. André, der wilde Bison, der schwarze Panther, der Junge, der tobte, die Möbel umstieß, sich verweigerte, bis die Polizei kam und ihn einfing, er war gefangen gewesen in der Welt des bösen Objektes, gegen das er ankämpfte, zu dem er für die ihm liebsten Menschen wurde, für die Mutter vor allem, die ihn schwer enttäuschte, als deren Königsohn er sich gewähnt hatte. Sie verbannte ihn aus den Tropen, sie ließ ihn allein im Schnee. In der Krippe wurde er zum wilden Bison, zum schwarzen Panther. Schließlich ritzte er in seiner Einsamkeit und Verzweiflung sich die Hand auf, und in einer meiner wildesten Phantasien war ich mir sicher, er wollte sterben, damals. In der Behandlung fand er einen Ort für seine Bedürftigkeit, sein Verlorensein, André, das wilde, eingeigelte Zahlenkind näherte sich der Welt der Worte an, suchte dem ihn enttäuschenden Objekt erneut zu begegnen.

Es waren seine Tränen, die hatten fließen dürfen. Sie erlösten ihn, sie lösten einen alten Bann, in dem der wilde Bison, der ausgebrochene schwarze Panther, sich zu Tode zu hetzen schien, gepeinigt von namenloser Angst und Einsamkeit.

In seinem neuen Wohnort trat André dem Fußballverein bei. Er erzählte mir sehr zufrieden, dass er nun der Torwart seiner Mannschaft sei. Der Trainer habe ihn dazu ausgewählt, weil er ziemlich gut sei im Abwehren der Bälle. Ich schmunzelte in mich hinein, nicht über André, der mich mit seiner Nachricht verblüffte, nein, über mich selbst, denn ich war mir bewusst, ich hatte mir André immer als Stürmer, als voranstürmenden Bison, vorgestellt. Er war mir vorausgeeilt, so dachte ich. Er fand nun Gefallen daran, das Tor für seine Mannschaft zu schützen. Ich stellte mir vor, wie er sich in die Bälle hineinwarf, mit einer Art von eleganter Wildheit, wie es ihm gefiel, der letzte zu sein, der die feindlichen Bälle aufhalten konnte... und wie er dann auch manchmal der war, der damit scheiterte.

Literatur

Mahler, M. (1985): Die psychische Geburt des Menschen. Fischer: Frankfurt a. M.
Klein, M. (1962): Das Seelenleben des Kleinkindes. Ernst Klett: Stuttgart.

Iris Nikulka

WEIBLICHE SEXUALITÄT IN DER ADOLESZENZ HEUTE

Im Spannungsfeld von Hysterie, Chirurgie und Pornografie

In diesem Beitrag möchte ich den Versuch unternehmen, einen Fall von Hysterie mit allgemeinen Überlegungen zur Bedeutung von Pornografie für Jugendliche und Heranwachsende zu verknüpfen. Da ist vorab einiges zu klären. Eigentlich ist es problematisch, wenn nicht unzulässig, pauschal von Pornografie zu reden. Pornografie ist heute so omnipräsent wie vielgestaltig. Sie begegnet uns in der Kunst wie im Alltag, im Kino und gedruckt auf Papier, im öffentlichen Raum und am Computer, auf dem Smartphone, am Laptop... Und sie hat viele Gesichter. Wenn im folgenden Text von Pornografie die Rede ist, dann geht es um die massenhaft verbreitete, heterosexuell codierte Internet-Pornografie, die auf Plattformen wie *youporn* oder *pornhub* gratis verfügbar ist. In Ermangelung eines präziseren Begriffs könnte man auch von Mainstream-Pornografie sprechen. Dies tue ich im Wissen um das weite Feld der anderen Pornografie(n). Parallel zur Mainstream-Pornografie blüht eine vielfältige und kreative pornografische Sub- oder Gegenkultur, die sich ästhetisch wie sexualpolitisch von diesem Mainstream abgrenzt oder ihn explizit kritisiert. Queer Porn, Post Porn, feministische Pornografie und viele andere Subströmungen stellen die Deutungshoheit der Mainstream-Pornografie auf den »Schlachtfelder(n) der Schönheit« (Orbach, 2010) in Frage und besetzen eine wichtige Position im Diskurs um die Darstellung von Sexualitäten. Für den alltäglichen Pornokonsum von Jugendlichen, um den es in diesem Text geht, spielen diese Porno-Alternativen allerdings nur eine untergeordnete Rolle. Wir reden also vom breiten Strom, vom Massenporno, wissend um Alternativen und Subkulturen.

Massenporno – der Begriff suggeriert Präsenz und weite Verbreitung. Tatsächlich geht der folgende Text von der Omnipräsenz von Porno in unserem Alltag aus und demzufolge von einem grundlegenden Paradigmenwechsel im Verhältnis von öffentlich und privat. Die massiven Umwälzungen der Kommunikationstechnologien haben ebenso massive wie irreversible Veränderungen in unserem Umgang mit Sexualität zur Folge. Es geht hier nicht um eine pauschale Dämonisierung von Pornografie, sondern um die Anerkennung des »Porn Factor« (Paul, 2004) als prägendes Dispositiv unserer Gegenwart. Nach dieser Logik ist Porno keine Krankheit und kein Symptom, vielmehr tangiert der *Porn Factor* auch diejenigen, die Porno ablehnen, abwehren, verurteilen und bekämpfen. Ausgehend von diesen Überlegungen handelt es sich bei dem vorgestellten Fall nicht, wie man vielleicht erwarten könnte, um einen Patienten mit einem ausdrücklichen Porno-Problem, also etwa einen sogenannten Pornosüchtigen. In der Therapie meiner Patientin Anna spielt Porno auf der expliziten Ebene allenfalls eine Nebenrolle, ist aber als Subtext präsent, ohne an die Bewusstseinsoberfläche der Patientin vorzudringen. Diese subkutane Präsenz von Porno in der Vorstellungswelt von Jugendlichen (und Erwachsenen) anzuerkennen und mitzudenken, das erscheint mir eine Grundvoraussetzung zum Verständnis des Zusammenhangs von Hysterie, Chirurgie und Pornografie. Dass die gute alte Hysterie ausgerechnet im Zeichen der pornografischen Offensive wieder ihr altes Kleid anzieht, also in einer Zeit der – vermeintlichen? – Libertinage, das ist eine fast schon ironische Pointe, die analysiert werden will.

Anna und das Comeback der Hysterie

Meine Patientin Anna, die ich später vorstellen werde, leidet an einer Hysterie. Die Hysterie ist das Krankheitsbild, dem die Psychoanalyse ihre Entstehung verdankt. Die Hysterie ist das Krankheitsbild von Frauen, das im 19. Jahrhundert seinen soziohistorischen Höhepunkt erlangte und das in die Geschichte eingegangen ist. Und: die klassische Hysterie erlebt im 21. Jahrhundert offenbar ein Comeback, zumindest entspricht das meiner klinischen Erfahrung.

Über hundert Jahre ist es her, als Freud den symbolischen Wert der hysterischen Somatisierungen erkannte. Die Hysterikerinnen benutzten ihre Körper, um ihr seelisches Leid darzustellen. Freud hörte ihnen zu und entdeckte in ihren Erzählungen und Inszenierungen einen sexuellen Subtext, den er in Beziehung zur unbewussten infantilen Sexualität brachte. Mithilfe von jugendlichen Hysterikerinnen trat Freud (1901/1905) den Beweis für die sexuelle Ätiologie der Neurose an. Freuds Erkenntnisse von der infantilen Sexualität stießen allerdings in der viktorianischen Gesellschaft des angehenden 20. Jahrhunderts auf heftigen Widerstand. Das gesellschaftspolitische Klima war geprägt von Sexualangst und einer repressiven Sexualmoral, die keinen öffentlichen Diskurs über Sexualität und Körper zuließ und den Frauen wenig Spielraum für ihr eigenes sexuelles Begehren ließ. So spiegelten sich auch in Freuds Denken die gesellschaftlichen Machtverhältnisse zwischen Mann und Frau wider. Zwar gab Freud den Hysterikerinnen die Möglichkeit frei zu sprechen, doch blieb er in seiner Konzeption von Weiblichkeit auch ein Mann seiner Zeit. Den gesellschaftlichen Kontext konnte er nur bedingt mitreflektieren, was zu seiner bekannten Konzeptionalisierung von einer defizitären und kompensationsbedürftigen Weiblichkeit führte. Freud konnte den Frauen keine eigenständige Sexualität zugestehen, weil die herrschenden Vorstellungen von Geschlechterverhältnis und Sexualität das damals nicht zuließen.

Anything goes – Porno und Machbarkeitsmythen

Im 21. Jahrhundert hat sich die Situation, zumindest was den Umgang mit Sexualität angeht, im Vergleich zu Freuds Zeiten weitgehend umgekehrt. Ein Großteil der Verdrängung scheint aufgehoben, polymorphe Sexualität nimmt in unserer Gesellschaft einen breiten Raum ein, in der Theorie, im Diskurs, in den Medien, in der gelebten Praxis. Sexuell scheint alles möglich zu sein, solange es auf Konsensualität beruht. Wenn wir heute über weibliche (Psycho-)Sexualität in der Adoleszenz nachdenken, dann sollten wir also zunächst einmal einen Blick auf die veränderten sexuellen, gesellschaftlichen und kulturellen Bedingungen werfen, unter denen adoleszente psychosexuelle Entwicklungen stattfinden.

Die Sexualität ist in weiten Teilen der westlichen Welt enttabuisiert, die Gesellschaften sind aufgeklärt, anything goes. So scheint es zumindest, denn heute genügt ein Mausklick und schon können wir uns im Supermarkt der Sexualitäten, der weder Altersbeschränkungen noch Öffnungszeiten kennt, rund um die Uhr bedienen und dazu auch noch kostenlos. Eine prallgefüllte mütterliche Brust, die immer verfügbar ist.

Das Angebot in der medialen Welt hält für jeden Geschmack und für jedes Begehren etwas bereit. Was Freud einst an infantilen Sexualphantasien im Verdrängten seiner Patienten entdeckte, konkretisiert sich heute in gigantischen Bildarchiven, die allen, die Zugang zum World Wide Web haben, zur Verfügung stehen. Eine in unserem Zusammenhang entscheidende Bedeutung kommt dabei der Pornografie zu. Auf dem Weg vom schmuddeligen Bahnhofskino ins Internet hat ein wichtiger Paradigmenwechsel stattgefunden. Die Pornografie hat den Sprung geschafft aus der geächteten Nische in die Mitte der Gesellschaft, und hier vor allem: der Jugendgesellschaft. Die *digital natives* sind mit dem World Wide Web groß geworden, und sie sind *im* World Wide Web groß geworden. Teenager heute, ihre Kultur, ihr Wissen, ihre Kommunikation, ihre Freundschaften und Freizeitaktivitäten – alles ist digital geprägt. So ist es nicht verwunderlich, dass Pornos inzwischen für Jugendliche normal und Bestandteil ihres alltäglichen Medienkonsums sind, wie alle Studien belegen. Pornografie als Sozialisations- und Aufklärungsagentur für Jugendliche?

Ohne wirksame Hindernisse ist Porno heute jederzeit zugänglich und konsumierbar, auch für Kinder und Jugendliche. Auf dem Weg von der Nische ins Zentrum hat sich aber auch die Pornografie selbst verändert.

Im Zeitalter von Pornokino und VHS-Cassette wurde Porno zumeist in Form von Spielfilmen konsumiert. Der gezeigte Sex wurde in eine mehr oder weniger banale Rahmenhandlung verpackt. Der so entstandene Film zeigte eine Nummernrevue mit rudimentären Sinnzusammenhängen. Im Internet wird aus dem Porno-*Film* einfach nur: Porno. Die Rahmenhandlung verschwindet, der Sex *ist* die Handlung. Die Mausklick-Ökonomie führt zu einer Beschleunigung und Zerstückelung von Porno. An die Stelle des 90-Minuten-Films tritt der Clip. Zwei, drei, vier, manchmal zehn, seltener zwanzig oder dreißig Minuten lang. Die populärste, also meist verbreitete Art, Porno zu konsumieren, folgt der Warenhaus- oder Supermarkt-Logik. Wie vor dem Joghurt-Regal im Groß-Markt kann sich der Porno-Konsument aus einer Vielzahl von speziellen Geschmacksrichtungen bedienen. Für jeden Spezial-Geschmack bietet das Internet ein Repertoire an Clips, jeden Tag kommen neue hinzu. Um in diesem Porno-Waren-Angebot den Überblick zu behalten, kann sich der Konsument an Kategorien orientieren. Auf den populären Pornoseiten werden die Clips nach sexuellen Inhalten sortiert: von A wie Amateur und Anal bis V wie Voyeur und W wie Webcam finden sich alle gängigen sexuellen Praxen: Unter M sieht man Masturbation, O steht für Oralverkehr, den Handjob gibt's beim Buchstaben H, den Blowjob bei B. Dort findet man auch Bukkake. Bukkake ist japanisch, heißt so viel wie Spritzer und ist eine spezielle Gruppensex-Variante. Dabei ejakulieren mehrere Männer, manchmal mehrere Dutzend Männer auf eine Frau, die in der Regel in kniender Unterwerfungsgeste das Sperma aufnimmt. Die Männer bleiben in diesem Setting häufig anonym, man sieht ihre Gesichter nicht. Nach 10, 20, 30 Ejakulationen sieht die Frau aus, als habe sie eine Dickmilchdusche hinter sich. Und sie sieht dabei stets so aus, als habe sie große Freude an dem, was sie tut bzw. was mit ihr getan wird. Verwandte Kategorien sind Swallow und Cum Swapping. Bei Swallow wird Sperma geschluckt, von Frauen, mit Genuss, versteht sich. Beim Cum Swapping nimmt eine Frau das Ejakulat im Mund auf und spuckt es einer anderen Frau in den Mund, so geht das Sperma ein paar Mal hin und her, bis es dann geschluckt wird. Fast könnte man meinen, die Regisseure solcher Szenen hätten ein Drehbuch der Psychoanalytikerin Melanie Klein verfilmt: In einer polymorph-perversen Orgie kommt es zu einer neidischen Rache an der Mutter. Der Penis wird zur Brust, der Samen zur Milch, die Penis-Brust füttert die Frau mit ihrem Milch-Samen und besudelt sie, anale Erniedrigung inbegriffen.

Es geht mir hier nicht darum, diese polymorphen sexuellen Praxen moralisch oder ästhetisch zu be- oder verurteilen, ich möchte auch nicht bestreiten, dass es Frauen gibt, die an Bukkake oder Cum Swapping ihren Spaß haben. Es geht um etwas anderes: Wenn die sexuelle Kommunikation in Kategorien wie die genannten zerstückelt wird, dann werden auch die Körper symbolisch zerstückelt. Sex wird zu einer hochspezialisierten Interaktion von Partialobjekten, Körperteile werden von ihren Besitzern und Besitzerinnen abgetrennt. Sexuelle Interaktionen werden auf einen körperlichen Vorgang reduziert. Die Körper werden von psychischen, emotionalen Prozessen losgelöst. Gezeigt wird, was machbar ist. Und machbar ist vieles.

Die im Porno propagierten und visualisierten Machbarkeitsmythen wirken zurück auf die Sexualität der Pornokonsumenten. Und sie finden ihren Niederschlag in einem anderen Zweig der Sex-Industrie: der Prostitution. In modernen Bordellen können Choreografien aus der Pornografie nachgespielt werden, männliche Kunden können gewissermaßen ihren eigenen Porno drehen, mit sich selbst in der Hauptrolle. Das versprechen Angebote wie Flatrate-Sex. Freier müssen nicht mehr pro Verkehr bzw. pro Prostituierte bezahlen, sie zahlen eine feste Summe und können dafür so oft Sex haben wie sie wollen – und können. In der Großraum- & Swinger Club-Prostitution verschiebt sich also die Konstellation: weg vom paarweisen Hetero-Sex hin zu polymorphen

Variationen, die nicht selten ein Re-Enactment von Porno-Settings sind. Die neue Machbarkeit im All You Can Eat- / All You Can Fuck-Flatrate-Modus korrespondiert mit einer neuen, erweiterten Verfügbarkeit der – weiblichen – Prostituierten. Die sind die ersten Opfer dieser neoliberalen Sex-Deregulierung. Um Machbarkeit geht es auch bei einem in vielerlei Hinsicht bedeutenden Narrativ der Mainstream-Pornografie: die Doppelpenetration. Die gleichzeitige anale und vaginale Penetration der Frau durch zwei Männer ist längst nicht mehr die Königsdisziplin der Pornografie. Sie ist Standard. Mit welchen Auswirkungen? Zunächst wird auch hier der Mythos der Machbarkeit angerufen: Eine Frau, die keine zwei Penisse gleichzeitig inkorporieren kann oder will, ist sexuell nicht konkurrenzfähig, so die Drohkulisse. Schmerz darf nicht sein, Schmerz muss verleugnet werden. Außerdem ist der Siegeszug der Doppelpenetration ein weiterer Beleg für die Tendenz weg vom Hetero-Paar-Sex hin zum tendenziell öffentlichen Polymorph-Sex. In der durchaus strengen symbolischen Ordnung des heterosexuell codierten Massenporno ist Homosexualität erlaubt und erwünscht – wenn sie von Frauen praktiziert wird, die heterosexuellen Schönheitsidealen entsprechen und ihren lesbischen Sex als Stimulanz für Hetero-Männer inszenieren und diesen Hetero-Männern auch sexuell zur Verfügung stehen. Homosex zwischen Männern ist im Hetero-Porno nicht vorgesehen, dafür gibt es eigene Kanäle und Nischen. Was aber bedeutet das eigentlich, wenn heterosexuelle Männer gemeinsam Sex haben im Körper einer Frau, wenn sie gleichzeitig Anus und Vagina penetrieren, ihre Penisse sich also aneinander reiben, getrennt von einer dünnen Wand? Und was bedeutet es eigentlich, dass diese als heterosexuell codierte Praxis unter sich als heterosexuell definierenden Männern so beliebt ist? Und was bedeutet es eigentlich, wenn 13-jährige Jungs diese als heterosexuell codierte Praxis unter sich als heterosexuell definierenden Männern im Porno sehen? Nach der Schule, in der *schwul* immer noch das beliebteste Schimpfwort ist. Bei der Doppelpenetration wird die Frau gewissermaßen zum homosozialen Raum, in dem heterosexuelle – womöglich gar homophob eingestellte – Männer mal ganz unter sich die Sau rauslassen können. Anus und Vagina gewissermaßen als intime Steigerung von homosozialen Räumen wie Kneipe oder Fußballer-Kabine. Was passiert also mit einem 13-Jährigen, der Doppelpenetration als Hetero-Paradigma sieht, performt von muskulösen Männern mit überdurchschnittlich großen Schwänzen?

Das Natürliche wird pervers – Körperoptimierung digital, kosmetisch, chirurgisch

Der Boom der Pornografie im Internet geht einher mit dem Trend zur Körper-optimierung durch die so genannte Schönheitsindustrie. Die Pornografie spielt hier Lokomotive. Im Porno ist der chirurgisch manipulierte (Frauen-)Körper die Regel, der unbearbeitete, *natürliche* Körper die Ausnahme. In der Main-stream-Pornografie geht diese Umkehrung so weit, dass es eine eigene Gattung für Freunde unbearbeiteter Körper gibt. Wer sich für implantatfreie Brüste interessiert, entscheidet sich auf dem Pornomarkt für die Kategorie *Natural*. *Natürlich* ist demzufolge eine sexuelle Spezialität im nach Spezialinteressen sortierten Warenangebot. Eine unter vielen. Wie *Fetish* und *Fisting*, *Pregnant* und *Pissing*. Oder *Hairy*. Unter diesem Etikett begegnen sich unrasierte, also behaarte Körper. Das so genannte *Natürliche* wandert in die Nische, eine von vielen Spezialvarianten. Das ehedem so genannte *Perverse*, der bearbeitete Körper, wird zur Norm, das ehedem *Normale*, der unbearbeitete Körper, zum Perversen.

Ob Brasilien, Russland oder Italien: in vielen Ländern der Erde entsprechen so genannte Schönheitsoperationen als routinemäßige Maßnahmen der Selb-stoptimierung inzwischen der gesellschaftlichen Norm. In China beispielswei-se werden in manchen Berufen Mindestgrößen vorgeschrieben. Also lassen sich Menschen, zumeist weibliche, künstlich ihre Beine verlängern. Dazu müssen allerdings die Unterschenkel gebrochen werden (Stern, 2. 4. 2008).

Die realen Körper geraten immer mehr unter Anpassungsdruck und ver-suchen, der medialen Vorstellung digital geschönter und sexualisierter Kör-perbilder zu entsprechen. Mittlerweile sehen schon die Puppen der Mädchen so aus, als seien sie einem Softporno entsprungen. Wie reagieren Psyche und Körper der Heranwachsenden auf diesen Druck? Vor allem Mädchen haben offensichtlich das Gefühl, hart an ihrem Körper arbeiten zu müssen, um dem gängigen weiblichen Körperideal zu entsprechen und sexuell begehrenswert zu sein. Es gibt kaum eine jugendliche Patientin, die mit ihrem Körper zu-frieden wäre und nicht um ihr Aussehen besorgt ist. Suggeriert wird, dass der weibliche Weg zur Selbstverwirklichung einzig und allein über die Vervoll-kommnung des Körpers führt (Walter, 2010, S. 87). Meiner Meinung nach gibt es bei Mädchen/Frauen eine psychische Empfänglichkeit für die Angebote der

Schönheitsindustrie. Mädchen haben eine Disposition, ihre innere Unzufriedenheit auf den ganzen Körper zu projizieren, der dann als hässlich und ungenügend erlebt wird und deshalb ständig korrigiert werden muss. Wenn man das Gefühl hat, im Inneren wenig kontrollieren zu können, kann es sehr entlastend sein, wenigstens die Kontrolle über den äußeren Körper zu haben. Genau das verspricht die Schönheitsindustrie/-chirurgie.

Es wundert also nicht, dass die Seele den Körper instrumentalisiert und ihn als Austragungsort ihrer Konflikte benutzt. So genannte Körperstörungen nehmen zu: Dysmorphophobien (Ängste, hässlich und entstellt zu sein), Essstörungen, Selbstverletzungen, Somatisierungsstörungen und nicht zuletzt die Hysterie werden immer häufiger diagnostiziert, besonders bei adoleszenten Mädchen. Wie schon bei den jugendlichen Hysterikerinnen zu Freuds Zeiten wird der Körper benutzt, um auch auf die Problematik einer ganzen Gesellschaft aufmerksam zu machen.

Der Sexualwissenschaftler Pastötter (2008) sieht in der Pornografie eine Art Leitkultur, nach deren Normen sich viele junge Menschen richten und von der sie sich unter Druck gesetzt fühlen. Erstaunlich viele Jugendliche wünschen sich einer Befragung zufolge (Sexreport 2008) Genitalien wie Pornostars. Vor allem durch pornografische Vorbilder wurde in wenigen Jahren die Intimrasur zum Trend. Immer mehr Jugendliche folgen dieser Norm: 2006 praktizierten schon 54% der Mädchen die Schamrasur, 2009 bereits 65%; bei den Jungen stieg der Anteil von 24% auf 41% an. Der Boom operativer Verkleinerungen der Schamlippen (PP-Ausgabe: Deutsches Ärzteblatt, 2009), sogar von Jugendlichen nachgefragt, wird auf eine medial vermittelte Schönheitsnorm des weiblichen Genitales zurückgeführt, das auf immer dem eines jungen Mädchens – einer Jungfau? – gleichen soll. Ein zunehmender Normierungsdruck zeigt sich auch in der seit 2006 deutlich gesunkenen Zufriedenheit der Mädchen mit ihrem Körper (Dr. Sommer Studie, 2009). Die alltägliche vergleichende Wahrnehmung von Gewicht und Körper ist für viele Mädchen identitätsstiftend, und sie hat großen Einfluss auf ihr Wohlbefinden: Macht Pornografie unglücklich mit dem eigenen Körper?

Spurenelemente von Pornografie, ihre Stil- und Ausdrucksmittel, findet man allenthalben in der Popkultur, in der Kunst, in der Literatur. Sei es in den sexuell expliziten Romanen von Charlotte Roche, in einer Pole-Dance-Einlage von Kate Moss in einem Video der White Stripes oder in der pornoaffinen Performance einer Lady Gaga.

Eine fünfzehnjährige Patientin von mir bedient sich im Bilderreservoir von pornoaffinem HipHop und inszeniert sich sorgfältig als sexuell angriffslustige Bitch. Wie das Wort Nigger hat auch der Begriff Bitch im HipHop eine Umwertung erlebt. Ursprünglich heißt Bitch auf Englisch Hündin. Im übertragenen Sinn wird Bitch als erniedrigender und beleidigender Ausdruck für Frauen verwendet, also etwa Miststück, Schlampe oder Luder. Im misogynen Tonfall vieler HipHop-Songs steht die Bitch häufig als Synonym für die Frau schlechthin (außer Mutti). Im Zuge der Riot Grrrl-Bewegung der 1990er Jahre eignen sich Frauen den Begriff an und bezeichnen sich selbst als Bitch – im Modus der Selbstermächtigung drehen sie den Spieß um und tragen die Erniedrigung mit Stolz. So nannte sich eine bekannte Riot Grrrl-Band Seven Year Bitch, eine Anspielung auf den Hollywood Film »Seven Year Itch« von Billy Wilder aus dem Jahr 1955, deutscher Titel: »Das verflixte siebente Jahr«. Deutschlands bekannteste Bitch ist Dr. Reyhan Sahin. Die Radiomoderatorin und Sprachwissenschaftlerin aus Bremen promovierte über »Die Bedeutung des muslimischen Kopftuches«. Unter ihrem Alter Ego-Namen Lady Bitch Ray ist Sahin eine erfolgreiche Rapperin und gefragte Talkshow-Attraktion. Ihre Songs tragen Titel wie »Fick mich« oder »Deutsche Schwänze«, aber auch: »Ich bin 'ne Bitch«. Mit ihren spektakulären Fernsehauftritten hat Lady Bitch Ray die Figur der selbstbewussten und sexuell selbstbestimmten Bitch einem Massenpublikum nahegebracht, dabei bewegt sie sich geschickt in der bis dato unerforschten Grauzone zwischen Porno, HipHop und Akademie – und taugt so als Rollenmodell für junge Frauen, die sich als Bitch inszenieren.

Meine fünfzehnjährige Patientin hat freilich ein anderes Bitch-Vorbild. Für ihr morgendliches Make-Up braucht sie eineinhalb Stunden, chirurgische Veränderungen an ihrem Körper sind bereits detailliert geplant. Obwohl sie über eine beachtliche Oberweite verfügt, strebt sie eine Busenvergrößerung an, zudem Eingriffe an mehreren Gesichtspartien. Das Schönheitsideal, dem sie nacheifert, ist Katie Price. Price ist eine Art englische Antwort auf Paris Hilton. Allerdings pflegt das Nacktmodell Price eine größere Nähe zum Porno, im Internet kursieren diverse Clips mit einschlägigen Szenen. Auch ihr Körper entspricht den Porno-Vorbildern, permanent arbeitet Price an der Optimierung ihrer sexuellen Signalpartien: Lippen und Brüste werden vergrößert, der künstliche Umbau des Körpers wird Teil der Selbstinszenierung. Katie Price erschafft Katie Price. Genau diesen quasi künstlerischen, performativen Akt der Selbsterschaffung bewundert meine Patientin an ihrem Idol, wenn sie explizit formuliert: »Ich möchte künstlich aussehen.« *Künstlich* als begehrenswerte, avancierte Alternative zum *natural* Look. Sie möchte ihre Brüste vergrößern, ihre Lippen vergrößern, »weiblicher« aussehen, 10 Kilo zunehmen – Price ist der Gegenentwurf zum Modell Magersucht. In einem durchaus amüsanten performativen Akt kandidierte Katie Price im Jahr 2001 bei den britischen Unterhauswahlen. Ihr Wahlspruch: »For a Bigger and Better Future«. Für eine größere und bessere Zukunft versprach sie den Wählern kostenlose Brustvergrößerungen und die Abschaffung von Strafzetteln.

Die pornografische Wende – Erst sehen, dann tun?

Bodies – Schlachtfelder der Schönheit (2010) ist der Titel eines Buches der englischen Psychoanalytikerin und Feministin Susie Orbach . Darin analysiert Orbach die Veränderungen in unserem Umgang mit dem Körper – und unserer Wahrnehmung von Körper und Sexualität:

> Heute sind Geburt, Krankheit und Altern zwar immer noch Teil des natürlichen Lebenszyklus, zugleich aber auch etwas, das man durch persönlichen Einsatz unter Nutzung des medizinischen Fortschritts und der zur Verfügung stehenden chirurgischen Maßnahmen verändern oder stoppen kann. Unser Körper gilt jetzt als unser eigenes Produkt. Wir können ihn auf künstlichem Weg, mit bio-organischen Mitteln oder durch eine Kombination von beidem gestalten, doch welche Methode wir auch wählen, der Körper ist unsere Visitenkarte, das, was unsere Wachsamkeit und harte Arbeit oder andernfalls unser Versagen und unsere Schlamperei signalisiert. (Orbach, 2010, S. 47)

Unser Körper gilt jetzt als unser eigenes Produkt. Der Körper ist unsere Visitenkarte, sagt Susie Orbach. Diese beiden Grundannahmen haben sich in den Köpfen vieler Heranwachsender festgesetzt und prägen ihre körperlich-sexuelle Entwicklung ebenso wie die Pornografie. Die allgemeine Verfügbarkeit von Pornografie befördert einen Paradigmenwechsel, dessen Bedeutung und dessen Folgen wir heute noch nicht absehen können. Man könnte, analog zum *pictorial turn*, dem Siegeszug der Bilder über die Worte, von einem *pornographic turn* sprechen, einer pornografischen Wende. Im Jahr 2012 haben Jugendliche in aller Regel Sex bereits *gesehen*, bevor sie selbst Sex (mit anderen) *praktiziert* haben. Bevor sie selbst irgendeine Form von sexueller Beziehung zu einer anderen Person eingegangen sind, haben viele Kinder und die meisten Jugendlichen Hunderten von fremden Erwachsenen beim Sex zugeschaut – durch das digitale Schlüsselloch. Nach der Dr. Sommer Studie 2009 haben 69% der 13-jährigen Jungen und 40% der Mädchen Pornos gesehen. Bei den 17-Jährigen sind es 93% der Jungen und 80% der Mädchen. Und nicht nur das: In der Regel haben Jugendliche heute schon Variationen von Sex gesehen, von denen ihre Eltern noch nie etwas gehört, geschweige denn gesehen haben. Also müssen wir uns fragen: Was passiert mit dem Phantasieraum und der Psyche einer jungen Frau, wenn sie im Zuge ihrer Sexualaufklärung durch Porno sieht, mit welchem Genuss Frauen – zum Beispiel – das Sperma von Männern zu sich nehmen, sich ins Gesicht spritzen lassen, schlucken, es mit anderen Frauen tauschen wie beim Zungenkuss? Reagieren sie mit einer stillschweigenden Anpassung und unterwerfen sich dem Sperma-Genuss-Imperativ? Oder entwickeln sie eine Spermaphobie wie meine Patientin Anna?

Was passiert mit der Psyche eines jungen Mädchens, wenn es im Porno lernt, dass der männliche Penis jederzeit Zugang zu sämtlichen weiblichen Körperöffnungen haben muss, dass ein hingebungsvoller Blowjob zum sexuellen Alltag gehört wie der tägliche Besuch im Fitness-Studio, oder besser: in der Fitness-*Factory*, der Körper-Optimierungs-Fabrik des 21. Jahrhunderts?

Dazu eine kleine Zeitungsmeldung, die ich in Susie Orbachs Buch *Bodies – Schlachtfelder der Schönheit* gefunden habe:

> Die Schulbusfahrer für Mittelstufenschüler aus den Vororten von Philadelphia waren beunruhigt. Sowohl auf ihren morgendlichen als auch auf ihren nachmittäglichen Fahrten war ihnen aufgefallen, dass die Köpfe mehrerer Mädchen im unverkennbaren Rhythmus von oralem Sex über Jungenschößen auf und ab wippten… (…) Die Busfahrer wandten sich an die Schulbehörde, die gleichzeitig erfuhr, dass mehrere Jungen sich an Schulsozialarbeiter gewandt hatten, weil sie es als verwirrend und peinlich erlebten, dass die Mädchen oralen Sex initiierten. (Orbach, 2010, S. 141)

Man kann diese Szene als adoleszentes Probehandeln interpretieren. Offenbar glauben diese Mädchen, dass weibliche Sexualität in der oralen Befriedigung des männlichen Geschlechts besteht. Dabei folgen sie einer pornografischen Gebrauchsanweisung, die sich am Vorbild einer infantilen, prägenitalen Sexualphantasie orientiert: der Verbindung zwischen Mund und Penis. Fraglich ist, ob die pornografische Gebrauchsanweisung für diese Mädchen attraktiv war, ob sie eigenen Gefallen daran finden konnten und wollten oder ob sie die Gebrauchsanweisung gleichsam als Handlungsanweisung annehmen: so müssen wir es machen.

Gemeinsam schlüpfen die Mädchen in die Rolle einer Pornodarstellerin. Man kann das als kollektive hysterische Identifikation begreifen. Die Mädchen wollen einem Bild entsprechen, über das sie sich Anerkennung von den Jungs versprechen. Doch offensichtlich verfehlen sie das Objekt ihrer Inszenierung. Die Jungen wehren sich zwar nicht, reagieren aber deutlich verwirrt. Überforderung durch Porno.

Anhand dieser Szene kann man ahnen, wie schwierig und verwirrend der Umgang mit Körper und Sexualität für adoleszente und präadoleszente Mädchen heute ist. Hier stellt sich die Frage, ob die Enttabuisierung des Sexuellen noch eine befreiende und emanzipatorische Wirkung auf die Jugendlichen hat, wenn sie einhergeht mit einem via Pornografie medial kommunizierten sexuellen und körperlichen Leistungsdruck. Um diese Frage zu beantworten, möchte ich mich noch einmal der Adoleszenz zuwenden.

Genitale Potenz trotz Porno? Oder dank Porno?

Die Ankunft der Sexualität in Körper, Psyche und Bewusstsein wird von den Jugendlichen sehnlichst erwartet, aber auch als schmerzhafter und verwirrender Einschnitt erlebt. Gewinn und Verlust, Enttäuschung und Erfüllung liegen in der Adoleszenz nahe beieinander. Die Auseinandersetzung mit dem sich verändernden Körper und der Genitalität stellt hohe Arbeitsanforderungen an die Psyche der Jugendlichen, da sich zeitgleich präödipale Strukturen und infantile Konflikte aktualisieren und unter den veränderten körperlichen Voraussetzungen der Geschlechtsreife neu geprüft werden müssen. Die Adoleszenten haben mit gravierenden Verwirrungen zu kämpfen, da sich durch den Triebdruck die für die Latenzstruktur typischen rigiden Spaltungen auflösen. Daraus folgt erneut eine Unsicherheit in Bezug auf Unterschiede und Abgrenzungen: innen vs. außen, adult vs. infantil, gut vs. böse, männlich vs. weiblich (siehe: Meltzer, 2007, S. 78). Diese Unsicherheit ist charakteristisch für die präödipale Entwicklung und kennzeichnet ein sehr fragiles narzisstisches Gleichgewicht. Auf dem Weg zu ihrer psychosexuellen Selbstfindung brauchen die Jugendlichen vor allem Zeit, gute innere präödipale Voraussetzungen, eine geduldige, belastungsfähige Umwelt und geeignete gesellschaftliche Bedingungen.

Die adoleszenten Entwicklungsaufgaben sind im klassisch psychoanalytischen Konsens, der in der Moderne diskussionswürdig erscheint, die folgenden:

– Abschied vom kindlichen Körper und Integration der sexuell reifen äußeren und inneren Genitalien in das Körperbild.
– Ablösung von den primären Liebesobjekten, den ödipalen Eltern bei gleichzeitiger Aufrechterhaltung der Bindung zu ihnen.
– Anerkennung der Urszene, des Generationsunterschiedes und des Geschlechtsunterschiedes.
– Integration der infantilen Partialtriebe und polymorph-perversen Phantasien in die Genitalität.
– Umgestaltungen des Über-Ichs und Ich-Ideals durch neue Identifizierungen.
– Aufgabe der Illusion der unbegrenzten Möglichkeit der Bisexualität.
– Fähigkeit zur sexuellen Selbsterforschung durch Masturbation.
– Fähigkeit zu nicht-inzestuösen Liebesbeziehungen.
– Festlegung auf eine Geschlechtsidentität bei gleichzeitiger Fähigkeit zur »Kreuzidentifikation«, verbunden mit der Möglichkeit jeweils andersgeschlechtliche Identifizierungen und Repräsentationen ins eigene männliche und/oder weibliche Selbstbild integrieren und nutzen zu können.
– Die Genitalien in Bezug auf den anderen lustvoll und produktiv nutzen zu können und eine Orgasmusfähigkeit zu entwickeln.

Aufgrund ihrer unterschiedlichen Körperlichkeit unterscheidet sich die adoleszente Entwicklung des Mädchens an einigen Punkten von der des Jungen. Die Menstruation verwandelt den weiblichen Innenraum in einen genitalen Fortpflanzungsraum. Dadurch drängt er sich automatisch als Ort der eigenen potentiellen Urszene auf, da das Mädchen jetzt die Möglichkeit hat, ein Objekt sexuell und mütterlich im eigenen Körper zu bewahren (King, 1995). Dadurch werden ungelöste, frühe genitale Ängste angetriggert, die mit den charakteristischen Merkmalen der weiblichen Genitalien zusammenhängen und die über die Kastrationsängste der Jungen hinausgehen bzw. sich deutlich von ihnen unterscheiden.

Doris Bernstein (1990) hat einige der genitalen Ängste der Mädchen/Frauen sehr eindrücklich beschrieben: die Angst vor dem Zugang, dem Eindringen und vor der Diffusion. Im Vergleich mit dem Jungen hat das Mädchen keinen leichten visuellen und taktilen Zugang zu ihren Genitalien. Sie befinden sich zum Teil im Körperinneren, sie entziehen sich dem Blick und der offensichtlichen (Er-)Kenntnis. Das erschwert dem Mädchen die Repräsentation jener Teile des eigenen Körpers, in denen sie die intensivsten Empfindungen hat. Wenn das Mädchen Erregung verspürt oder sich sexuell selbst erforscht, »gibt es eine Diffusion von Sinneserfahrungen auf andere Regionen; überall wo es sich berührt, wird eine weitere Körperregion stimuliert. Die Lokalisierung verschiebt sich nicht nur innerhalb des Genitales, von der Klitoris zur Vagina, sondern auch auf das Becken sowie auf urethrale und anale Sinnesempfindungen. Diese Reizausbreitung beim Mädchen steht im Gegensatz zum Knaben, bei dem die Reizung sich konzentriert.« (ebd., S. 534)

Im Mainstream-Porno konzentriert sich die Aufmerksamkeit auf die Reizung des männlichen Genitals. Höhe- und Schlusspunkt einer jeden Filmsequenz ist die männliche Ejakulation, der sogenannte Cum- oder Moneyshot. Aus Gründen der Sichtbarkeit – als Authentizitätsbeweis – muss dieser Komm-Schuss außerhalb des weiblichen Körpers gesetzt werden. In der Regel ejakuliert der Mann ins Gesicht oder in den geöffneten Mund der unter seinem Penis knienden, empfangenden Frau. Dieses ritualisierte Setting folgt der Logik und Ökonomie (*Money*shot) des Porno. Man könnte darin aber auch noch etwas anderes sehen: eine Verlagerung des sexuellen Geschehens weg vom komplizierten, geheimnisvollen, furchterregenden genitalen Inneren der Frau, hin zum frei stehenden männlichen Genital, in dem sich linear alle Reizung konzentriert – bis zur sichtbaren Entladung.

Die Angst der Frau bzw. des Mädchens vor dem Eindringen des Penis resultiert aus der Fantasie des ungeschützt Offenen des weiblichen Genitales und der daraus folgenden fehlenden Kontrolle über diese Öffnung (ebd., S. 192).

Zwei zusätzliche Ängste entstehen während der Adoleszenz, wenn Mädchen mit der Feuchtigkeit und der Menstruation konfrontiert werden. Die neu entstehenden *Feuchtgebiete* evozieren Erinnerungen an Ängste und Konflikte, die mit der frühkindlichen Blasen- und Sphinkterkontrolle zusammenhängen (ebd., S. 192).

Ob produktive oder zerstörerische Fantasien über das Körperinnere die Oberhand gewinnen, das hängt vor allem von der Qualität der Urszenenfantasie ab. Um die Potenz ihres inneren Raums nutzen zu können und den Penis als Verbindung zwischen Subjekt und Objekt zu akzeptieren und unter Umständen sogar Gefallen an der Penetration zu finden, dürfen die Urszenenfantasien des Mädchens nicht zu destruktiv ausfallen. Damit das Kind seinen Ausschluss aus der Urszene ertragen kann, braucht es intrapsychische Objektkonstanz und Triangulierung. Für Winnicott »hängt die Fähigkeit eines Menschen zum Alleinsein von seiner Fähigkeit ab, mit den durch die Urszene geweckten Gefühlen fertigzuwerden. In der Urszene wird eine erregte Beziehung zwischen den Eltern wahrgenommen oder vorgestellt, und dies wird von dem gesunden Kind akzeptiert, das den Hass bezwingen und ihn in den Dienst der Masturbation stellen kann. In der Masturbation wird die ganze Verantwortung für die bewusste und die unbewusste Phantasie von dem einzelnen Kind übernommen, das die dritte Person in einer Dreier- oder Dreiecksbeziehung ist. Unter diesen Umständen allein sein zu können, setzt eine Reife der erotischen Entwicklung, eine genitale Potenz oder die entsprechende weibliche Annahmebereitschaft voraus; es setzt eine Verschmelzung der aggressiven und erotischen Impulse und Vorstellungen und ein Ertragen der Ambivalenz voraus; gleichzeitig mit all diesem besteht natürlich eine Fähigkeit des Individuums, sich mit beiden Eltern zu identifizieren.« (Winnicott, 1958, S. 39)

Diese von Winnicott so genannte »Kreuzidentifikation« (Winnicott, 1971) in der Urszene befähigt das Kind bzw. den Jugendlichen, sich auch mit dem jeweils anderen Geschlecht zu identifizieren und sowohl männliche als auch weibliche Repräsentationen ins eigene Selbstbild aufnehmen zu können.

Frühe Traumatisierungen und Mangelerfahrungen, konflikthafte innere Objektbeziehungen, unsichere Selbst-Objekt-Abgrenzung und ungelöste innere Konflikte erschweren natürlich diesen Prozess.

Es dürfte deutlich geworden sein, dass der adoleszente Entwicklungsprozess sozusagen »naturgegeben« sehr störanfällig ist. Man muss nicht lange nachdenken, um zu erkennen, dass die pornografische Bilderwelt, wie wir sie aus dem Mainstream-Porno kennen, diese Entwicklungsmöglichkeiten des Jugendlichen an vielen Punkten geradezu konterkariert, denn sie negiert, banalisiert oder vereindeutigt alles Konflikthafte. Porno suggeriert, dass alles möglich ist und man auf nichts verzichten muss. Im Porno begegnen sich nicht ganze Objekte, Porno beruht auf Partialobjektbeziehungen und auf Spaltung. Im Porno werden hochambivalente, partialobjekthafte orale und anale Wünsche und Fantasien in Szene gesetzt, die destruktiven Urszenenfantasien entsprechen. Diese Art der Pornografie und ihr Konsum sind der genitalen Entwicklung von Jugendlichen also eher hinderlich und dazu geeignet, insbesondere die weiblichen genitalen Ängste zu verstärken.

Beim Porno wird die erogene Zone des Auges angesprochen, es geht um die Schau- und Zeigelust. Der jugendliche Pornografiekonsument bewegt sich im Netz im Schutz der Anonymität, was sein Über-Ich entlastet. Trifft das pornografische Material allerdings unvorbereitet auf jugendliche Augen, die es nicht gesucht haben, können die Bilder eine überwältigend traumatische Wirkung entfalten. Dann kann die Konfrontation mit den mühsam abgewehrten Fantasien aus dem infantilen polymorph-perversen Bereich dazu führen, dass die bisherige, in der Adoleszenz immer fragile Balance zwischen Trieb und Abwehr aus dem Gleichgewicht gerät. Das wäre Überforderung durch Porno.

In diesem Zusammenhang drängt sich noch eine weitere Frage auf, die nur auf den ersten Blick paradox erscheint: Korrespondiert die weithin konstatierte Pornografisierung unserer Gesellschaft möglicherweise mit dem realen Rückgang der sexuellen Aktivitäten von Jugendlichen? Oder, zugespitzt gefragt, könnte der Pornoboom gleichsam als Droh- und Druckkulisse funktionieren, auf die immer mehr Jugendliche mit Rückzug, Verzicht und Desinteresse an realem Sex reagieren? Bereits 1995 sprach Gunter Schmidt von einer »Entsexualisierung der heterosexuellen Welt«, weil Studien belegten, dass die sexuelle Unlust bei heterosexuellen Paaren zunahm und demzufolge die Koitushäufigkeit abnahm. Auch die jüngste Studie zur Jugendsexualität 2010 (Bundeszentrale für gesundheitliche Aufklärung) bestätigt diese Tendenz. Seit Mitte der 1990er Jahre stagniert die sexuelle Aktivität der Jugendlichen und ist jetzt sogar rückläufig. Verglichen mit der letzten Erhebung von 2005 sank bei den 14-jährigen Mädchen der Anteil derer, die bereits Geschlechtsverkehr hatten, deutlich von zwölf auf sieben Prozent, bei den gleichaltrigen Jungen sogar von zehn auf vier Prozent. Auch bei den 17-jährigen Mädchen reduzierte sich der Anteil derjenigen mit Sex-Erfahrungen um sieben auf 66 Prozent, bei den Jungen dieser Altersgruppe blieb er mit 65 Prozent nahezu konstant. Die Unzufriedenheit und die Unsicherheit mit der eigenen Sexualität nehmen bei Jugendlichen bei gesteigertem Pornokonsum offenbar eher zu als ab.

Obwohl es sich anbietet, möchte ich weder in eine pauschale Verurteilung der Pornografie noch in eine kulturpessimistische Zivilisationsskepsis einstimmen, die dem Medium in die Schuhe schiebt, was Menschen selbst hervorgebracht haben. Nicht *das* Internet ist schuld, denn *das* Internet ist von Menschen gemacht. Fragen wir uns also lieber, welche Funktion der Pornografiekonsum für das Unbewusste der Jugendlichen haben könnte.

Vordergründig geht es um sexuelle Erregung, um Triebbefriedigung. Worum geht es hintergründig, welche Bedeutung hat dieser Konsum im Unbewussten? Es ist bekannt, dass Sexualisierung als Abwehr von Aggression und Angst genutzt werden und der Stabilisierung eines fragilen Selbst dienen kann. In diesem Sinne kann man sich gut vorstellen, dass vor allem männliche Jugendliche die Pornografie nutzen können, um ihre Kastrationsangst zu mildern, indem sie identifikatorisch an den männlichen Macht- und Potenzgesten teilhaben. Auch finde ich es überlegenswert, ob der Pornokonsum von Jugendlichen die Funktion einer Art vorübergehender (perverser) Miniplombe im Sinne Morgenthalers (1984) erfüllen könnte. Diese Miniplombe oder auch Prothese hat die Aufgabe, Aggression, narzisstische Wut und Destruktion zu binden und zu absorbieren. So erleichtert und entlastet sie das soziale Funktionieren der Jugendlichen. In diesem Sinne hätte der Pornokonsum eine produktive Schutzfunktion. Allerdings glaube ich, dass Mädchen im Allgemeinen diese Abwehrfunktion von Porno nicht so gut nutzen können, es sei denn, sie haben eine masochistische Fixierung oder können sich gut mit der männlichen Position identifizieren. Exemplarisch formuliert Charlotte Roche das Dilemma mit der ihr eigenen Drastik: »Es gibt eine so schöne Bandbreite für Männer, sie haben so viele Gelegenheiten – Porno im Internet, Wichskabinen... es ist so eine Riesenschande, dass wir Frauen das nicht haben.« (Walter, 2010, S. 134)

Wir sind alle Amateure – Porno und neue Tabus

Meiner Erfahrung nach ist auch eine entwicklungsfördernde Nutzung von Porno möglich. Jugendliche, deren narzisstische Entwicklung günstig verlaufen ist, können Pornos als Übergangsraum nutzen, als Probehandeln, das auch Selbstpositionierung und Abgrenzung ermöglicht im Sinne von: »das will ich nicht«. Ich spreche hier bewusst allgemein von den Jugendlichen. Denn obwohl alle vorliegenden Statistiken belegen, dass männliche Jugendliche mehr Pornografie konsumieren als weibliche, partizipieren nach meiner Erfahrung auch Mädchen an Porno. Zumal sie gar nicht anders können, weil die Porno-

Erfahrung eine Erfahrungsmatrix in Fragen von Körper und Sexualität darstellt.

Der »Porn Factor«, so die Kulturkritikerin Pamela Paul (2004), hat den Kontakt zwischen Jungen und Mädchen erfasst, Pornografie wird zu einem Ferment ihrer Kommunikation, sie ist nicht mehr wegzudenken, nicht mehr auszulöschen aus den einmal angetriggerten sexuellen Phantasien. Eine wichtige Rolle spielt in diesem Zusammenhang der Nachahmungseffekt. Dieser wird begünstigt durch moderne Technologien. Per Fotohandy drehen immer mehr Jugendliche ihre eigenen Mini-Pornos, die sie dann ins Netz stellen. Die Grenze von Porno-Profi und Porno-Amateur verschwimmt, tatsächlich ist die Kategorie »Amateur« ein Wachstumssegment in der Porno-Branche. Weit verbreitet ist das so genannte »Sexting«, das Versenden von erotischem Material per Handy. Die ganz jungen Amateur/innen verschicken Nacktfotos von sich selbst oder von Freundinnen und Freunden. Beliebt sind auch »vorher – nachher«-Fotos, die weibliche Jugendliche von sich ins Netz stellen. All diese geschilderten Prozesse sind so massenhaft wie irreversibel. Weder wird in absehbarer Zeit das Internet abgeschaltet werden, noch werden wir wirksame Methoden finden, den Pornokonsum von Jugendlichen zu unterbinden. Daher ist der Versuch, einen Status Quo der Prä-Internet-Porno-Ära wiederherzustellen, zum Scheitern verurteilt. Verbot und Zensur sind keine geeigneten Mittel in diesem Feld. Zwischen Erwachsenen und Jugendlichen, Eltern und Kindern, Lehrern und Schülern muss ein bewusster und offener Diskurs mit der Pornografie stattfinden, nennen wir es Aufklärung 2.0.

Zurück zum Thema und der aus meiner Sicht entscheidenden Fragen: Werden mit der Enttabuisierung des Sexuellen, wenn sie sich immer mehr in einer Pornografisierung der Gesellschaft ausdrückt, nicht neue Tabus errichtet? Das Tabu des sexuell nicht leistungsfähigen Körpers? Das Tabu des sexuell nicht allseitig verfügbaren Körpers? Das Tabu des sexuell nicht zu Allem willigen Körpers? Werden hier neue Machbarkeitsmythen etabliert? Wird hier nicht im Sinne von Marcuse eine repressive Entsublimierung der Sexualität betrieben und somit die Enttabuisierung zum Instrument der Disziplinierung, der Unterdrückung? Killt der Overkill an öffentlicher Sexualität die private/intime Sexualität? Oder erleben wir eine von der größeren Sichtbarkeit des Pornografischen forcierte Entmischung und Ausdifferenzierung sexueller Aktivitäten und Vorlieben, in der der heterosexuelle Koitus eben nur noch eine Praxis unter vielen ist? Pornokonsum könnten wir dann auch als eine Form von »neuer kultureller Selbstpraxis« im Sinne von Volkmar Siguschs (2005) Begriff der Neosexualitäten begreifen.

All diese Fragen sind meiner Ansicht nach noch längst nicht beantwortet, die Phänomene noch nicht verstanden. Aber wir sollten sie nicht verdrängen, wenn wir jetzt im 21. Jahrhundert über weibliche Sexualität in der Adoleszenz nachdenken. Sie stehen gewissermaßen in der Kulisse, sie laufen als Film im Hintergrund, wenn sich unsere Perspektive jetzt nach innen richtet und wir uns anschauen, wie meine Patientin Anna, die an einer hysterischen Störung leidet und unter anderem eine panische Angst vor Sperma entwickelt hat, unter diesen äußeren Umständen ihre inneren adoleszenten Aufgaben, Konflikte und innergenitalen weiblichen Ängste löst. Dabei geht es mir nicht um eine ausführliche Fallvorstellung, sondern ich fokussiere auf die für unser Thema relevanten Szenen.

Falldarstellung: Anna, 15 Jahre alt

Nur sicher zu dritt – Die Urszene

Die fünfzehnjährige Anna kommt zu mir, weil sie seit ihrem 11. Lebensjahr unter heftigen Angstzuständen leidet, sobald sie sich von ihren Eltern trennen muss. Ihre Eltern können zu zweit nichts mehr unternehmen, weil Anna panische Angst vor einem »Verkehrsunfall« der Eltern hat.

Anna präsentiert sich mir zunächst als »kleines, unschuldiges, körperloses« Mädchen mit Hang zur Dramatisierung, der Fähigkeit zu starker Erregbarkeit und mit aktiven Abhängigkeitswünschen. Sie fühlt sich nicht wohl in ihrem Körper und findet sich minderwertig und hässlich. Außerdem fühlt sie sich ohnmächtig einer fremden inneren Macht ausgeliefert, die sie zu überwältigen droht. Unter Tränen berichtet sie mir von ihren dramatischen Angstzuständen auf der letzten Klassenfahrt. Schon vor Reisebeginn hatte sie Angst vor »diesem Gefühl, das wie ein Vulkan in mir aufsteigt, mein ganzes Inneres erfasst, sodass mir schwindelig und schlecht wird, um dann zum Schluss in meinem Kopf zu explodieren, so dass ich nicht mehr denken, sondern nur noch fühlen kann«. Wie erwartet bekam Anna dann schon auf der Hinreise im Bus

Heimweh und panische Angst, dass ihre Eltern während ihrer Abwesenheit bei einem Verkehrsunfall zu Schaden kommen könnten. Dauernd musste sie sich telefonisch rückversichern, ob es ihnen gut geht. Nach zwei elternlosen Tagen war Anna am Ende. Sie ging in Hungerstreik, legte sich ins Bett und fiel in einen apathischen Zustand. Damit machte sie ihrer Lehrerin Angst, die sofort ihre Eltern benachrichtigte. Ihr Vater holte sie schließlich ab. Anna schämte sich.

»Ich fühle mich nur zu dritt sicher«, macht Anna mir unmissverständlich klar. Anna beschreibt sich als ideale Tochter von idealen Eltern. Alles ist harmonisch: mit ihren Eltern kann sie über alles reden, nie gibt es Streit. Ihre Eltern jemals zu verlassen, das kann sie sich nicht vorstellen. Aggressionen und Konflikte verleugnet sie.

Anna strebt nach Harmonie in ihren Beziehungen und zeigt einen ausgeprägten Wunsch, von den anderen geliebt zu werden. Das überträgt sie auch auf mich. Anpassungsbereit und ohne Widerstand nimmt sie freundlich meine Kommentare und Deutungen in den Erstgesprächen auf, ohne sich jedoch davon berühren zu lassen. Anna passt sich schnell den Wünschen anderer an, und sie orientiert sich ebenso schnell an der Meinung anderer, so dass sie schwer ihr Eigenes spüren und vertreten kann, so mein erster Eindruck.

Am Ende der Erstgespräche erzählt mir Anna einen immer wiederkehrenden Alptraum, der sich als richtungweisend für den weiteren Therapieverlauf erweisen wird und Annas Kernkonflikt zeigt:

In ihrem Traum *steht Anna hinter einer dunklen, aber durchsichtigen Wand. Sie beobachtet ihre Eltern, die auf der anderen Seite der Wand gemeinsam im Auto sitzen und wegfahren. Anna will zu ihnen. Doch die Wand, die Anna von ihren Eltern trennt, ist für sie undurchlässig. Anna kann ihre Eltern nicht erreichen und bleibt verzweifelt.* Und – wie ich hinzufügen möchte – erregt zurück.

Anna kann in diesem Traum den »Verkehr« der Eltern nicht kontrollieren. Sie macht sich zur Zeugin der Urszene und zeigt wie unerträglich sie ihr Ausgeschlossensein erlebt. Sie möchte dazu gehören und bleibt doch isoliert und gedemütigt allein zurück.

Nichts sehen, nichts hören, nichts wissen – Ohnmacht

Die Gesamtsituation in den ersten Monaten der Therapie ist geprägt von Annas manischer Abwehr. Eine Abwehr, die kaum zu erschüttern ist. Anna ist immer gut gelaunt, angepasst und freundlich. Auf einem hohen Erregungsniveau redet sie wie ein Wasserfall, ohne dabei etwas von Bedeutung zu sagen. Sie spricht vor allem über ihre äußere Realität. Dabei ist ihr Material oberflächlich und ihre Assoziationen sind mager. Sie präsentiert sich mir als Mädchen ohne Innenwelt. Es ist kaum möglich, mit ihr in einen fruchtbaren Dialog zu kommen. Alles, was sie erzählt, ist sozusagen »unplugged«, unverbunden und nicht bezogen auf ihr Gegenüber. An meiner Reaktion ist sie nicht interessiert.

Meine Versuche, diese Situation anzusprechen, lässt sie freundlich an sich abprallen. Von mir lässt sie sich nicht berühren, meine Potenz und Kreativität möchte sie weder nutzen, noch sich damit identifizieren. Ich fühle mich ohnmächtig. Trotzdem entwickelt sich die »kleine« Anna sozusagen in meiner »Abwesenheit« schnell zu einer jungen Frau. Dies passiert, ohne dass ich so recht verstanden hätte warum. Sie wird selbstbewusster, körperlicher, attraktiver, geht aus dem Haus, trennt sich angstfrei von ihren Eltern, trifft sich mit Freunden, wird neugierig auf Jungen. Bis sie sich schließlich verliebt. Bei ihrer Flucht nach vorn lässt mich Anna verwundert und skeptisch zurück. Dann erzählt sie mir in einer Stunde so ganz nebenbei, dass sie vor kurzem zum ersten Mal Sex mit ihrem Freund hatte. Ich fühle mich überrumpelt und versuche, Näheres zu erfahren, doch Anna stellt mich schnell kalt, indem sie alles als völlig konfliktfrei, schön und reibungslos darstellt. Ich zweifle an ihrer Darstellung.

Kurz darauf überschlagen sich die Ereignisse. Anna wird in der Schule zum ersten Mal plötzlich ohnmächtig. Vorher hatte sie von mehreren Mädchen berichtet, die auf dem Schulhof umgefallen waren und anschließend mit Blaulicht ins Krankenhaus gebracht wurden. So macht es Anna jetzt auch. In den nächsten Monaten steigern sich Frequenz und Länge ihrer Ohnmachtsanfälle kontinuierlich. Zum Schluss fällt sie fast täglich um und ist teilweise (in Anwesenheit des Notarztes) bis zu einer Stunde bewusstlos. Anna wird überall ohnmächtig: auf dem Weg zum Schulbus, im Schulbus, auf dem Pausenhof, im Klassenzimmer, auf dem Krankenhausflur, auf dem Weg zum Reitstall, bis sie schließlich sogar ohnmächtig vom Pferd fällt. Aber es gibt auch ohnmachtsfreie Zonen: Zu Hause wird sie selten ohnmächtig, niemals passiert es auf dem Weg zur Therapie oder in der Therapie. Im örtlichen Krankenhaus wird sie Stammgast und lässt ratlose Ärzte zurück, die sie zu hilflosen Beobachtern ihrer Ohnmacht macht und die keine körperliche Ursache dafür finden können. Oft hyperventiliert sie in ihrer Bewusstlosigkeit. Nach dem Erwachen fühlt sie sich meist entlastet und frisch und hat blaue Flecken im Brustbereich von den Manipulationen des Notarztes. Auffällig ist, dass sie ausschließlich in Anwesenheit von anderen ohnmächtig wird und sich dabei zunächst nie verletzt. Mit ihren grandiosen Anfällen alarmiert Anna ihre Umgebung. Die Eltern sind entsprechend besorgt und haben jetzt ihrerseits Angst, *sie* allein zu lassen. Auch ich bin alarmiert und erwache aus meiner Ohnmacht. Anna wird mehreren Experten vorgestellt und von ihnen internistisch und neurologisch auf den Kopf gestellt. Alle Untersuchungen ergeben keinen Befund, sodass schließlich auch von den Ärzten eine dissoziative Störung diagnostiziert wird. Mit der Häufigkeit ihrer Anfälle steigen Annas Schulfehlzeiten und ihr Leidensdruck. Auch drohen Annas Eltern, sie in eine Klinik einweisen zu lassen. Sie wird ratlos und beginnt mir zuzuhören. Ich versuche Anna zu sagen, dass ihre Ohnmachten eine Dramatisierung ihrer inneren Not darstellen, die sie nicht wahrnehmen will. Ich versuche alles, um mit ihr in Kontakt zu kommen, erzähle ihr Geschichten von den frühen Hysterikerinnen und den Ursachen ihrer hysterischen Anfälle. Sie hört sich die Geschichte von Ödipus an und ergänzt sie mit ihrer eigenen Version: Sie erinnert sich, dass sie als kleines Mädchen nicht ihren Vater, sondern ihre Mutter heiraten wollte. Als sie hörte, dass das nicht möglich ist, wollte sie ihre Oma heiraten. Enttäuscht wandte sie sich dann schließlich an ihren Vater. Wir sprechen über weibliche Sexualität, über den komplizierten weiblichen Innenraum, diese »komische« Gebärmutter und die Entwicklungsaufgaben der Adoleszenz, gegenüber denen man sich ohnmächtig und hilflos fühlen kann. Anna möchte zwar keine Übertragungsdeutungen hören, belohnt jedoch mein Engagement und lässt sich zumindest von diesen Geschichten verführen. Allmählich lockert sie ihre manische Abwehr. Unser Kontakt verändert sich, er wird lebendiger und ist teilweise von einer homoerotischen Lust und Komplizenschaft geprägt. Eines Tages erzählt Anna mir einen Traum, den sie in Verbindung bringt mit ihrem ersten Traum, den sie mir am Ende der Erstgespräche erzählt hatte:

Anna sieht sich selbst ohnmächtig am Boden liegen. Um sie herum stehen Freunde, die sich nicht um sie kümmern, sondern mit sich beschäftigt sind. Schließlich gehen sie ihrer Wege und lassen sie unbeachtet am Boden zurück.

Anna ist empört: »Wie gemein die sind.« Mit diesem Traum setzt eine Veränderungsbewegung ein: Anna beginnt, ihre Ohnmachten mit ihrem psychischen Raum zu verbinden. Wir können nun Traumarbeit leisten. Anna beobachtet sich in diesem Traum selbst und konfrontiert sich mit einer schmerzhaften Erkenntnis: Sie hatte gehofft, ihre Eltern durch ihre Ohnmacht zu binden, doch diese gehen ungerührt ihrer Wege. Anna bleibt allein und einsam zurück. Trotz ihrer kindlichen Hilflosigkeit und ihres unschuldigen Schlafs kommt die Urszene zustande.

In dieser Zeit erfahre ich auch von Anna, wie überwältigend und beschämend sie ihren ersten Sex erlebt hat. Sie wollte ihre Sache gut und richtig machen. Also spielte sie ihrem Freund eine heftige verbale Erregung vor, war dabei aber völlig trocken, sodass die Penetration sehr schmerzhaft für sie wurde. Um das Ganze überhaupt ertragen zu können, spaltete sie sich in zwei Ichs und beobachtete sich selbst beim Sex. So musste sie nichts spüren, berichtet sie unter Tränen, weder Schmerzen noch Lust. Aus dem, was Anna in dieser Zeit erzählt, vor allem aus den Inhalten ihrer Träume, kann deutlich werden, wie schwer es ihr fällt, ihre infantilen Sexualitätsvorstellungen aufzugeben und sich insbesondere von ihren hochambivalenten, partialobjekthaften oralen und analen Wünschen zu verabschieden und sie altersgemäß umzuarbeiten.

In einem ihrer Träume *liegt Anna an einem Swimmingpool. Sie sieht einen attraktiven Mann auf sich zukommen, der sich ganz plötzlich in einen Zombie verwandelt. Er versucht sie in den Hals zu beißen. Sie streckt ihm stattdessen die Hand hin, wird gebissen und verwandelt sich selbst in einen Zombie. Dann wacht sie auf.* Wir fragen uns, welche von Annas Selbstanteilen die Zombies im Traum repräsentieren könnten: die Anteile, die noch nicht ganz lebendig in ihr sind, und ihr anales, schmutziges, kontrollierendes Begehren, von dem sie nichts wissen will? Auch ein Konzept infantiler Sexualtheorie: Man wird ausgesaugt, dann ist man tot und hat keine Verantwortung mehr für seine Triebe.

Anna flieht manchmal in die Unlebendigkeit, in die Ohnmacht, in den Schlaf, um sich ihrem Selbstbild entsprechend als unschuldiges und hilfloses Kind zu inszenieren (Mentzos, 1980). Sie flieht in die hysterische Abwehr des »Nichts Sehen, Nichts Hören, Nichts Fühlen, Nichts Sagen und – dies vor allem – Nichts Wissen« (Loch, 1985, S. 136). Sie kann sich nicht entscheiden: weder die regressiven Wünsche an ihre Mutter, noch ihre Ansprüche an den Vater will sie aufgeben. Sie will ein Kind bleiben und gleichzeitig eine Frau sein. Sie fühlt sich unsicher und minderwertig in ihrem weiblichen Körper, weil sie sich aus Neid nicht mit der Mutter als Frau identifizieren kann. Für ihr eigenes Begehren kann sie keine Verantwortung übernehmen, weil sie es aufgrund ihrer inzestuösen Wünsche, die sich sowohl an die Mutter wie an den Vater richten, als schuldhaft erlebt. So pendelt sie zwischen der Position des unschuldigen, hilflosen Kindes und der grandiosen, allmächtigen Prinzessin hin und her. All dies dramatisiert sie in ihren Ohnmachtsanfällen.

Bruce Willis, Eddy Murphy und der Angriff der Killerspermien

Anna wird nur noch selten ohnmächtig, entwickelt aber neue Symptome. Sie hat jetzt einen neuen Freund. Mit dem Sex wartet Anna diesmal, bis sie selbst Lust dazu hat, um nicht die Erfahrung vom ersten Mal zu wiederholen. Einige Zeit später erzählt mir Anna, dass sie mit ihrem neuen Freund den Sex genießen kann. Ich glaube ihr nicht. Dann entwickelt Anna eine Spermaphobie, wie sie es nennt, und dazu eine extreme Schwangerschaftsangst. Weder von der Pille, noch von dem Kondom, das ihr Freund zusätzlich benutzen muss, fühlt sich Anna ausreichend geschützt. Während des Geschlechtsverkehrs hat Anna allerdings keine Angst vor den Spermien oder vor einer Schwangerschaft. Erst im Anschluss treten ihre Ängste auf. Während des Sex kann sie offenbar die Phantasie entwickeln, alles zu haben, danach ist sie damit konfrontiert, dass sie den Penis nicht hat. Darauf reagiert sie mit Rache, nicht mit Bedauern. In einem gewaltsamen Akt dissoziiert Anna die Spermien vom Mann und formiert sie zu einer grandiosen, tückischen Angreiftruppe, die nur darauf wartet, in alle erdenklichen Öffnungen ihres Körpers einzudringen und sie zu schwängern.

Kleiner Gedankengang zurück zur Pornografie: In Pornogenres wie Gangbang und vor allem Bukkake werden die Spermien gewissermaßen tatsächlich vom Mann dissoziiert, indem nur der untere Teil des männlichen Körpers gezeigt wird. Quasi herrenlose Penisse formieren sich zu einer Angreiftruppe und beschießen die Frau mit ihren Spermien – so könnte Anna derartige Pornos wahrnehmen, wenn sie denn welche gesehen hat.

Ihre Eizellen erlebt Anna als passiv und porös und den Spermien hilflos ausgeliefert. Sie hat nicht die Vorstellung, ihren Innenraum schützen oder verschließen zu können. Für Anna sind die Spermien überall: an Türklinken, Unterhosen, Handtüchern, auf dem Teppich, auf der Toilette, im Toilettenpapier. Ihr Freund darf Anna zwar penetrieren, aber ihre Unterhosen darf er nicht anfassen. Anna hat zwar genitalen Sex, doch ihre Psychosexualität ist auf dem Niveau einer Dreijährigen. Sie fürchtet eine Türklinkenschwangerschaft. Ich frage Anna, ob sie sich einen Grund für diesen massiven Angriff vorstellen kann, ob sie vielleicht etwas Böses getan hat, das diese schlimmen Angriffe rechtfertigt. Sie beantwortet meine Frage mit folgendem Traum:

Anna ist gemeinsam mit Bruce Willis, der sich zeitweise in Eddy Murphy verwandelt, auf der Flucht. Sie springen gemeinsam in ein Schwimmbecken. Dort fühlen sie sich sicher. Sie sind umgeben von Tribünen mit vielen Zuschauern. Am Beckenrand taucht Annas Freund auf und beugt sich zu ihr herab, um mit ihr zu sprechen. Anna versteht nicht, was er sagt. Bruce Willis hat auf einmal eine Kamera in der Hand. Anna zieht ihrem Freund die Hose runter und entblößt sein Genital, dabei lacht sie verächtlich. Sie stellt ihren Freund öffentlich bloß. Bruce Willis filmt in der Zwischenzeit diese Szene. Zeitgleich wird sie auf eine große Leinwand projiziert, sodass alle sie sehen können.

Die Parallele zu den für *alle* zugänglichen Handyfotos von intimen, sexuellen oder beschämenden Szenen ist offensichtlich. Zudem werden Webcams und Handykameras immer häufiger in die Rahmenhandlung von Pornofilmen eingebaut.

In Annas Traum sieht sie ihrer eigenen Verwandlung zu: Ihr Gesicht verändert sich, ihr läuft Blut aus den Mundwinkeln, ihre Zähne werden spitz und gefährlich. Dann wacht sie auf. Anna erinnert sich anschließend, dass sie von dem Schwimmbecken schon als kleines Mädchen geträumt habe. Ihren blutrünstigen Gesichtausdruck im Traum verbindet sie mit einer Frau aus einem – wie sie sagt – »Sexfilm«, die den Männern aus Rache für ihre Vergewaltigung den Penis abgebissen hat.

Anna phantasiert in diesem Traum die Urszene als oral-sadistische Dreiersituation. Ihre Darstellungsmittel entlehnt sie der pornografischen Bilderwelt und dem Action-Kino. In einem quasi pornografischen Setting, in dem es um Macht und Ohnmacht geht, hat Anna sich in die Urszene eingeklinkt und zeigt uns, was im (weiblichen) »Becken« und am »Beckenrand« so alles passiert. Zunächst wird ihr Freund zum gedemütigten, ausgeschlossenen Dritten, über den das Paar triumphiert. Dann schauen wir Anna bei ihrer Verwandlung zu: Sie wird zur kastrierenden Mutter, die sich den Penis des Vaters oral einverleibt, indem sie ihn abbeißt.

Anna präsentiert sich in diesem Traum zum ersten Mal nicht als unschuldiges Opfer und bemerkt anschließend nachdenklich, dass sie kaum glauben kann, dass sie das geträumt hat. Sie beginnt, Verantwortung für ihre destruktiven Anteile zu übernehmen.

In der folgenden Stunde fällt Anna noch ein Traum ein, den sie als kleines Mädchen oft geträumt hat. In diesem Traum *ist sie schwanger. Sie hält ihren Spielzeug-Bären, den sie noch heute besitzt, fest an sich gedrückt und im nächsten Bild ist sie die stolze Mutter von vielen Babys, die um sie herum auf dem Fußboden krabbeln.*

Anna bemerkt zu diesem Traum lachend, dass sie damals offensichtlich noch keine Angst hatte, schwanger zu werden. Ich antworte, dass sie damals auch noch nicht schwanger werden konnte – im Unterschied zu heute. Anna erinnert sich in diesem Zusammenhang aber auch daran, dass diese Vorstellung bereits damals nicht konfliktfrei war. Schon als Kind hatte sie Angst vor Bakterien und Viren. Deshalb hat sie sich zwanghaft die Hände gewaschen. Jetzt klebt Sperma an den Türklinken. Die ödipale Schuld wird sie nicht los. Der Wunschtraum von den vielen Babys ist zum Alptraum geworden.

Annas Reflektionsmöglichkeiten wachsen, und sie klagt, dass sie irgendwie feststeckt, wie sie es ausdrückt. Sie bemerkt, dass sie eigentlich gar nicht weiß, wer sie ist und beginnt, mich aktiv zu nutzen. »Ich bin viele«, stellt sie fest, »Baby, Kind, Frau.« Sie bekommt etwas nicht zusammen. Sie stößt auf widersprüchliche Selbstanteile: braves, angepasstes Mädchen, böses Mädchen, das über die Stränge schlagen möchte, Opfer der Männer, grandiose Rächerin, Verfolgte, Ehefrau, gefallenes Mädchen, Mamakind, Papakind, Schwangere. »Das ist ja zum verrückt werden«, meint sie. Sie braucht Betäubung, sonst schnappt sie über. Manchmal wird sie wieder ohnmächtig: »als Kurzschluss wegen Überspannung im System«, stellt Anna richtig fest. Fieberhaft sucht sie nach einer Lösung. Sie möchte sich verändern, aber gleichzeitig auf nichts verzichten. Noch ist sie nicht bereit, Verlust und Trauer auf sich zu nehmen. So schnell gibt sie nicht auf. Sie ist eine beeindruckende Kämpferin. Zeitweise versucht sich Anna als Magersüchtige, weil sie sich zu dick findet. Sie quält sich im Fitnessstudio, weil sie einen Waschbrettbauch haben möchte, wie ihr Freund einen hat.

Zwischen Anna und ihrem Freund werden orale Themen verhandelt. Ihr Freund teilt zwar mit Anna das Bett, isst aber am liebsten bei seiner Mutter, weil sie Vollwertkost für ihn bereithält. Das macht Anna eifersüchtig, sie fühlt sich von ihrer Mutter nicht so gut versorgt. Von ihrer Mutter bekommt sie nur Fertigkost, klagt sie. Überhaupt fühlt sie sich von ihrem Freund oft in eine

Konkurrenzsituation mit dessen Mutter gebracht. Die hat alles und kann alles, ihr gegenüber fühlt Anna sich minderwertig. Soll er doch seine Mutter heiraten, meint Anna. Auch findet sie es ungerecht, dass ihr Freund nicht schwanger werden kann.

Eingesperrt in ihrem eigenen Theater – Evakuierung und Entbindung

Kurz vor einer Ferienunterbrechung klagt Anna, dass nichts mehr so ist wie es mal war. Ihre harmonische Welt fällt auseinander. Sie fühlt sich von ihrer Mutter entfremdet und unverstanden. Dauernd gibt es Streit. Ihre Mutter wirft ihr vor, dass Anna mit ihrem Theater die Ehe der Eltern zerstört. Kurz darauf richtet Anna ihre Wut auf mich. Auch von mir fühlt sie sich nicht gut versorgt. Sie schimpft, dass das ganze Gerede doch nichts bringt, da hätte ihr ja die Heilpraktikerin mit ihren Kügelchen mehr geholfen. Angesichts der Ferienunterbrechung nimmt Anna offenbar zum ersten Mal etwas Trennendes zwischen uns wahr. Sie konfrontiert sich mit der Realität, dass auch ich einen Mann und eine Familie habe, mit denen ich zusammensein möchte. Sie fühlt sich ausgeschlossen. Das macht sie wütend. Dementsprechend verkraftet Anna die Unterbrechung nicht gut.

Nach den Ferien hat sie sich wieder in ihrer manischen Abwehr eingerichtet und macht mich erneut zur hilflosen Zuhörerin ihrer erregten Geschichten. Offenbar hatte sie in den Ferien das Gefühl, von mir verlassen worden zu sein, weil es in meinem Leben noch andere Menschen gibt, die mir wichtig sind.

Ich versuche ihr das zu sagen, doch sie lässt mich abprallen und sagt kühl: »Die Weihnachtsferien waren toll, und ich habe es genossen, mal nicht in die Therapie zu müssen.« Dann klagt sie über häufige Bauchschmerzen und Übelkeit. Anna befürchtet schwanger zu sein und macht unzählige Schwangerschaftstests. Schließlich ist sie überzeugt, eine Blinddarmentzündung zu haben. Der Hausarzt findet keine Anhaltspunkte für ihren Verdacht. Ich versuche, mit Anna über ihren weiblichen Innenraum ins Gespräch zukommen und über ihre innergenitalen Ängste und Wünsche, die durch ihre Wut und ihren Schmerz über die Therapieunterbrechung mobilisiert wurden. Anna lässt sich zunächst davon beruhigen, doch dann überschlagen sich die Ereignisse. Am Wochenende bekommt Anna einen Brechdurchfall. Die Eltern sind besorgt und die Mutter fährt mit ihr ins Krankenhaus. Die Ärzte vermuten einen viralen Infekt und wollen abwarten. Das Erbrechen klingt im Krankenhaus sofort ab, dafür werden die Schmerzen im Unterleib wieder schlimmer. Anna wird den Chirurgen vorgestellt, die ihr jedoch auch keine Blinddarmdiagnose stellen, sondern die Resultate der Blutuntersuchung abwarten wollen. Doch Anna ist das Hin und Her offenbar leid. Sie kann nicht mehr warten, also beschleunigt sie den Prozess. Möchte sie ihr böses Inneres evakuieren und die Ärzte sollen ihr dabei helfen? Oder inszeniert sie eine Entbindungsfantasie? Jedenfalls muss Anna dringend etwas loswerden und dabei sollen ihr die Ärzte helfen. Auf dem Krankenhausflur wird sie ohnmächtig. Aus der Ohnmacht erwacht, fühlt sie einen unerträglichen, schneidenden Schmerz in ihrem Unterleib und schreit die ganze Station zusammen. Damit provoziert sie die Ärzte, die jetzt ebenfalls die Geduld verlieren. Sie beschließen die sofortige Operation. Kurz vor der OP bekommt Anna dann aber doch Angst und wird unsicher. Jetzt geht ihr alles zu schnell. Sie fühlt sich überrumpelt und überwältigt – »wie beim ersten Sex«, fällt ihr später dazu ein. Im Vorraum des Operationssaals macht Anna die Bekanntschaft mit einer strengen Anästhesistin, die ihr weder etwas erklären, noch sie beruhigen will. »Die war nur daran interessiert, mich fertigzumachen und loszuwerden«, kommentiert Anna. Aus der Narkose erwacht, spürt Anna als erstes einen stechenden Schmerz im Hals. Für diesen Schmerz macht sie die Anästhesistin verantwortlich: »Die hat mich mit ihrem Schlauch verletzt«, stellt sie fest. Offensichtlich hoffte Anna, dass die Chirurgen sie von allem Bösen in ihrem Unterleib befreien und Ordnung in ihr inneres Chaos bringen könnten. Doch nach der Operation ist Anna nicht beruhigt. Im Gegenteil. Jetzt fühlt sie sich oben und unten verletzt. Die Chirurgen haben drei hässliche Narben auf ihrem Bauch hinterlassen. Anna fühlt sich entstellt und hat große Angst, dass die Narben aufplatzen könnten.

Ich sehe Anna erst nach zweieinhalb Wochen wieder, nachdem die Fäden gezogen worden sind, was exakt der Therapiepause entsprach. Seit der Operation fühlt sich Anna nachts nicht mehr sicher. Ein schrecklicher Alptraum verfolgt sie. Sie träumt, *dass ihr ohne Betäubung der Bauch aufgeschnitten wird. Im Traum erlebt sie den Schmerz. Sie schreit und hält sich den Bauch. Durch ihr Schreien alarmiert, kommt ihre Mutter an ihr Bett und weckt sie auf.* Als Anna ihre Mutter sieht, schreit sie noch mehr, weil sie denkt, dass ihre Mutter sie aufschneiden will. Auch fühlt sich Anna nachts beobachtet und von unheimlichen Gestalten bedroht, die sie im Schrank ihres Zimmers vermutet. Überhaupt ist ihr ihr eigenes »Zimmer« fremd geworden, weil sie den Eindruck hat, dass darin Schlimmes passiert ist. Deshalb sucht sie Schutz im Ehebett ihrer Eltern, wie ein kleines Mädchen. Die Mutter räumt ihren Platz und wechselt ins Bett von Anna. Anna schläft jetzt jede Nacht bei ihrem Vater. Am Wochenende schläft sie bei ihrem Freund. Anna hat durch die Operation völlig die Steuerung verloren und ist in dem Phantasma einer sadistischen Urszene gefangen, aus dem sie nicht mehr herauskommt. Sie hat sich eingesperrt in ihrem eigenen Theater. Ich habe den Eindruck, dass Anna dringend Reizschutz braucht. Ich sage ihr, dass sie das Bett ihrer Eltern wieder verlassen muss, weil sie sich damit zu sehr in die sexuellen Angelegenheiten ihrer Eltern einmischt, wozu sie kein Recht hat. Daraufhin fühlt sie sich schuldig und hat Angst bestraft zu werden: entweder von ihrer Mutter, die ihr den Bauch aufschneiden will, oder von den Spermien, die sie wie Rachegöttinnen verfolgen, oder vor sonstigen bösen Gestalten in ihrem »Schrank«. Anna tut, was ich sage. Gleichzeitig ist sie sehr enttäuscht von mir. Sie ist wütend und fühlt sich jetzt als mein Opfer. Meine Position als begrenzende Dritte nimmt sie mir übel. Sie droht, die Therapie abzubrechen, weil sich nichts ändert und sie es jetzt allein schaffen will. Ich verstehe ihre Enttäuschung und ihren Ärger als wichtiges Arbeitsangebot, was Anna zunächst noch wütender macht. Doch sie bleibt und beginnt das Wagnis, ihren Ärger und ihre Enttäuschung mit mir zu verhandeln.

Hier endet der Ausschnitt meiner Geschichte von Anna, aber selbstverständlich nicht Annas Behandlung.

Abschluss

Anna hat uns sehr anschaulich gezeigt, wie schwer es ihr fällt, auf die infantilen Wünsche und Ansprüche ihren Eltern gegenüber zu verzichten. Ihre Psychosexualität ist geprägt von einem polymorphen Durcheinander aus oralen, analen und phallischen Fantasien. Dabei bildet die Oralität offenbar eine Fixierungsstelle, die sich gewissermaßen über die Analität und die Genitalität stülpt. Dementsprechend fragil ist Annas weibliche Geschlechtsidentität.

Vor allem aber hat Anna uns gezeigt, wie unerträglich und unmöglich es für sie ist, die Urszene als einen kreativen und lustvollen Akt der Eltern anzuerkennen, aus dem sie ausgeschlossen ist. Das Phantasma der Urszene, Annas Urtrauma könnte man sagen, scheint der zentrale Punkt ihres psychosexuellen Lebens zu sein, das sie in ihren hysterischen Inszenierungen immer wieder in Szene setzt. Den Verkehr ihrer Eltern interpretiert Anna als Unfall, den sie durch die omnipotente Kontrolle ihrer Objekte zu verhindern sucht. Für Anna stellt die Realität des Ausschlusses von der Urszene eine hochgradige Bedrohung dar, die sie mit Gefühlen der Angst, der Isolation und der unendlichen Einsamkeit konfrontiert. In der Ausgeschlossenheit verliert sie offenbar jede Verbindung zu den Eltern. So muss Anna aus ihrer Not heraus die Verbindung ihrer Eltern angreifen. Sie tut dies, indem sie sich selbst aus einer omnipotenten Position heraus phantasmatisch in die Urszene einklinkt und sich wechselnd entweder mit dem sexuellen Vater oder mit der sexuellen Mutter identifiziert und so an ihrer Erregung teilnimmt.

Warum hat die Urszene für Anna eine solch traumatische Qualität angenommen? Immer wieder war es ein Problem in der Behandlung, dass Anna zwar bewusst Hilfe wollte, unbewusst aber dagegen anzukämpfen schien. Der neidische, ausgeschlossene Anteil ließ eine sinnvolle Kommunikation nicht zu und versuchte, eine abhängige, nährende und kreative Beziehung zu mir zu verhindern. So wie Anna ihre inneren Eltern nicht produktiv zusammenkommen lässt, bleibt es auch mental unfruchtbar zwischen uns. Meiner Meinung nach wollte Anna mir damit etwas über ihre frühen Erfahrungen mit ihrer Mutter mitteilen, die es ihr schwer machten, Angst, Abhängigkeit und Getrenntheit auszuhalten. Hinter Annas hysterischen Inszenierungen steht eine fragile frühe Mutter-Kind-Beziehung, die sich unter anderem in Annas Vorstellung ihrer ungeschützten Eizellen ausdrückt. Vielleicht hat Anna eine überforderte Mutter erlebt, eine Entweder-oder-Mutter, die nicht in der Lage war, gleichzeitig zwei libidinöse Beziehungen zu führen: zu ihrem Mann und zu ihrer Tochter. So fühlte sich Anna tatsächlich verlassen, wenn ihre Mutter zum Vater ging. Einiges spricht jedenfalls dafür, dass Anna in der frühen Beziehung zu ihrer Mutter einen sehr unverträglichen Besetzungsabzug erlebt hat. Diesen Abzug erlebte sie als narzisstisches Trauma, als eine vorzeitige Desillusionierung und einen Verlust an Liebe und Schutz. Diese narzisstische Wunde hat sie später auf ihren genitalen weiblichen Innenraum projiziert. Als Ursache für den Besetzungsabzug ihrer Mutter konnte Anna nur den Dritten, ihren Vater, verantwortlich machen. Das führte zu einer vorzeitigen und unsicheren Triangulierung und zu einem vorzeitigen Ödipus.

Anna wurde also offensichtlich zu früh aus dem Zentrum der mütterlichen Aufmerksamkeit geworfen und hat eine Mutter erlebt, die nicht gut genug in der Lage war, Annas damit verbundene frühe, unerträgliche Ängste aufzunehmen und damit umzugehen. So konnte Anna die Konfrontation mit der Urszene nur als überfordernd und ungeheuer schmerzvoll erleben. Das Phantasma des vereinigten sexuellen Elternpaares erinnert sie an ihre eigene narzisstische Verletzung und erweckt in ihr einen ungeheuren Neid und eine ohnmächtige Wut darüber, dass sie eine haltbare Verbindung mit der Mutter nicht herstellen konnte, ihr Vater jedoch schon. So wird die Urszene für sie zum Symbol des eigenen Ausgeschlossenseins und der Angst vor endloser Verlassenheit.

Daraus folgt der Hass auf beide Objekte. Anna interpretiert die Urszene als eine sadomasochistische Konstellation, in der ihre Mutter oder ihr Vater sich wechselseitig Schmerz zufügen und leiden. All dies inszeniert sie in ihrer Hysterie. Anna benutzt also ihre Hysterie als sexualisierte Abwehrformation gegen frühe überwältigende Ängste oder, anders ausgedrückt, mittels Sexualisierung versucht Anna, die Integration ihres Selbst aufrechtzuerhalten.

Der Preis, den sie dafür zahlt, ist der Verzicht auf eine eigene lustvolle weibliche Sexualität, denn sie kann weder die Verbindung, den Sex mit einem Mann, genießen, noch erlaubt sie sich Sex mit sich selbst. Anna hängt fest in einem Zwischenbereich auf dem Weg von der Präödipalität zur Ödipalität, auf dem Weg von der Analität zur Genitalität und auf dem Weg von der Homosexualität zur Heterosexualtät. Der weitere Verlauf der Behandlung wird zeigen, ob Anna sich entscheiden kann und Weiterentwicklung wagt.

Bibliografie

Bernstein, D. (1990): Weibliche genitale Ängste und Konflikte und die typischen Formen ihrer Bewältigung. In: Psyche, 47 (530-559), 1993.

Bundeszentrale für gesundheitliche Aufklärung (2010): Jugendsexualität 2010. Köln (BZgA).

Dr. Sommer Studie (2009): Liebe, Körper, Sexualität. München (Bauer Media Group)

Freud, S. (1901/1905): Bruchstück einer Hysterie-Analyse. Studienausgabe, Bd. VI, Frankfurt: Fischer, 1989.

Freud, S. (1905): Drei Abhandlungen zur Sexualtheorie. Studienausgabe, Bd. V, Frankfurt: Fischer, 1989.

King, V. (1995): Die Urszene der Psychoanalyse. Stuttgart: Verlag Internationale Psychoanalyse.

Loch, W. (1985): Perspektiven der Psychoanalyse. Stuttgart: Hirzel.

Meltzer, D. (1973): Sexualität und psychische Struktur. Tübingen: edition diskord.

Mentzos, S. (1980): Hysterie. Frankfurt: Fischer, 1986.

Morgenthaler, F. (1984): Homosexualität, Heterosexualität, Perversion. Gießen: Psychosozial, 2004.

Orbach, S. (2010): Bodies Schlachtfelder der Schönheit. Hamburg: Arche.

Paul, P. (19.1.2004): Behavior: The Porn Factor. Time Magazine U. S.

Schmidt, G. (1995): Das Verschwinden der Sexualmoral: über sexuelle Verhältnisse. Hamburg.

Stern (02.04.2008): http://www.stern.de/wissen/mensch/beinverlaengerung-knochen-brechen-fuer-die-traumfigur-615965.html

Sigusch, V. (2005): Neosexualitäten. Über den kulturellen Wandel von Liebe und Perversion. Frankfurt.

Walter, N. (2010): Living Dolls. Frankfurt: Fischer, 2011.

Winnicott, D. W. (1958): Die Fähigkeit zum Alleinsein. In: Reifungsprozesse und fördernde Umwelt. Frankfurt: Fischer, 1993.

Winnicott, D. W. (1971): Vom Spiel zur Kreativität. Stuttgart: Klett-Cotta, 1989.

Gertrud Hardtmann

KINDHEITEN ZWISCHEN ANPASSUNG UND WIDERSTAND
Gemeinsamkeiten und Unterschiede zwischen den Generationen

K inder und Uhren dürfen nicht beständig aufgezogen werden, man muss sie auch gehen lassen, meinte Jean Paul. Aber man muss sie auch aufziehen, und zwischen diesen Polen bewegen sich die Erzieher und die Kinder.

Kindheit zwischen Anpassung und Widerstand? Die Aufgabe ist die äußere Anpassung an die Bedürfnisse der Erwachsenen und die innere an die eigenen Bedürfnisse und zusätzlich: die äußere und die innere Welt in Einklang zu bringen, das sind drei verschiedene Ebenen von Anpassungsleistungen, die zudem im Laufe der Entwicklungsdynamik lebendig den altersgemäßen Anforderungen angepasst werden müssen.

Kinder haben eine gesunde, mitunter aber auch fatale Neigung, sich an die Bedürfnisse ihrer Umgebung, und vorzüglich an die Bedürfnisse ihrer Bezugspersonen, anzupassen. Die pflegeleichten, überangepassten Kinder beschäftigen uns auch als Erwachsene in der therapeutischen Praxis, wenn sie, immer noch pflegeleicht und überangepasst, nicht zu sich selbst gefunden und deshalb auch keine unabhängige innere Autorität entwickelt haben. Das kann in bestimmten Berufen zu einer Katastrophe führen, wie das Beispiel einer Lehrerin zeigt, die im Unterricht das Bedürfnis hatte, sich an die Schüler übermäßig anzupassen und damit in der Klasse ein Chaos provozierte, dem sie entweder hilflos gegenüberstand oder als letzten Ausweg mit körperlichen Sanktionen begegnete und damit die Autorität des Schulleiters auf den Plan rief.

Die übermäßig Angepassten können auch dem Analytiker zu schaffen machen, weil diese Patienten jede Deutung übernehmen, pünktlich, zuverlässig und lange in Behandlung sind, ohne dass sich etwas grundlegend ändert. Zwanghafte, übermäßige Anpassung ist eine Fehlanpassung, weil sie auf Kosten der Entscheidungsfreiheit und Unabhängigkeit geht und mit dem Verlust von Autonomie, einem sicheren Selbstgefühl, gesundem Egoismus und mit unterdrücken, meist unbewussten Aggressionen bezahlt wird.

Gemeinsamkeiten und Unterschiede in den Generationen?

Ich selbst, Jahrgang 1932, gehöre der teils angepassten, teils unangepassten, vor allem aber skeptischen Kriegsgeneration (Schelsky 1957) an. Einerseits angepasst an die Verhältnisse, die wir nicht ändern konnten: Bomben, Schlaflosigkeit, Luftschutzkeller, Hunger; und andererseits unangepasst dort, wo wir die Macht hatten, selbst zu entscheiden und zu handeln; z. B. sich als Fahrschülerin dem BDM zu entziehen oder an illegalen Schülerbibelfreizeiten teilzunehmen oder auch notfalls Kartoffeln und Holz zu stehlen, was 1945 vorübergehend kein unangepasstes Verhalten war. Wir waren größtenteils skeptisch und in der Nachkriegszeit auch aufmüpfig gegenüber bestimmten NS-Lehrern und haben dennoch die Schule als eine großartige Chance begriffen: Nach einer längeren kriegsbedingten Karenzzeit war sie nicht mehr eine Zwangsveranstaltung, sondern ein vermisstes und deshalb auch geschätztes Angebot.

Selbstbewusst bin ich mit vier Jahren mit meiner Schwester aus dem Kindergarten fortgelaufen, bis der Besuch eingestellt wurde; oder mit acht Jahren, ebenfalls mit den Geschwistern aus dem Kinder-Ferienheim; so scheiterte der letzte Versuch meiner Eltern, sich wenigstens einmal in den Ferien von uns zu erholen; selbstbewusst verweigerte ich das Konfirmationsgelübde in dem schon damals sicheren Gefühl, dass ich nichts lebenslänglich versprechen kann und will; selbstbewusst reisten wir vier Freundinnen mit 16 Jahren illegal und ohne Visum nach Frankreich, selbstbewusst machten wir mit 18 Jahren, trickreich versehen mit einer Einladung der FDJ Frankfurt/Oder, eine Radtour durch die DDR.

Sicher gab es eine Akzeptanz von Grenzen, aber genau so sicher auch einen grundlegenden Verdacht, dass Grenzen nicht immer unüberwindliche Hindernisse darstellen. Wir waren nicht antiautoritär erzogen. Mein Großvater, Lehrer und Rektor, übte eine strenge Autorität aus. Eher waren wir zeitweise überhaupt nicht erzogen worden oder hatten uns weitgehend untereinander erzogen, weil die Erwachsenen keine Zeit hatten und kriegsbedingt anderweitig beschäftigt waren. Aber wir wagten nicht, trotz aller frühen und teilweise auch erzwungenen Selbständigkeit, außer in Ausnahmefällen (Schülerstreiche), unseren Lehrern frech zu begegnen,

Wir hatten viele Freiräume: Mittags war die Schule zu Ende; die Straße als öffentlicher Raum gehörte uns, war unsere Spielstraße.

Auch kannten wir keine Drogen, hatten nur wenig Spielzeug, das meiste bastelten wir uns selbst, und Bücher nur eingeschränkt, kein Fernsehen, kaum Filme, es sei denn, wir besorgten sie uns heimlich für den Schmalfilmapparat, wie *Pfiffe in der Nacht* – die erste Begegnung mit Sex und leicht bekleideten, hinreißend schönen Mädchen und englischen Bobbies, die als ihre Beschützer auftraten. Wir haben das damals sicher nicht als »Widerstand« empfunden, obgleich solche halböffentlichen Kinder-Veranstaltungen mit Freunden dann von der Polizei verboten wurden, sondern eher als »Eigenständigkeit« und waren auch fest davon überzeugt, niemandem darüber Rechenschaft schuldig zu sein.

Bei meinen Kindern hätten diese Filme nur ein müdes Lächeln hervorgerufen. Sie wuchsen auf in der Zeit der Kinderläden und der antiautoritären Bewegung, der Aufklärung über Sexualität, auch offiziell in der Schule, der Pille, die auch relativ früh sexuelle Freizügigkeit ermöglichte, der Auslandskontakte; aber auch schon mit einer beginnenden Verführung zum Konsum, relativ gemäßigt, wenn man es mit heute vergleicht, mit Büchern, Filmen, Beatles und Rock'n'Roll und einer Teenager-Kultur. Sie kannten keine Verwöhnung, aber auch keinen Mangel, machten ihre Schulwege selbständig, organisierten ihre Hobbies selbst und wurden früh in die Verantwortung genommen, nach einem festen Budget ihre Kleider nach ihrem Geschmack selbst zu besorgen und einmal in der Woche zu kochen, allerdings mit der vollen Wahlfreiheit, was. Sie waren weltoffener, fühlten sich in New York und San Francisco bald ähnlich zuhause wie in Berlin und kannten vor allem gewachsene und Kontinuität bietende Strukturen von Freundschaften und Lehrern. Sie gingen nach der Pubertät ihre eigenen Wege, von denen ich mitunter erst nach Jahren etwas erfuhr, hatten Kontakt, das konnte in Berlin nicht ausbleiben, mit der Drogenszene und betrachteten die Schule ganz selbstverständlich als ihre eigene Sache. Überrascht waren sie, dass sie in den Zwanzigern schon zu den »Grufties« (Spezialausdruck in der Berliner Szene, was »tot« bedeutet) gehören sollten, ein Zeichen der Beschleunigung, dass man in der Jugendgeneration so schnell alterte.

Die Enkel? Kindergartenkinder, ganz selbstverständlich, und dadurch bedingt viele außerfamiliäre frühe Freundschaften, die auch den Übergang zur Schule erleichterten, Fürsorge in der Schule durch die Patenschaften älterer Schüler, liebenswerte Lehrerinnen, leider oft mit relativ geringem Leistungsanspruch. »Die ist streng, aber gut«, so urteilte mein Enkel über eine Lehrerin, die das

Niveau der gesamten Klasse merklich hob. Überaus große Ängste der Eltern waren zu beobachten bezüglich der Zensuren, der häuslichen Überwachung der Schularbeiten, des Übergangs auf weiterführende Schulen, und unendliche Fahrdienste zur Schule, zum Hort, zu den Hobbies und Freizeitaktivitäten und ein ganz selbstverständlicher Konsum von Spielzeug, vor allem elektronischem, Film und Fernsehen, wenn nicht unter vollem Einsatz gegengesteuert wurde. »Nur wir Eltern sind im Stress«, meint Inge Kloepfer (2012); was nicht ganz stimmt: Auch die Schüler sind schwieriger geworden, nicht alle, aber doch genügend, um das Unterrichten anstrengender zu machen. Nach einer Umfrage des Allensbach Instituts für Demoskopie im Auftrag der Vodafone-Stiftung haben 44% der Lehrer an allgemein bildenden Schulen bereits fast unerträgliche Belastungssituationen erlebt. Am zufriedensten sind die Gymnasiallehrer. An den Haupt-, Real- und Sekundarschulen wird die Motivation und Disziplin der Schüler zu 60% als »eher oder sehr schlecht« bewertet. Eltern hingegen beklagen den zu laschen Umgang mit schwierigen Schülern (Tagesspiegel 2010). Der schwarze Peter wird hin und her geschoben; aber die Tatsache bleibt, es gibt schwierige, trotzige, aggressive, respektlose, widerständige Schüler, mit denen zeitweise Eltern und Lehrer überfordert sind. Wie sind sie geworden, was sie sind?

Ich zitiere aus einem Bericht des Tagesspiegels 2012 (während des Unterrichts): »Doch die Schüler geben auf die Frage der Lehrerin keine Antwort. Ein Mädchen legt die Füße auf den Tisch, ein Junge in der ersten Reihe klatscht in die Hände und auf den Tisch. Der Boden ist mit Schnipseln und zusammengeknüllten Papieren bedeckt.«

Sicher spielt die enorme Beschleunigung unter anderem eine Rolle: Wir essen schneller, schlafen weniger, lernen im Eiltempo, wechseln häufig die Beziehungen und die Arbeitsstellen. Die Eltern, Erzieher und Lehrer fragen vielleicht zu selten, wie das von den betroffenen Kindern erlebt und wahrgenommen wird, ob sie sich überfahren fühlen, ohnmächtig – besonders im frühen Lebensalter – und in ihren Bedürfnissen nicht wahrgenommen. Einerseits ist es zu begrüßen, wenn Frauen ihre Kinder im öffentlichen Raum stillen – in meiner Jugendzeit undenkbar –, aber andererseits verändert sich auch etwas in der frühen Beziehung zwischen Mutter und Kind bei dem sehr intimen Stillvorgang, wenn die Mutter heftig diskutierend im Kreis von Kommilitonen sitzt und ganz offensichtlich (und spürbar?) nicht auf das Kind bezogen ist. Haben

Sie sich schon einmal gefragt, wie einem Säugling zumute ist, der gestillt wird und die Mutter ist ganz in Diskussionen oder in ein Fernsehprogramm vertieft? Bion (1962/1990) hat sehr eindrucksvoll beschrieben, dass das Stillen eben nicht nur Nahrungsaufnahme, sondern Wärme, Nähe, Zärtlichkeit, Bezogenheit einschließt. Wir könnten mit Lord Willoughby in der *Entdeckung der Langsamkeit* (Sten Nadolny) fragen: »Was hat der (kleine) Lord von soviel Wirbel?«

Lerninhalte werden bereits in der Grundschule, und nicht erst an der Universität, über das Internet vermittelt und kontrolliert, z. B. das Lesen und das Verständnis von Texten. Auch laufen viele Diskussionen inzwischen über das Internet. Ersetzt die digitale Welt zunehmend die Welt der direkten menschlichen Begegnung? Oder hat Norbert Blüm recht, wenn er meint, dass nicht die Schule, auch nicht die digitale Welt, sondern die Praxis der Begegnung mit Menschen der bevorzugte Schulmeister des Lebens ist (Die Zeit, Blüm 2012); er warnt vor der »Verschulung des Lebens« oder einer Vereinnahmung durch die Schule und einer Enteignung der Kindheit durch die Schule. Bleibt da noch Raum für Eigeninitiative, Gestaltung, was Neues – selbständig – zu erkunden?

Digitale Spiele nehmen zu, digitale Technik erobert auch die Konzerte und Theater. Gamifikation oder Spielifizierung nennen das die Experten und gehen davon aus, dass sich die Grenzen zwischen Spielwelt und Alltagswelt immer mehr auflösen (Klimmt, 2006). Anders Breivik spielte das Fantasy-Onlinespiel *World of Warcraft* (Kriegshandwerk) und trainierte mit *Call of Duty* das Zielen oder verliebte sich in den Fernsehheld *Dexter*, ein sympathischer junger Mann und Serienmörder, der nur »die Bösen« tötet und sie aufgrund seiner Spaltungen auch immer findet.

Andererseits bringen Spiele auch Menschen zusammen. Was ist der richtige Umgang mit diesen neuen Medien? Welche Fähigkeiten werden im TV-, Handy-, Computer- und globalen Internetzeitalter gefördert, welche vernachlässigt? Welche Selektion findet statt? Spiele können für die Marktforschung ausgebeutet und für die Mitarbeitermotivation manipulativ eingesetzt werden.

Probleme der Eltern in der Moderne

Viele Erzieher und Eltern fragen sich heute, an welche Welt man die Kinder anpassen soll in einer Zeit, in der sich rasant vieles ändert und auch die Erwachsenen mit den Veränderungen kaum Schritt halten können. Sollen sie die Kinder fähig machen, sich an ständig neue Anpassungen anzupassen; und daran, dass alles ständig im Fluss und nichts sicher und beständig ist? Erleben sie nicht oft genug, dass die Kinder ihnen in Anpassung an neue Techniken weit überlegen sind? Befinden sie sich nicht nur in einem technischen, zum Konsum verführenden Warenangebot, sondern auch in einem religiösen und weltanschaulichen (Luckmann, 1967/1991)? Und das umso mehr, als auch Familienstrukturen und gemeinsame und kontinuierlich strukturierende Elemente der Eltern ausfallen?

Viele Veränderungen erlebe ich – als Beobachter und Nutznießer – durchaus positiv: die vielfältigen Kommunikationsmöglichkeiten, die es möglich machen, das Lernen, auch von alten Sprachen, lustiger, lebendiger, abwechslungsreicher zu gestalten; die zahlreichen Informationsmöglichkeiten, rasch verfügbar, immer abrufbar, die internationale weltoffene Vernetzung.

Allerdings: das Nachdenken, die Interpretation, die eigene Interpretation, ist nicht abrufbar. Sie kann verkümmern und damit das eigenständige Denken. Wenn das kritische Bewusstsein nicht geweckt und gefördert wird für Interpretationen, die sich auch in sog. »objektiven Tatsachen« verstecken, oder auch das Bewusstsein dafür, dass man mit Bildern »lügen« oder doch zumindest in die Irre führen kann, werden Kinder leicht verführt und manipuliert. Das kritische Bewusstsein wird erworben im Dialog, im Gespräch, und Gespräche mit Kindern und Jugendlichen entzünden sich nicht selten an deren Irrtümern, also nicht an dem, was in die Köpfe hineingegeben wird, sondern was dort bereits drin ist und erst einmal zu er- oder hinterfragen ist.

Wenn Sie in die Augen eines Säuglings schauen, haben Sie sich schon einmal gefragt, was er aufnimmt und was er davon und wie in seinem Köpfchen verarbeitet? Die Welt um ihn herum ist ein großes Fragezeichen mit einigen zunehmend bekannten und wiederkehrenden Eindrücken, aber auch mit immer neuen und neu zu interpretierenden und zu integrierenden.

Im Höhlengleichnis beschreibt Platon die begrenzten Wahrnehmungen und Fehlinterpretationen von Menschen, die in der Schattenwelt der Höhle leben und ihren Phantasien freien Lauf lassen. Wer die Höhle verlässt, muss sich erst mühsam an das Neue und Unvertraute gewöhnen. Zurückgekehrt in die Höhle will ihm keiner glauben und damit sich und sein Weltbild infrage stellen lassen.

Alles sinnlich Wahrgenommene ist interpretationsbedürftig und wird ständig interpretiert, dabei sind Illusionen unvermeidlich, z. B. die, etwas ohne genaues Hinsehen bereits zu kennen oder einen Teil für das Ganze zu halten. Man kann sich wohl in seiner Höhle fühlen, weil man sich der Größenphantasie hingeben kann, die Welt zu kennen, auch wenn man nur einen Ausschnitt ihrer Vielfalt überschaut.

Schlimm ist es, wenn von Kindheit an die Entdeckungslust unterdrückt ist, selbst in der inneren Welt ist dann keine Exploration, keine neue Erfahrung möglich. Erfahrungen mit sich selbst sammelt man nicht über den Fernsehschirm, der übrigens nach Umfragen für Kinder in der Latenz wichtiger ist als Handy oder Computerspiele. Man gewinnt Informationen, aber keine Erfahrung mit sich selbst, weil man vor dem Fernseher nicht aktiv werden, sich beteiligen und einmischen kann.

Anpassungsfähigkeit und Widerständigkeit sind lebenslang gefordert, nicht nur Anpassung des Einzelnen an die Gesellschaft, sondern auch der Gesellschaft an die veränderten Lebens-/Altersbedingungen des Einzelnen (vgl. Dörner, 2012).

Was bleibt? Und wie lange?

Zunehmend zerfallen die normalen und gewohnten Familienstrukturen. Alleinerziehende Eltern und Patchwork-Familien nehmen zu. Wie viele Abbrüche von sicheren Beziehungen muss ein Kind ertragen und verarbeiten können, ohne sich enttäuscht in die Beziehungslosigkeit zurückzuziehen? Die ödipale Thematik: »Der Papa kann ruhig gehen, ich kümmere mich schon um Mama«, für wie viele Kinder ist das noch ein Thema, wenn der Papa (oder die Mama) nicht vorhanden ist und sie sich, viel zu früh, schon um einen Elternteil kümmern müssen, das aber eher als eine Last als eine gesunde ödipale Konkurrenz empfinden? Die Bindungs- und Beziehungslosigkeit, häufig durch den wiederholten Erzieherwechsel bei Heimkindern anzutreffen, ist längst ein Problem auch der nicht auf institutionelle Unterstützung angewiesenen Kinder geworden. Erziehung setzt Bindung voraus, und Bindung braucht Zeit, muss wachsen, sich entwickeln können. Bindung braucht aber auch Streit und Einbindung in zunehmende Verantwortung für sich selbst und andere. Das erfordert Zeit, Präsenz und keine Angst vor Konflikten. Was aber immer schwieriger wird in Patchwork-Familien und früher Kindertagesstätten-Betreuung ist eine sichere Bindung an *eine* Person, der gegenüber sowohl Liebe als auch Hass nicht nur erlebt, sondern auch geäußert und bearbeitet werden kann. Gerade die Angst der Kinder von Alleinerziehenden, das letzte Risiko in einer wütenden Auseinandersetzung zu scheuen, weil kein Halt gebender anderer Erwachsene zur Verfügung steht, führt zu unsicheren Bindungen und in einer frühen Lebensphase zu der depressiven Angst, fallengelassen zu werden, wenn man aufs Ganze geht. Das leidenschaftliche Begehren, soweit es sich in der Beziehung entfaltet, ist der Lackmustest auf die Qualität dieser Beziehung, in der sowohl Anpassung als auch Widerstand ihren Ort, ihre Berechtigung und ihre Synthese finden.

Anna, ein gut entwickeltes 8-jähriges Mädchen weigert sich, sich pünktlich für die Schule anzuziehen. Die hilflose Mutter nimmt die Sachen mit in den Fahrstuhl und stülpt sie ihr über, um noch in letzter Minute, und meist verspätet, das Kind in der Schule abzugeben. Das Kind ist nicht dumm, auch nicht kontaktgestört, dennoch wird mit den Erwachsenen immer wieder das gleiche Spektakel zelebriert. Auch beim Kindertherapeuten weigert sie sich, den Behandlungsraum zu verlassen, wenn die Zeit zu Ende ist (und nach 10 Minuten der nächste Patient wartet). Die gut entwickelte 8-Jährige benimmt sich wie ein Kleinkind, wenn Grenzen gesetzt werden, und die Mutter ist hilflos, kann sich dem Kind gegenüber nicht durchsetzen: eine offene Zweikampfsituation, die keine Verhandlungsspielräume zulässt.

Anna entfaltet eine beachtliche Energie, ist sehr phantasievoll, will alles selbst in die Hand nehmen, Macht ausüben und bestimmen. Nach Auskunft der Eltern war sie »von Anfang an schwierig«. Offensichtlich hatten die Eltern »von Anfang an Schwierigkeiten« – beide waren berufstätig, keiner wollte zurückstecken und sich auf die Bedürfnisse des Kindes einstellen. Groß geworden kehrt Anna den Spieß um: Sie zwingt die Erwachsenen, sich für sie Zeit zu nehmen, und zelebriert im Rollenspiel mit dem Kindertherapeuten engagiert ihre unbewusste Traurigkeit, Enttäuschung, Ohnmacht und Hoffnung: Sie ist jetzt der Erwachsene und der Therapeut das Kind. Es geht um die Perspektivenübernahme, die gegenseitige Anerkennung sehnsüchtiger. zärtlicher, sensibler Gefühle und den Wunsch verstanden zu werden. Das Scribble-Spiel von (Winnicott, 1971) wird in der Therapie szenisch mit Erfolg umgesetzt: Die Stunde ist beendet, Anna muss gehen und will nicht – eine zweifellos schwierige Situation. Lässt sich mit der 8-Jährigen ein Kompromiss aushandeln zwischen Anpassung und Widerstand?

Für Selbstbestimmung und Autonomie waren in dieser Erziehung keine Verhandlungsspielräume vorgesehen, diese musste sich das Kind auf seine Weise vehement ertrotzen. Das ist aber zunehmend die Situation, wenn die Eltern auf ihren Arbeitsplätzen unter Druck stehen und diesen existentiellen Druck ungefiltert an ihre Kinder weitergeben. Kompromisslose Zweikämpfe finden dann statt um einen Raum, der keinen Platz hat für die Bedürfnisse des Erwachsenen und des Kindes. Autoritär, und letztlich mit der Gewalt des Stärkeren, wurde dieser Streit entschieden. Es gab keine Spielräume für Verhandlungen, keine Kompromisse und kein Vertrauen in die sich entwickelnde Fähigkeit zur Perspektivenübernahme durch das Kind.

Menschen sind keine Roboter und nicht beliebig programmierbar. Wenn man die Symptome der Kinder nicht isoliert als individuelle Symptome, sondern Symptome einer Fehlanpassung, als Widerstand gegen eine entgleiste Beziehungsroutine, als Wunsch und Aufforderung liest, dass ein Kind etwas ausdrücken und verstanden werden möchte, dann begreift man, dass die ebenfalls nicht selten anzutreffende »Symptomlosigkeit« nicht unbedingt ein Zeichen von Gesundheit, sondern von Resignation sein kann.

Es gibt gesunde und kranke, gute und schlechte Anpassungsformen. Verführbar für Anpassungen sind Kinder an die Eltern/Erwachsene und Jugendliche an die Peergroup. Nach Freud (1911, S. 236) geht es in der Entwicklung um den Übergang vom Lust- zum Realitätsprinzip, ich würde eher sagen: um die gelungene, *geglückte Verbindung von Lust- und Realitätsprinzip.* Denn dieser Übergang kann auch in Überanpassung an sog. »Realitäten« enden und dann auf Kosten von Lust und Lebensfreude gehen.

Zu geringe Anpassung erschwert die Einordnung in die Gemeinschaft, Gruppe, Familie und Gesellschaft. Sublimierungen, d. h die Befriedigung von Triebbedürfnissen auf einer gesellschaftlich anerkannten Stufe, sind möglich, aber auch nicht unproblematisch: Anstelle von oraler Gier die Leseratte, die alles, was lesbar und im Internet erreichbar ist, in sich hineinschaufelt, ohne Rücksicht darauf, dass das, was man sich einverleibt hat, auch verdaut werden muss. Das ist eine Gefahr auch beim Studium, wenn heute Unmengen von Literatur in einem Semester gelesen und im Seminar behandelt werden; 1955 hatten wir in einem Seminar bei Professor Löwith in Heidelberg ein ganzes Semester Zeit für zwei frühe Schriften von Marx.

Was heißt heute Anpassung in einer technologisch, sozial und politisch sich rasch verändernden Welt, die die Anpassungsfähigkeit der Älteren überfordert, so dass sie von ihren Kindern technisches Knowhow lernen können/müssen; die verlangte Anpassung kann die Kinder nicht nur überfordern, sondern auch verführen, ständig Neuerungen hinterherzulaufen, auf die Werbung reinzufallen oder – um mit Doderer zu sprechen –schließlich »den Preis von allem, aber den Wert von nichts« nicht nur zu wissen, sondern auch für wichtig zu halten. Konsumverzicht in einer Welt zu leisten, die zum Konsum, zur Außen- statt zur Innenorientierung verführt, ist nicht leicht. Der Selbstbezug wird vernachlässigt und damit die Frage, was bringt mir das wirklich.

Ein leeres Blatt Papier ist »kreativer« als ein Bilderbuch, aber auch Comicfiguren können mitunter lehrreicher sein als moralische Appelle, z. B. Asterix und Obelix in ihrer Macht zersetzenden, komischen Entlarvung der Mächtigen.

Widerstand zeigt sich schon von Beginn an, wenn zB. die Mutter das Kind stillen möchte, aber das Kind satt ist und sich abwendet. Oder wenn das Kind nicht gefüttert, sondern auf den Arm genommen werden will. Aufmerksame Eltern nehmen das wahr und reagieren sensibel darauf. Dieser frühe, relativ schwache Widerstand kann durch Zwang relativ leicht überwunden werden. Anders ist es mit dem Widerstand in der sog. »Trotzphase«, in der es vehement um Selbstbestimmung und Autonomie geht. Auch dieser Widerstand kann gebrochen werden, ist damit aber nicht weg und begegnet uns bei Kindern, die auf eine passive, aber nichtsdestoweniger nachhaltige Art altersgemäße Anforderungen verweigern, was oft erst in der Schule – durch die Übertragung auf die Lehrerin – zu ernsthaften Schwierigkeiten führt; sei es in Form einer generellen Verweigerung, bei der auch Nachhilfe nichts nützt, sei es in einem störenden Verhalten – der Klassenclown – oder auch in einer Verschiebung der unterdrückten Aggressionen gegen schwächere Mitschüler. Diese Kinder landen, nachdem pädagogische Maßnahmen nichts gefruchtet haben, beim Kinderpsychiater oder -psychotherapeuten. Welche ungeheure Energie in dieser nicht seltenen passiven Verweigerung steckt, wird spätestens dann offensichtlich, wenn so ein Kind es schafft, eine ganze Hilfekonferenz von Erwachsenen zu mobilisieren. Zwar ist das eine negative Anerkennung, aber dennoch eine Anerkennung. Diese Kinder haben nicht die Erfahrung gemacht, dass man mit den Eltern Kompromisse schließen und etwas aushandeln kann. Kinder lieben z. B. Kitsch und nicht selten blutet einem das Herz, wenn sie, verführt durch Reklame, ihr mühsam Gespartes für teuren Kitsch ausgeben. Dennoch ist es wichtig, dass sie die Erfahrung machen, was sich tatsächlich damit anfangen, d. h. spielen lässt. Erfahrungen kann man nicht übertragen. Menschen lernen eben nicht auf dem geraden Weg des Intellekts, sondern auf den Umwegen der Emotionalität und Affektivität. Diese kann sich rasch begeistern und an Objekte der Begierde hängen, die genau so rasch wieder vergessen werden oder ihren Reiz verlieren. Wir lernen durch das Zusammenspiel von emotionaler und rationaler Erfahrung und dazu gehören auch Enttäuschungen, Irrtümer, Fehler, Fehlentscheidungen und eine daraus resultierende gesunde Skepsis auch gegenüber dem eigenen Begehren.

Die innere Kompassnadel

Es bleibt das Problem: Erziehung und Anpassung im Hinblick auf eine Welt, die wir noch nicht kennen. Haben sich unsere Eltern träumen lassen, in welcher Welt wir heute leben? Oder gar unsere Großeltern? Und können wir uns die zukünftige Welt unserer Enkel vorstellen? Was macht die wachsende Beschleunigung mit uns, mit unseren Kindern? Unter welchen Erfolgsdruck setzen wir schon die Vorschulkinder? Können sie es sich noch leisten, wie einst James Fenimore Cooper, ihre Lehrer kritisch als »Esel auf dem Professorenstuhl« zu bezeichnen, sich einen Schulverweis und den Abbruch einer Schulkarriere einzuhandeln und dennoch der erste Schriftsteller zu werden, der von seinen Büchern leben kann? Wie viele Umwege können sich Kinder heute leisten? Wie viel brauchen sie, um zu sich selbst zu finden und um nicht vor lauter Anpassung den Kontakt zu sich selbst zu verlieren?

Gefahren bestehen durch das ungeheure und immer noch wachsende Angebot an Manipulierbarkeit und Verführbarkeit durch ein übermäßiges Warenangebot, Konsumanreize, durch Reklame und Medien. Sind Kinder dieser Manipulation verfallen, dann kennen sie am Ende den Preis von allem, aber den Wert von nichts (Doderer, 1964). Hier sind Eltern oder Erwachsene gefragt, die Farbe bekennen, entlarven, zwar nicht jeden Kitsch verurteilen, aber auch nicht jede von der Spielzeugindustrie angebotene Verrücktheit mitmachen. Kreativ kann ein Stück Holz einem Kind spielerisch je nach Wunsch und Laune als Puppe, Auto, Schiff oder Rakete dienen.

Schon Jean Paul schrieb: »Reichtum lastet mehr das Talent als die Armut und unter Goldbergen und Thronen liegt vielleicht mancher geistige Riese erdrückt begraben. Wenn in die Flammen der Jugend und vollends der heißen Kräfte zugleich noch das Öl des Reichtums gegossen wird: so wird wenig mehr als Asche vom Phoenix übrig bleiben.« (Paul, 1996, S. 1044) Er spricht von der Bedeutung der »inneren Kompassnadel«, die den Weg durch die Konsumwelt zeigen kann. Das Wichtigste in der Entwicklung und vielleicht auch in einer der wirklich glücklichen Momente ist die Entdeckung des »Ich bin ein Ich« (Paul, 1996, S. 1061), die Entdeckung eines unmittelbaren Bezugs zu sich selbst, von der Jean Paul wie von einem Blitzstrahl vom Himmel getroffen wurde, ein Ich getrennt, unabhängig, ein Individuum, die Entdeckung des Ichselbst, verbunden mit der Trennung vom Nichtselbst. Das setzt eigene Erfahrungsräume voraus, äußere und innere Räume, die offen für das unverwechselbar Eigene sind und nicht ständig angefüllt und überfüllt mit Fremdem.

Dass übrigens Geld und Konsum nicht glücklich machen, ist eine Binsenweisheit, die aber durch neuere Untersuchungen des Easterline Paradox bestätigt wurde. Reiche Menschen und reiche Nationen scheinen nicht glücklicher zu sein als ärmere, im Gegenteil: Mit wachsendem Wohlstand verarmen soziale Beziehungen, nehmen psychische Krankheiten nach einem WHO-Bericht zu. Geld macht unabhängig, man kann sich alles kaufen, aber führt auch nicht selten zu einer Verarmung der menschlichen Beziehungen (Kast, 2011). »Gefängnisse sind als Kinderstube problematisch« (Lec, 1968, S. 9), auch die »goldenen Gefängnisse« des Konsums.

Lernstörungen

Anpassung geschieht durch Lernen, das zweifellos eine intellektuelle Leistung ist. Nicht selten sind Lernstörungen jedoch keine Sache des Intellekts, sondern der Motivation, die insbesondere von Gefühlen und Affekten beeinflusst wird.

Dem hoch intelligenten, aber zum Entsetzen seiner Eltern kleinwüchsigen Max – beide Eltern beruflich im Medienbereich tätig und sehr auf Äußerlichkeiten bezogen – fehlte die Anerkennung, weil die narzisstischen Eltern fixiert waren auf das Nichtvorhandene – den altersgemäßen Körperwuchs – und nicht auf das Vorhandene – die intellektuellen Fähigkeiten. Er entwickelte – self fulfilling prophecy – einen so enormen Trotz und Widerstand gegen intellektuelle Anforderungen, dass bereits im 2. Schuljahr eine Helferkonferenz einberufen wurde, an der 16 Erwachsene (Eltern, Psychologen, Lehrer, Psychotherapeuten, Kinderärzte, Sozialarbeiter) teilnahmen; sie alle hatte er mit seiner Verweigerung auf die Beine gebracht, eine bemerkenswerte Leistung. Diese Beobachtung stammt aus der Supervision mit Kinderanalytikern. Der Junge sicherte sich auf diese Weise, wenn auch negativ, die Aufmerksamkeit und Zuwendung, die er brauchte. Winnicott nannte das eine Aggression (Provokation) im Zeichen der Hoffnung, auf eine gesunde und bitter entbehrte Weise Anerkennung zu bekommen. Durch eine Perspektivenübernahme gelang es dem Kinderpsychotherapeuten – er blieb »klein« in trotziger Identifikation mit dem Blick der Eltern –, einen Zugang zu seinem unterdrückten Stolz und gesunden Ehrgeiz zu finden.

Lern- und Entwicklungsstörungen nehmen in den kinderpsychiatrischen Praxen zu. Was sind die Gründe? Von Jerzy Lec stammt der schöne Satz: »Kinder suchen immer nach dem Geheimnis jenseits des Spiegels. Nur wir Erwachsenen begnügen uns oft mit einer flachen Vordergründigkeit.« (Lec, 1968, S. 55) Das »Geheimnis hinter dem Spiegel« war bei Max die Entlarvung der einseitigen narzisstischen Fixierung auf das Äußere bei beiden Eltern und deren depressive Sicht auf das »halbleere Glas«, das Nichtvorhandene.

Perspektivenübernahme – die Sprache

Noch einmal: Wenn Sie in die Augen eines Säuglings sehen, haben Sie sich schon einmal gefragt, was er aufnimmt und was er davon und wie in seinem Köpfchen verarbeitet? Die Welt um ihn herum ist ein großes Fragezeichen mit einigen bekannten und wiederkehrenden Eindrücken, aber auch mit immer neuen und neu zu integrierenden. Was muss ich ihm vermitteln, neben der körperlichen Pflege und der Zuwendung, dass er später im Erwachsenenleben zurechtkommt? Die Sprache, denn ohne Sprache läuft nichts unter Menschen. Es gibt nicht nur die Sprache der Worte und des Intellekts, sondern auch die der Gesten, der Mimik, der Emotionalität. Gerade diese letztere Sprache ist verkümmert bei depressiven Eltern, vor allem der depressiven Mutter, die Andrée Green wegen der fehlenden Korrespondenz auch »die tote Mutter« genannt hat, tot, obgleich sie anwesend war (Green, 1999).

Entwicklung ist Entfaltung. Aber die Bedingungen dazu müssen auch gegeben sein. Eine Bedingung ist die unterschiedliche Zeit, die Menschen – wie Pflanzen – für ihre Entwicklung brauchen. Es gibt Spät- und Frühentwickler. Wer dem nicht Rechnung trägt, behindert beide in ihrem Wachstum. Wir kennen das aus Psychoanalysen: Es gibt Analysen, die lange Zeit brauchen, aber nicht alle brauchen lange Zeit.

Aufgezwungene Entwicklungen, gleich ob zu langsam oder zu schnell, können zu einer forcierten Anpassung führen, die Spuren hinterlässt: Die einen versagen und kämpfen als Erwachsene mit ihren Minderwertigkeitsgefühlen. Das ist bedingt durch die Ausrichtung unserer Schulen auf intellektuelle Leistungen und der fehlenden Anerkennung für praktische und handwerkliche Begabungen, wie ich in Gesprächen mit rechtsradikalen Jugendlichen festgestellt habe: Sie waren nicht dumm, aber auch nicht intellektuell; aber ihre Schulzeit war eine Karriere von Misserfolgserlebnissen und Kränkungen. Intellektuell begabte Kinder hingegen brauchen anderes »Futter«, Anregungen, Herausforderungen, um nicht in der Schule an einer tödlichen Langeweile zu ersticken.

Bei Max haben die Angebote der Schule nichts gebracht, weil er verstrickt war in seine Elternbeziehung. Diese wurden erst stutzig, als er – in einer karikaturhaften Übertreibung – sich von den Mädchen in der Schule überreden ließ, für sie die »Puppe« zu spielen. Immer wenn Kinder etwas – mitunter kabarettreif – auf die Spitze treiben, ist die Perspektivenübernahme wichtig:

Was will mir das Kind zeigen, was führt es mir äußerlich *und* innerlich vor. Bei Max hieß das: Ich zeige Euch, wie Ihr mich seht.

Erstklässler gehen in der Regel neugierig und aufgeschlossen und – wie mir Lehrer versichern – gern in die Schule. Schuleschwänzen aus eigenem Antrieb ist selten und geht eher auf das Konto von Eltern, die Pünktlichkeit und Zuverlässigkeit nicht ernst nehmen. Das ändert sich mit den Jahren, und die Frage ist, ob es nicht auch einen zunehmend Unlust erzeugenden Anteil an der Schule gibt, wenn zu wenig die Eigeninitiative, individuelle Interessen und Begabungen gefördert werden.

Ist Schuleschwänzen erlaubt oder unerlaubt? Eine wichtige Kriegserfahrung war für mich, dass mir etwas fehlte, als die Schule ausfiel, und ich mich freute, als sie wieder anfing, Schule kann auch als ein Angebot und nicht als eine Pflichtveranstaltung erlebt werden.

Doch wie sieht die Realität heute aus? Der eine Lehrer kümmert sich um die Schwächsten und stellt die Besten an, sich um die Schwächsten zu kümmern, und stellt eine Gemeinschaft von Lehrenden und Lernenden her; der andere verteilt Arbeitsblätter, die die Schüler selbst korrigieren, mit dem Ergebnis, dass immer wieder die gleichen Schüler die gleichen Fehler machen. 10% der Insassen deutscher Strafanstalten sind Analphabeten. Obgleich eine allgemeine Schulpflicht besteht, haben sie nicht lesen und schreiben gelernt.

Wie das zustande kommt, kann ich bei den Freunden meines Enkels beobachten:

- Die Aggressivität der Zappelphilippe, die die Schule als ein sinnloses Unternehmen empfinden und das durch innere Unruhe, Unkonzentriertheit, Abgelenktheit zum Ausdruck bringen.
- Die Aggressivität auf dem Schulhof, die sich an Mitschüler anstatt an die Lehrer oder Erzieher wendet.
- Die hilflosen Erzieher, die die Aggressionen und den Lärm – dröhnende Musik im Hort – nicht mehr steuern.
- Der Kampf der Eltern um die begehrten Schulplätze, als würde schon jetzt und durch die Schule über das künftige Leben des Kindes entschieden werden und als käme es nicht darauf an, was ein Kind aus sich und seinem Leben und in der Zeit, die es für Wachstum und Entwicklung braucht, machen wird.
- Die Angst der Eltern um die Zukunft ihrer Kinder, die in einer immer we-

niger überschaubaren und steuerbaren Welt ihre eigenen Gegenwarts- und Zukunftsängste schon auf die Kinder übertragen.
– Die Werte, die übermittelt werden, als sei ein guter Praktiker weniger wert als ein guter Theoretiker.

Spielräume als Erprobungsräume

Was meint mein Enkel, wenn er mit drei Jahren mittags aus dem Kindergarten kommt und sagt »will spielen«? Jedenfalls etwas anderes, als er im Kindergarten gemacht hat. Er hat ein Bedürfnis, das er im Kindergarten nicht stillen konnte: das stille sich Versenken in ein Spiel seiner Phantasie, ohne abgelenkt oder gestört zu werden, das freie Assoziieren, unbehelligt von äußeren Einflüssen. Machen wir uns – verantwortlich – Gedanken, wie eng diese freien *Spielräume der Phantasie* für unsere Kinder geworden sind, wenn ihnen dauernd von außen, wenn auch in gut gemeinter Absicht, etwas angeboten oder übergestülpt wird?

Eine Möglichkeit des früheren Widerstandes gegen ein Überangebot von außen ist, dass Kinder sich in Tagträume zurückziehen, äußerlich sind sie noch da, innerlich jedoch abwesend und deshalb auch nicht selten Einzelgänger und Schulversager. Inzwischen scheint durch Untersuchungen gesichert zu sein, dass Kinder, die früh in öffentlichen Einrichtungen betreut wurden, aggressiver, durchsetzungsfähiger, aufmüpfiger sind und auch mit 12 Jahren mehr aggressive Verhaltensauffälligkeiten zeigen als andere (Langzeitstudie des Instituts für Kindergesundheit und menschliche Entwicklung in Washington seit 1991, zit. in: Müller-Lissner, 2007), wobei der Stressfaktor – Lärmpegel, zu viele Kontakte – als Ursache angenommen wird.

Um ein Gleichgewicht zwischen außen und innen herzustellen, sind sowohl äußere wie auch innere Bedingungen notwendig. Für dieses »Spiel« meines Enkels waren die äußere Ruhe, das Ruhen in sich selbst als innere Möglichkeit und die äußere Ungestörtheit eine wichtige Voraussetzung, die mein Enkel in der Kindertagesstätte nicht gefunden hat. Die Möglichkeit, die Welt nach den inneren Bildern zu gestalten (Hüther, 2010), wie es im Kinderspiel und in Kinderzeichnungen (wenn nicht abgemalt wird) geschieht, ist, wie Kinderanalytiker in ihrer täglichen Arbeit erfahren, eine Kommunikation mit der inneren Welt, mit dem, was Menschen bewegt, auseinanderreißt und zusammenhält. Es ist ein Zwiegespräch mit sich selbst, und wie nach Kleist beim Reden die allmähliche Verfertigung von Gedanken entsteht (vgl. Kleist, S. 74ff.), so entstehen die inneren Bilder und Vorstellungen beim Spielen, Zeichnen und Malen und gewinnen gleichzeitig eine innere *und* auch äußere und damit kommunizierbare Gestalt.

Die Entdeckung der inneren Welt ist mindestens so wichtig wie die der äußeren, denn auf ihrer Kenntnis beruht das Gefühl, bei sich geborgen und zuhause zu sein oder – um mit Goethe zu sprechen – in sich selbst zu ruhen und nicht auf der Flucht vor sich selbst zu sein, wie es für sicher einige »ADHS-Kinder« zutrifft.

Literatur

Bion, W. R. (1962): Lernen aus Erfahrung. Frankfurt a. M.: Suhrkamp 1990.

Die Zeit (2012): Blüm, Norbert: Über die Enteignung der Kindheit und die Verstaatlichung der Familie. Eine Streitschrift. 15. 03. 12, S. 75.

Doderer, H. v. (1964): Tangenten. Tagebuch eines Schriftstellers. München: Biederstein.

Dörner, K. (2012): Helfensbedürftig – Heimfrei ins Dienstleistungsjahrhundert. Neumünster: Paranus Verlag.

Freud, S. (1911): Formulierungen über zwei Prinzipien des psychischen Geschehens. GW XIII: S. 229-238.

Green, A. (1999): Die tote Mutter. Gießen: Psychosozial 2004.

Hüther, G. (2010): Die Macht der inneren Bilder. Wie Visionen das Gehirn, den Menschen und die Welt verändern. Göttingen: Vandenhoeck & Ruprecht.

Kast, B. (2012): Ich weiß nicht, was ich wollen soll. Frankfurt a. M.: S. Fischer.

Kleist, H. v.: Über die allmähliche Verfertigung der Gedanken beim Reden. Heinrich von Kleist Werke. Leipzig, Bibliographisches Institut, Bd. 4., 1926.

Klimmt, C. (2006): Computerspiele als Handlung. Köln: von Halem.

Kloepfer, I. (2012): Nur wir Eltern sind im Stress. Warum es richtig ist, aus Kindern gute Schüler zu machen. Der Spiegel, 17, S. 150f.

Luckmann, T. (1967): Die unsichtbare Religion. Frankfurt a. M.: Suhrkamp 1991.

Lec, S. J. (1968): Letzte unfrisierte Gedanken. München: Carl Hanser.

Müller-Lissner, A. (2007): Unter drei schon aus dem Haus? Eine Entscheidungshilfe für junge Eltern. Berlin: Ch. Links Verlag.

Nadolny, S. (1987): Die Entdeckung der Langsamkeit. München: Piper.

Paul, J. (1996): Selbsterlebensbeschreibung. Sämtliche Werke, Abt. I, Bd. 6 München: Carl Hanser.

Platon: Politeia. Der Staat. Werke Bd. 4, 2. Aufl., Darmstadt: Wissenschaftliche Buchgesellschaft 1990.

Schelsky, H. (1957): Die skeptische Generation. München: Eugen Diederichs.

Tagesspiegel (2012). 25. 04. 12., S. 21.

Tagesspiegel (2012). Vogt, Sylvia: Politikerin im Praxistest. 17. 04. 12, S. 12.

Winnicott, D. W. (1971): Vom Spiel zur Kreativität. Stuttgart: Klett 1979.

Jochen Raue
NICHT OHNE MEIN HANDY
Triebwünsche ausleben oder Versagung ertragen?

Einleitung

Ich werde mich in diesem Beitrag auf das umgangssprachlich genannte »Medium« Handy bzw. Smartphone (als Hardware mit Programmen, die Zugang z. B. zum Internet verschaffen) beschränken, aber sicherlich lassen sich einige Gedanken und Überlegungen auch auf andere »neue Medien« übertragen. Dass ich den Gebrauch des Handys versuche zu beleuchten und zu hinterfragen, hat aber damit zu tun, dass dieses Medium für Kinder und Jugendliche m. E. ein erstes Einstiegstor in die Welt der allumfassenden Kommunikation ist, ein Eintritt in die virtuelle Welt.

Um gleich einem möglichen Missverständnis vorzubeugen: Es geht bei meinen Überlegungen nicht darum, das Handy, wie es viele Technikablehnende tun, zu verteufeln. Es hat auch seine Vorzüge, nur sollte man nicht so tun, als habe es für die psychische Entwicklung und die Verarbeitung von Problemen keine Bedeutung bzw. schaffe keine neuen Konflikte und wirke sich nicht auf das Leben im Alltag aus.

Im klinischen Alltag und auf Elternabenden erlebe ich immer wieder die Beschwerden und Klagen von Eltern über ihre Kinder und Jugendlichen, dass diese so handyabhängig seien, das neueste Smartphone haben wollen und wie die Eltern damit unter Druck gesetzt werden. Das Thema ist zudem immer wieder ein beliebter Alltagsgesprächsstoff zwischen Erwachsenen, wenn es um die eigenen oder ihnen anvertrauten Kinder bzw. die Jugend an sich geht, jedoch sind die Diskussionen oft unfruchtbar und bleiben in oberflächlichen Klagen stecken.

Betrachtet man sich die Entwicklung dieses Mediums, so fällt erst einmal auf, dass hier ein Statussymbol entstanden ist, das kaum einer mehr missen möchte und auf das zu verzichten vielen, egal ob Erwachsener oder Kind bzw. Jugendlicher, nicht mehr möglich ist. So kann man in verschiedensten Situationen, in denen jemand z. B. warten muss, beobachten, wie sehr viele zum Handy greifen, um damit herumzuspielen oder darauf herumzudrücken. Auf der Straße begegne ich Schülern, die jeder ein Handy in der Hand halten, oder beim Essen in einem Café sitzen sie alle an einem Tisch und beschäftigen sich jeder mit seinem Smartphone, was einer Kommunikation untereinander wenig dienlich erscheint.

Oder ich beobachte in den Therapiestunden, dass nicht mehr die schnurgebundenen Spieltelefone interessant sind, sondern das Spielehandy, mit dem sich Geräusche machen lassen und das viel besser ankommt.

Eine besondere Gruppe bilden die Nutzer von Apple-Produkten mit ihren fast hysterisch anmutenden Präsentationen, wie aktuell bei der Präsentation des I-Phone 5 wieder deutlich wurde. Dabei ist dieses Verhalten m. E. schon dem einer religiösen Sekte vergleichbar, die sich im Besitz der einzigen »Wahrheit«, hier des richtigen Produkts, wähnt. Die Präsentation eines neuen I-Phone wird in einer Weise inszeniert und ähnelt dabei gottesdienstähnlichen Treffen. Verzückt betrachtete die Gemeinde bisher den Gott Steve Jobs und dessen neuesten Produkt und lauschte diesem hingerissen. Apple-Nutzer schauen mitleidig auf die herab, die sich mit anderen Geräten »begnügen«. Sie übernachten vor den »Kathedralen der Apple-Shops«, um eines der ersten Geräte zu ergattern, und wähnen sich im Besitz eines Geräts, das ihnen Jugend und Fortschritt verspricht, wenn man es nur hat.

Der Messias Steve Jobs hatte und hat Kultstatus, und mittlerweile lassen sich bei der Apple-Gemeinde grundlegende Bedingungen einer Masse, wie sie Freud in *Massenpsychologie und Ich-Analyse* beschreibt, feststellen:

1. Die Apple-Masse besitzt ein gewisses Maß an Kontinuität.
2. Im Einzelnen der Masse hat sich eine bestimmte Vorstellung von der Natur, der Funktion, den Leistungen und Ansprüchen der Masse gebildet.
3. Die Masse rivalisiert mit ihr ähnlichen, aber doch in vielen Punkten abweichenden Massenbildungen (wie z. B. die Masse der Windowsnutzer).
4. Die Masse besitzt bereits Traditionen, Gebräuche und Einrichtungen, besonders solche, die sich auf das Verhältnis ihrer Mitglieder zueinander beziehen.
5. Und es gibt in der Masse eine Gliederung, die sich in der Spezialisierung und Differenzierung der dem Einzelnen zufallenden Leistung ausdrückt (vgl. Freud, 1921/1974, S. 81).

Man könnte darüber noch viel spekulieren, aber ich möchte mich den klinischen Überlegungen zuwenden.

Fallvignetten

Beispiel 1

Das erste Mal wurde ich mit diesem Thema klinisch vor ca. 10 Jahren konfrontiert, die Handyentwicklung stand noch am Anfang, hatte aber schon eingesetzt.

Zu einer Begutachtung für ein Familiengericht kamen Eltern, die eher verwahrlost und wenig strukturiert wirkten. Sie standen vor meiner Tür und der Mann konnte erst nicht hereinkommen, da er noch lauthals mit seinem Handy ungeniert telefonieren musste. Er hatte das Handy wie ein Cowboy am Halfter, was dem Ganzen etwas Kurioses, Westernartiges verlieh, aber zu seinem aufgesetzten Allmachtsgehabe passte. Erst später fiel mir auf, dass dies eine Inszenierung darstellte, da er keinerlei Guthaben darauf hatte. Damit wollte er mir offenbar zeigen, dass er wichtig sei und ich mich in acht zu nehmen habe, falls ich seiner Familie eine schlechte Empfehlung geben sollte. Ich sollte Stellung zur Frage nehmen, ob die Kinder aus der Familie herauszunehmen wären. Der Vater scheint sich narzisstisch erhöhen zu wollen, um seine Angst abzuwehren.

Beispiel 2

Der 10-jährige Patient Janosch, der vor der Stunde oft zehn Minuten warten muss, steht dann immer vor meiner Praxis und telefoniert lauthals, meist mit seiner Mutter. Zum einen erreicht er damit meine Aufmerksamkeit, zeigt mir aber gleichzeitig, dass seine Mama die wichtigste Person ist, an der keiner vorbeikommt. Dies ist das Thema, an dem wir seit Stunden arbeiten: dass bei ihm alles erst einmal in Bezug auf die Mutter wahrgenommen wird.

Beispiel 3

Die dreizehnjährige Patientin Lara erklärt mir gleich zu Beginn ihrer Therapie ihr Verhältnis zu ihrem Handy, dass sie öfter von den Eltern zur Strafe abgenommen bekommt: »Ohne mein Handy kann ich nicht leben. Erst einmal liebe ich mein Handy, dann kommt lange nichts.« Als Begründung gibt sie an, dass sie das Handy brauche, denn, wenn ihr langweilig ist, dann muss sie sofort eine SMS an irgendjemanden schreiben oder anrufen, sonst hält sie es nicht aus alleine. Sie kam in den letzten drei Wochen auf 5.500 SMS, erklärte sie mir einmal stolz.

Immerhin ist es mittlerweile gelungen, eine Verbindung zu ihrem unsicheren Gefühl über sich selbst und ihrem Einsamkeitserleben herstellen zu können, aber das Handy bleibt eine Krücke.

Beispiel 4

Auf einem Geburtstag der 12-jährigen Tochter gestaltet sich die Kommunikation mit den Gästen insofern schwierig, berichtet eine Mutter, als die drei Freundinnen auf dem Sofa nebeneinandersitzen, jede von ihnen mit einem Handy bewaffnet und alle tippen fleißig SMS, ohne die anderen Freundinnen eines Blickes zu würdigen. So überbrücken sie die Zeit, in der keine Geburtstagsanimation stattfindet.

Fallbeispiel

Während die bisher beschriebenen Fallvignetten kurze Schlaglichter auf den Gebrauch und die Bedeutung des Handys werfen, möchte ich nun ein ausführliches Fallbeispiel nutzen, um dies klinisch und entwicklungspsychologisch zu vertiefen und zu untersuchen (vgl. Raue, 2008, Kap 3).

Jana, ein 19-jähriges Mädchen, meldet sich wegen der Trennung von ihrem Freund an. Ich sitze dann zum verabredeten Termin da und warte, als mich ihre Mutter anruft, um mitzuteilen, Jana könne heute nicht kommen, sie sei verhindert. Ich fühle mich nach diesem Anruf elend und zu meiner Überraschung regelrecht fallengelassen, ja enttäuscht, obwohl solche Absagen immer wieder vorkommen. Kaum habe ich mich mit dem Nichtkommen der Patientin abgefunden, klingelt das Telefon und Jana teilt mir per Handy mit, dass sie gleich da sei. Ich spüre Erleichterung und freue mich, was mich auch wiederum überrascht.

Jana ist ein hübsches Mädchen, das mich mit einem etwas zu freundlichen »Hallo« begrüßt. Ich erfahre, dass sie vor ein paar Wochen einen Suizidversuch unternahm, nachdem sich ihr Freund von ihr getrennt hat. Sie sprang aus 10 m Höhe und blieb wie durch ein Wunder unverletzt. Einen Tag verbrachte sie in einer Klinik zur Beobachtung, wo sie nach Befragung durch einen Psychologen, der sie fragte, ob sie es noch einmal machen würde, was sie verneinte, wie sie mir lachend schildert, entlassen wurde. Sie hatte aber selbst das Gefühl, sie müsse etwas für sich tun und nun ist sie da.

Jana erzählt mir in den zwei weiteren Gesprächen von der sehr sadomasochistisch gefärbten Beziehung zu ihrem ehemaligen Freund, von dem sie sich immer noch völlig abhängig fühlt und ohne den sie sich ein Leben kaum vorstellen kann. Auch die Trennung der Eltern in der Vorpubertät wird Thema. Die Eltern hat sie nur streitend und kämpfend in Erinnerung, und sie ist froh, dass diese sich getrennt haben. Sie berichtet, der Vater teilte ihr damals mit, dass er eine neue Freundin habe und sie solle es nicht der Mutter sagen, woran sie sich auch hielt.

Jana wirkt bei alle dem sehr strukturiert und sicher, rationalisiert ein wenig, sodass ihr Suizidversuch fremd und wie losgelöst von ihrer sonstigen Persönlichkeit isoliert dasteht (s. dazu Laufer, 1989). Schnell sind wir uns über eine Therapie einig, und ich wundere mich nur, wie reibungslos das alles vonstatten geht, ohne aber alarmiert zu sein. Meine Gegenübertragungsreaktionen schon am Telefon verblassen langsam und ich vergesse sie schließlich regelrecht.

In der Therapie nimmt die Beziehung zu dem Exfreund nun immer mehr Raum ein. Jana schwankt dabei zwischen romantischer Idealisierung und Verklärung bis hin zu ohnmächtigem Hass und Enttäuschung über dessen Verhalten. Mit Hilfe von Handykontakten zu Freunden und insbesondere den SMS-Botschaften über ihr Handy ist sie aber über die Aktivitäten des Exfreundes immer noch auf dem Laufenden und aktuell informiert. Ohne diese Handyverbindung hält sie es nicht aus, betont sie immer wieder, und ich bekomme zunehmend das Gefühl, Zuschauer bei einem Schauspiel zu sein, auf das ich keinerlei Einfluss mehr habe.

Jana sagt mir dann irgendwann, dass sie sich nicht von der Mutter trennen könne, denn diese käme alleine finanziell nicht über die Runden. Diese brauche den Unterhalt des Vaters. Sie ist also die Versorgerin der Mutter. Als sie in den anstehenden Ferien in Urlaub fahren will, wird sie kurz vorher krank und sagt lachend, das sei bei ihr immer so, wenn sie von der Mutter weggehe. Jedes Mal werde sie krank. Leise lässt sie durchblicken, welch panische Angst sie vor dem Alleinsein hat, und erinnert sich, wie sie in der Beziehung zu dem Freund keinen Tag ohne seinen Anruf sein konnte, ja, wenn er wegging, gleich mit den Handy anrufen musste, um zu wissen, wo er sei. Immer deutlicher wird, dass ihre SMS-Leidenschaft vor allem der Abwehr des Gefühls und der Angst vor dem Alleinsein dient. Nebenbei erfahre ich, dass sie Sexualität eklig findet, sich nie vorstellen konnte, dass die Eltern so was miteinander hatten und selbst ganz gut ohne auskommen kann. Auch mit dem Freund war die sexuelle Beziehung eher unbefriedigend für sie, sie tat aber so, als sei alles in Ordnung, denn sie wollte ihn ja nicht verlieren.

Sie wechselt dann schnell das Thema und kommt auf ihren Vater, der sie einfach fallenließ, als sie nicht mehr seinen Ansprüchen gerecht wurde und er nicht mehr auf sie stolz war. Nun ist ihre kleine Schwester die Prinzessin, meint sie böse.

Ich sitze in den Stunden dabei, kommentiere ihre Abhängigkeit und versuche hin und wieder zu deuten, dass ihr Suizidversuch so gar nicht in das alles, ihre Sicherheit und zur Schau gestellte Attraktivität passe, was sie zwar wundert, aber sie findet immer wieder die Erklärung, das sei eine Kurzschlusshandlung gewesen und so etwas würde sie sicher nie wieder tun.

Langsam fange ich an, daran zu zweifeln, ob meine Wahrnehmung, da stimmt etwas nicht, nicht doch der Ausdruck meiner eigenen Phantasie und Skepsis ist, die mit der Patientin nichts zu tun hat. Ich fühle mich regelrecht dumm und minderwertig, wenn ich eine Deutung der Abwehr versuche. Großzügig hört mir Jana dann zu, wenn ich ihr sage, wie abhängig sie sich fühlen muss, wenn sie über den Freund und den Vater herzieht, über deren Unzuverlässigkeit und Gemeinheit. »Aber damit bin ich fertig«, betont sie immer wieder. Das Handy ist im Hintergrund der Stunden stets präsent, wird aber von Jana als Mittel, ihre Angst vorm Alleinsein zu überdecken, völlig ichsynton nie infrage gestellt. Hier wird auch erstmals sehr deutlich, wie diese Inszenierung für die Patientin eine Möglichkeit darstellt, unbewusstes Inneres mit der äußeren Situation zu verbinden, worauf ich weiter unten genauer eingehen werde.

In dieser Behandlung herrscht mein Gefühl vor, mit meiner Sorge, meiner Angst und auch der zunehmenden Wut, dass ich nichts erreiche, wie auf dem Trockenen zu sitzen. Diese Wut aktiviert bei mir zunehmend aggressive Vorstellungen, die ich mit Befremden und peinlich berührt wahrnehme. So bezeichne ich beispielsweise für mich die SMS-Botschaften der Patientin, die sie inflationär verschickt, wie sie berichtet, als »sadomasochistische Sendungen« und bemerke erst einmal nicht den aggressiven Charakter dieser Gedanken. Vielmehr spüre ich die Tendenz und den Wunsch, mich doch damit abzufinden, dass es so ist in der Behandlung wie es ist und dass sie doch gut läuft und die Patientin gut arbeitet.

Dann berichtet mir Jana beiläufig über einen Traum, in dem ihr Exfreund so viel Platz einnahm, dass für sie nichts mehr übrig war. Dabei fällt ihr ein, dass sie die Eltern früher nur streitend erlebt hat und das so unerträglich fand, dass sie davonlief. »Wenn ich weiter gewesen wäre damals, hätte ich so einen Sprung vielleicht damals schon gemacht«, sagt sie zu ihrem Suizidversuch. Nun berichtet sie, dass die Mutter, als sie klein war, in einem Streit den Vater einmal damit erpresste, dass sie sie, Jana, auf einem Spaziergang über einen Abgrund hielt und drohte sie fallenzulassen, wenn er sich trennen sollte. Ich bin entsetzt und schockiert, als Jana mir dies in der ihr eigenen abgeklärten Art berichtet. Mir dämmert nun langsam, dass meine Gegenübertragung einen Selbstanteil von ihr widerspiegelt, nämlich den des Fallengelassen-Werdens und Nichtgebraucht-Werdens und ich angesichts der Bedrohlichkeit dieser Vorstellung mich lieber in eine trügerische Sicherheit mit der Patientin begeben habe. Hier wird auch eine weitere Bedeutung des Handys klarer, nämlich als ein Versuch, das Fallengelassen-Werden aktuell durch den Freund abzuwehren und aushaltbar zu machen. Es verbindet so die innerpsychische Unsicherheit und Angst der Patientin mit ihrem Agieren im Außen. Das Handy bekommt in diesem Kontext die Bedeutung eines Mediums im Sinne eines Übergangsobjekts, mit dem Jana die Illusion aufrechterhalten kann, dass sie mit dem Freund noch zusammen ist, also nicht von ihm getrennt und alleine.

Als sie zu einer der nächsten Stunden nicht erscheint und sich auch nicht meldet, bin ich sehr besorgt und fühle mich wieder extrem fallengelassen und ignoriert. Ich spüre den Impuls, sie auf ihrem Handy anzurufen und mich zu versichern, was los ist, was ich aber unterlasse. Als ich mich entschließe, ihr meine Sorge und meine Gefühle in der darauf folgenden Sitzung direkt mitzuteilen, ist Jana sehr überrascht, sie habe es einfach vergessen, sie sei krank gewesen und habe geschlafen. Sie ist beeindruckt, dass ich mir solche Gedanken um sie mache. Offensichtlich hat sie nie eine ganz konkrete elterliche Sorge um sich erfahren, die sie jetzt in der Übertragung erlebt. Dann beschäftigt sich Jana weiter mit ihrem Exfreund und anderen jungen Männern, die etwas von ihr wollen, während ich nun in den Stunden immer trauriger und regelrecht melancholisch werde.

Jana redet nun extrem viel, breitet sich über den Vater aus, ihre Enttäuschung, dass er sich nie meldet, und ihre Kontaktversuche zu einem jungen Mann, von dem sie aber gar nichts will. Wieder verflacht mein Gefühl, und ich stelle mir mehr und mehr die Frage, was sie eigentlich in der Therapie will. Dazu kommt eine diffuse Angst, ob Jana in der Therapie bleibt. Oder muss sie sie fallenlassen? Ich deute ihr schließlich ziemlich direkt das Gefühl, dass sie sich wohl nie richtig angenommen gefühlt habe, vielleicht durch die Mutter, und sie dies mir hier anhand des Exfreundes und des Umgangs mit mir immer wieder zeigen muss. Jana hält inne und meint wie selbstverständlich, ja das sei so, ob sie das nie erzählt habe. Die Eltern wären nur zusammengeblieben, weil die Mutter mit ihr schwanger gewesen sei, aber das sei eigentlich nicht gut gewesen, denn die hätten sich ja eh nur gestritten und eigentlich nie zusammengepasst. Jana ist sehr nachdenklich und macht eine lange Schweigepause, worauf sie zu ihrem Exfreund zurückkehrt und berichtet, wie sie, als dieser eine Woche in London war, es kaum alleine aushalten konnte. Ich kann ihr darauf sagen, wie sie die Beziehung zu dem ehemaligen Freund innerlich weiterführt, ja sie regelrecht braucht (und dabei hilft ihr das Handy), um nicht in ein tiefes Loch zu fallen. Ja, meint sie, ohne den Freund fühlt sie sich als Nichts.

In der folgenden Stunde fällt ihr ein Traum ein, *in dem ich sie in einen langen tunnelartigen Raum schicke, in dem lauter undefinierbare Dinge sind. Sie hat große Angst, geht aber trotzdem hinein,* sagt sie. Erstmals kann ihre Angst zur Sprache kommen, was ist, wenn sie einmal nicht die Kontrolle hat und wie viel Angst sie hat, weggeschickt und fallengelassen zu werden. Es wird nochmals deutlich, wie sehr sich die Patientin alleingelassen fühlt und auch ihre Angst, sie könnte in der Therapie Ähnliches erleben und wohlmöglich abhängig werden.

Jana geht dann wegen einer Ausbildung in eine andere Stadt und wir beenden die Therapie, ein Ende, bei dem noch einmal das Fallengelassen- und Nichtmehrgebraucht-Werden in den Fokus rückt, sie aber auch die Konfrontation mit ihren Ängsten vor Enttäuschung und Abhängigkeit vermeiden kann.

Überlegungen

Ich möchte nun einige Überlegungen zu dem klinischen Material präsentieren. »Nicht ohne mein Handy« möchte ich unter drei Aspekten betrachten: den des Triebaufschubs, der Trennung und aus entwicklungspsychologischer Sicht.

An allen vorgestellten Beispielen wird sichtbar, welch immense Bedeutung das Medium Handy mittlerweile hat und dass es einen nicht zu unterschätzenden Einfluss auf die Psyche und die Verarbeitung von Problemen und Krisensituationen junger Menschen hat. Als Erstes fällt auf, dass es in allen Beispielen immer wieder um das Aushalten von Alleinsein und Langeweile geht. Diese Gefühle sollen schnell weggemacht werden und sollen durch Aktivitäten mit dem Handy verschwinden. Zudem müssen durch Versagung und Frustration ausgelöste unangenehme Affekte wie Anspannung und Verloren-Sein, die Aggression und Angst auslösen könnten, sofort umgeleitet und befriedigt werden, indem Kontakte über das Handy hergestellt werden. Damit wird die Illusion, auf diese Weise würden diese Gefühle verschwinden, genährt. Das ist aber trügerisch, denn sie tauchen, sobald die motorische Handlung mit dem Handy beendet ist, alsbald wieder auf und der Kreislauf beginnt von Neuem.

Das Handy bietet somit die Möglichkeit, einen Triebimpuls augenblicklich motorisch abzuführen unter gleichzeitiger Kontaktaufnahme zu einem Objekt. In diesem Moment setzt, könnte man vermuten, eine Regression ein, in der die Psyche eher nach dem Lustprinzip als nach dem Realitätsprinzip funktioniert. D. h. wiederum, dem Denken kommt keine oder nur sehr geringe Bedeutung zu, es verliert seine Möglichkeiten und Eigenschaften, »welche dem seelischen Apparat das Ertragen erhöhter Reizspannung während des Aufschubs der Abfuhr ermöglichen« (Freud, 1911, S. 20). Dies bedeutet dann, dass die Funktion des Denkens außer Kraft gesetzt wird, die im Wesentlichen »ein Probehandeln mit Verschiebung kleinerer Besetzungsquantitäten, unter geringer Verausgabung (Abfuhr) derselben« ist (Freud, 1911, S. 20). Fähigkeiten, die eigentlich vorhanden sein sollten, um das Aushalten von Versagung und Frustration zu ermöglichen, gehen damit auf Dauer unter oder werden durch sofortige Triebabfuhr – man kann sofort Verbindung herstellen und seiner Unsicherheit entgehen – zu ersetzen versucht.

Das Ertragen von Alleinsein, Versagung und Langeweile hat sehr viel mit der Fähigkeit zu tun, Trennung und die Abwesenheit des Objektes auszuhalten, die schon in früher Kindheit erworben wird. Dazu gehört in erster Linie die Fähigkeit, das Objekt als solches wahrzunehmen, mit seinen Eigenheiten und psychischen Gegebenheiten. Nach neueren Konzepten von Fonagy und anderen ist dies die Fähigkeit zu mentalisieren, d. h. die Fähigkeit, eigene psychische Zustände und Konzepte und die von anderen Objekten zu interpretieren, einzuordnen und sich einfühlen zu können (vgl. Fonagy et al., 2004). Mentalisieren bezieht sich kurz gesagt auf die Fähigkeit, Gedanken und Handlungen sowie Gefühle zu interpretieren, über das Denken nachzudenken, psychologisch sensibilisiert zu sein (vgl. Allen/Fonagy/Bateman, 2011). Es geht um die Entwicklung der Fähigkeit, die schon im Säuglingsalter in der Interaktion zwischen Mutter und Kind eine wichtige Rolle spielt, nämlich langsam in einem Prozess zu lernen, Bedeutungen eigenen und fremden Handlungen zuzuschreiben und zu verstehen, weshalb jemand etwas tut, denkt oder fühlt. Mentalisieren ist also eine dem Menschen ureigene Fähigkeit, die ihn von der unbeseelten Welt unterscheidet.

Psychoanalytisch gesehen hat das Mentalisierungskonzept viel mit dem psychoanalytischen Konzept der Symbolisierung zu tun und das wiederum mit dem Denken, d. h. dass wir Handlungen, Interaktionen und Verhaltensweisen eine psychische Bedeutung verleihen, wie z. B. die Vorstellung eines inneren Objektes, das uns unabhängiger macht oder Phantasien ermöglicht. Auch das Konzept von Winfried Bion, der die Verarbeitung von Gefühlen und Affekten beschreibt, indem er davon ausgeht, dass Affekte bestehend aus Betaelementen in Alphaelemente umgewandelt werden, sei hier nur am Rande erwähnt (Bion, 1992, S. 89.).

Zu der Fähigkeit, Trennung und Alleinsein zu ertragen, gehört die Fähigkeit zur Objektkonstanz, wie sie Margaret Mahler beschrieben hat: Diese Fähigkeit bedeutet »die Bewahrung der Repräsentanz des abwesenden Liebesobjekts. Sie beinhaltet zugleich die Vereinigung von gutem und bösem Objekt zu einer Gesamtrepräsentanz.« (Mahler, 1980, S. 142)

Objektkonstanz wird in einem allmählichen Prozess erworben und setzt ein frühes Vertrauen in eine bedürfnisbefriedigende Instanz in der symbiotischen Phase voraus, die langsam verinnerlicht wird als Repräsentanz derselben und dann die kognitive Zuordnung der symbolischen inneren Repräsentanz des permanenten Objekt (wie Piaget es nennt), meistens der Mutter, ermöglicht (vgl. Mahler, 1980, S. 143). Dies entspricht in etwa dem, was auch im Prozess der Mentalisierung beschrieben wird und geleistet werden muss.

Misslingt die Entwicklung der Mentalisierungsfähigkeit, so hat dies gravierende Folgen für die weitere psychische Entwicklung. Wenn ein Säugling keine genügend gute Bezugsperson hat, die seine Affekte und Gefühlszustände aufnimmt, ihm angemessen, in markierter Form – d. h. für ihn erkennbar und z. B. tröstend – zurückspiegelt und für ihn richtig interpretiert, kommt es schon früh zu einer Störung der Fähigkeit, sich und andere adäquat wahrzunehmen und zu erleben. Die Folgen sind, dass psychische und reale Welt nur schwer unterschieden werden können. Der Andere wird verzerrt wahrgenommen, seine Reaktionen und Gedanken werden z. B. konkret als Angriff interpretiert, was massive Ängste und unangemessene Reaktionen nach sich zieht. Die reale Welt wird mit der eigenen psychischen Realität verwechselt oder zumindest verzerrt wahrgenommen. Beide werden als äquivalent behandelt, was zu gravierenden Missverständnissen des Anderen beiträgt und bei Auseinandersetzungen zu verheerenden Konsequenzen führen kann (vgl. Fonagy et al., 2002).

An Jana, aber auch der 13-jährigen Lara, wird sehr deutlich, dass hier etwas misslungen ist und es Ersatzhandlungen mit dem Handy bedarf, um diese schwierigen Gefühle ertragen zu können. An Jana ist gut zu sehen, wie bereits in der Initialszene vor dem ersten Interview meine Gegenübertragung das unbewusste Thema der Patientin aufgreift und innerpsychisch abbildet: Fallengelassen-Werden, nicht Angenommen-Sein und Unsicherheit sowie die Frage, ob man gebraucht wird oder nicht. Ironischerweise wird diese Szene von Jana und ihrer Mutter mit Hilfe des Handys inszeniert.

Es wurde klar, dass die Abhängigkeit vom Handy eine verschobene darstellt, d. h. die Schwierigkeit allein zu sein, Trennung zu ertragen und so die Abwesenheit des Objekt auszuhalten, wird über den Freund inszeniert, stellt aber eigentlich die Schwierigkeit dar, sich nicht von der Mutter trennen zu können, und ist als Reaktion auf die massive Angst zu verstehen, fallengelassen und nicht angenommen zu werden.

Jana hat, so könnte man mit Melanie Klein zusammenfassen, ein nur unzureichendes gutes inneres Objekt bilden können und sie hat die depressive Position nicht erreicht, die es ihr ermöglicht hätte, die Trennung und den Verlust der Mutter und des Freundes zu ertragen und zu betrauern. Stattdessen flüchtet sie in ein massives Agieren, dessen Plattform ihr das Medium Handy bietet, mit dem sie ihre Angst und Wut kontrollieren und abwehren kann.

Sowohl Jana als auch Lara haben die innere Schwierigkeit und Unsicherheit, auf ein stabiles inneres Objekt zurückgreifen zu können, was für die Entwicklung der Fähigkeit, allein sein zu können, von so entscheidender Bedeutung ist: »Je stabiler und einheitlicher das innere Objekt, das in Abwesenheit der Mutter dem Kind Trost und Schutz bietet und ihm so ermöglicht, in größerer Unabhängigkeit und Getrenntheit von ihr zu funktionieren, desto fortgeschrittener ist die Entwicklung kindlicher Objektkonstanz.« (Tyson, 2001, S. 114)

Auch die 13-jährige Lara hat eine ähnliche Erfahrung gemacht wie Jana: Als sie acht Jahre alt ist, erklärt ihr ihr Stiefvater aus dem Nichts heraus, dass er nicht ihr leiblicher Vater sei, was das Mädchen völlig unvorbereitet trifft und tiefe Verunsicherung mit Symptomen des selbstdestruktiven Agierens, wie z. B. Ritzen, das bis heute anhält, auslöst.

Eine persönliche Beobachtung möchte ich anfügen, nämlich dass dieses Agieren, wie bei Jana beschrieben, m. E. allgemein zunimmt, eben aus der mangelnden Fähigkeit heraus, Getrenntheit und Unabhängigkeit auszuhalten.

Ich habe oben erwähnt, dass das Handy für Jana eine Möglichkeit und ein Medium darstellt, ihre innere Welt mit der Äußeren zu verbinden, indem sie damit ihre Ängste und Zweifel mildern und kontrollieren kann, wenn auch nur unzureichend. Hier bekommt das Handy im Sinne Winnicotts eine Übergangsobjektfunktion: Es stellt eine Verbindung her zwischen der inneren psychischen Welt des Individuums und der äußeren, allerdings dient es leider im Fall von Jana nicht einer progressiven, sondern, wie gezeigt, eher einer regressiven Entwicklung. Jedoch treffen einige Merkmale, die Winnicott dem Übergangsobjekt zuschreibt, auch auf das Handy zu. Es wird leidenschaftlich geliebt, zärtlich behandelt und auch misshandelt (vgl. Winnicott, 1973, S. 14). So warf ein Patient sein heiß geliebtes Handy in seiner Wut an die Wand, um dann intensiv zu trauern. Zudem muss das Handy so etwas wie heimatliche Wärme und individuelle Gestaltung vermitteln. Es wird mittlerweile liebevoll berührt – via Touchscreen – und wird von anderen Individuen erst einmal als etwas der Außenwelt Zugehöriges angesehen, jedoch von seinem Besitzer als auch etwas zum Inneren Gehöriges empfunden. Es ist keine Halluzination, sondern repräsentiert für sehr viele, wie bei Jana und Lara sichtbar, einen intermediären Raum für innerpsychische Manifestationen (vgl. Winnicott, 1973, S. 15). Anders formuliert, gibt es den Patienten die Möglichkeit, sich eine »Als-ob-Realität« zu erzeugen, die die Illusion ermöglicht, sie sind nicht allein und einsam. Im Gegensatz zu Winnicotts Anliegen, das Übergangsobjekt als eine Notwendigkeit für das kleine Kind zu einer progressiven Entwicklung anzusehen, dient es bei Jana und Lara eher regressiven Zwecken, kann aber für die therapeutische Arbeit und das Verstehen ihrer innerpsychischen Welt gut gebraucht werden. Die Arbeit an dem Gebrauch und der Abhängigkeit von dem Medium Handy kann so einen Raum schaffen, in dem eine Distanzierung und Reflexion seiner Bedeutung möglich wird: »Das Übergangsobjekt, wie ich es definiere, lässt aber gerade für jenen Prozess Raum, durch den Kind erst fähig wird, Unterschied und Ähnlichkeit zu akzeptieren.« (Winnicott, 1973, S. 15) Hier wird dann schon ein Therapieziel von Winnicott formuliert.

Bei Janosch wird die Bedeutung des Handys als Übergangsobjekt noch einmal deutlich, wenn es einerseits Unabhängigkeit und Separation suggerieren soll, ihm aber eher dazu dient, mit der Mutter in enger Verbindung bleiben zu können, was er von klein auf durch eine Verbundenheit mit ihr über eine Krankheit kennt. Dies wird deutlich, wenn es immer wieder in den Stunden darum geht, ob er sich mehr ohne die Mutter zutraut und alleine Verantwortung übernehmen kann, z. B. für die Termine bei mir. Es hat lange gedauert, bis Janosch diese in seinen Stundenplan eintragen konnte und in den Kalender seines Handys, dessen Bedienung ihm völlig unklar war und den er erst nach meinem Nachfragen und mit meiner Hilfe bedienen konnte, also mithilfe eines Dritten. Auf die Idee, selbst nachzufragen, wie der Kalender funktioniert, war er nicht gekommen. Er wiederholte immer wieder, die Mama sei für die Termine zuständig. Das Handy repräsentierte für ihn bis dahin eher die Möglichkeit, sich weiter an die Mutter zu binden und nicht zu separieren, als ein Medium, sich progressiv weiterzuentwickeln, weg von der Mutter.

Einen weiteren Aspekt möchte ich ebenfalls nicht unerwähnt lassen, nämlich die Rolle des Vaters bei Jana, die ja mit einer alleinerziehenden Mutter fertig werden musste. Dieser Aspekt tauchte in der Übertragung immer wieder auf, wenn es um Sorge und Anteilnahme an Janas Leben und Zukunft ging. Denn eine ganz wesentliche Rolle des Vaters besteht ja darin, dem Kleinkind während der Wiederannäherungsphase beizustehen und ihm bei der Lösung der sich hier manifestierenden Konflikte als weniger kontaminiertes Objekt zu helfen, also zwischen Mutter und Kleinkind zu vermitteln (vgl. Tyson, 2001, S. 116). Gerade in der Wiederannäherungsphase ist dies von existenzieller Bedeutung bei der Loslösung und Separierung von den Eltern hin zur Fähigkeit, ein gutes inneres Objekt und Objektkonstanz zu erlangen, was bei Jana nicht gelungen ist.

Betrachtet man sich die Rolle des Handys noch einmal unter dem entwicklungspsychologischen Aspekt des Kindes und Jugendlichen, so treten hier zwei Entwicklungsphasen besonders in den Fokus, nämlich die Latenzphase und die Adoleszenz bzw. Pubertät. Hier bekommt das Handy unterschiedliche Funktionen. In der Latenzphase gewinnt das Kind zunehmend an Unabhängigkeit und beginnt erstmals, die Allmacht und Unfehlbarkeit der Eltern entscheidend infrage zu stellen. Es verlagert seine Interessen weg von den Eltern hin zu anderen Identifikationsfiguren und entwickelt eigene Interessen. Genau an diesem Punkt, so ist häufig meine klinische Beobachtung, besonders an der Schnittstelle hin zur Vorpubertät, bekommt das Handy eine besondere Bedeutung.

An Janosch, dem 10-jährigen Patienten, konnte ich beobachten, wie der Besitz eines Handys extrem gewünscht wurde und dazu diente, sich einerseits vollwertig und groß zu fühlen, andererseits es ihm aber die Möglichkeit gab, in ständigem Kontakt mit der Mutter bleiben zu können. Umgekehrt stellt das Handy für die Eltern eine Möglichkeit dar, die eigenen Ängste bzgl. der wachsenden Selbstständigkeit und die damit verbundenen Unsicherheiten über den Verbleib der Kinder unter Kontrolle zu bringen, indem die Möglichkeit besteht, sich bei den Kindern über Handy über deren Zustand beruhigend rückversichern oder diese besser kontrollieren zu können. Neben der Beruhigungsfunktion wird der Aspekt der allumfassenden Kontrolle dabei oft übersehen.

Begreift man die Adoleszenz als eine Phase der »zweiten Individuation« (Tyson, 2001, S. 121), so wird erschreckend deutlich, wie hier die Kontrollfunktion des Handys benutzt werden kann, um genau diese Separations- und Individuationsmöglichkeiten zu behindern. Wie oben gezeigt, kann es aber auch dazu dienen, die eigenen, oft schwierigen Konflikte und Probleme der Jugendlichen untereinander zu kompensieren oder auszuagieren. Zudem kann das Handy in dieser Phase teilweise zu einer Art Waffe in der Auseinandersetzung der Jugendlichen untereinander werden. Gut bekannt sind natürlich die Bilder und Videos, die Jugendliche ins Netz stellen, um andere zu beleidigen, ja zu vernichten. Ich konnte an einem 15-jährigen Mädchen beobachten, wie diese auf diese Weise gemobbt wurde, ohne etwas unternehmen zu können. Sie stand kurz davor, sich umzubringen, weil sie dem Sog, auf die immer wiederkehrenden Entwertungen zu antworten und diese richtigzustellen, nicht entrinnen konnte. Dahinter standen massive Selbstunsicherheiten, ob sie gemocht und gewollt ist, die auf diese Weise unbewusst mobilisiert wurden und sie zum Mitagieren brachten. Die Konsequenzen sogenannter »Shitstorms« werden hier sichtbar, die im Allgemeinen verleugnet werden. Manchmal wird gesagt, man muss halt ein dickes Fell haben. Dies bedeutet wiederum, am besten nichts zu spüren.

Auf der anderen Seite ist das Handy für Jugendliche geradezu ein Symbol von Freiheit und Unabhängigkeit, mit dem sie sich von den Erwachsenen abgrenzen können und das ihnen die Möglichkeit gibt, ungestört und unkontrolliert zu kommunizieren, ob man das nun gut findet oder nicht. Jedoch spekuliert natürlich eine Kommunikationsindustrie auch darauf, dass jeder Jugendliche den Wunsch hat, das neueste Smartphone zu besitzen und immer auf dem neuesten Stand zu sein, was einen immensen Gruppendruck erzeugt, wie die am Anfang beschriebene »Apple-Hysterie« veranschaulicht.

Hier stellt sich die Frage, was wir als Erwachsene unseren Kindern und Jugendlichen vorleben und vorgeben. Haben wir die Fähigkeit zur Objektkonstanz und für ein gutes inneres Objekt noch und können wir Versagung und Frustration ertragen und allein sein oder verlieren wir diese Fähigkeit langsam bzw. ist es nicht viel schöner, regressiv mitzuspielen?

Lothar Baier beschreibt in seinem Essay *Keine Zeit – 18 Versuche über die Beschleunigung* das Dilemma der Handy- und Smartphone-Generation, etwas zu verpassen oder nicht wahrgenommen zu werden treffend:

Die ärmsten Schweine sind vermutlich diejenigen, die, kaum haben sie im Intercity Platz genommen, einen Handyanruf nach dem anderen entgegennehmen müssen und sich nicht getrauen können, den sie und die Mitreisenden nervenden Taschenquälgeist abzustellen. Arm dran sind aber auch die Fahrgäste, die ihr tragbares Telefon sichtbar vor sich aufs Tischchen legen, doch von keinem einzigen ankommenden Anruf gegenüber den nicht angeschlossenen Mitreisenden herausgehoben werden, wie verbissen sie das magische Gerät auch fixieren mögen. (Baier, 2000, S. 104)

Literatur

Allen, J. G. /Fonagy, P./Bateman, A. W.: Mentalisieren in der psychotherapeutischen Praxis. Stuttgart 2011

Baier, L: Keine Zeit – 18 Versuche über die Beschleunigung. München 2000

Bion, W. R.: Lernen durch Erfahrung. Frankfurt 1992

Fonagy, P./Gergely, G., et al.: Affektregulierung, Mentalisierung und die Entwicklung des Selbst. Stuttgart 2004

Freud, S.: Formulierungen über die zwei Prinzipien des psychischen Geschehens (1911). Sigmund Freud Studienausgabe, Bd. III, Frankfurt 1975

Freud, S.: Massenpsychologie und Ich-Analyse (1921). Sigmund Freud Studienausgabe, Bd. IX, Frankfurt 1974

Laufer, M./Laufer, M. E.: Adoleszenz und Entwicklungskrise. Stuttgart 1989

Mahler, M. S./Pine, F./Bergman, A.: Die psychische Geburt des Menschen. Frankfurt 1980

Raue, J.: Aggressionen verstehen. Frankfurt 2008

Tyson, Ph./Tyson, R. L.: Lehrbuch der psychoanalytischen Entwicklungspsychologie. Stuttgart/Berlin/Köln, 2. Aufl. 2001

Winnicott, D. W.: Vom Spiel zur Kreativität. Stuttgart 1973

Die Autorinnen und Autoren

Rainer Böhm, Dr. med., Kinder- und Jugendarzt, Schwerpunkt Neuropädiatrie Leitender Arzt des Sozialpädiatrischen Zentrums Bielefeld-Bethel.

Rolf Göppel, Dr. phil. habil., Dipl.-Päd., seit 1999 Professur für Allgemeine Pädagogik an der Pädagogischen Hochschule Heidelberg. Lange Jahre im Vorstand der Kommission Psychoanalytische Pädagogik in der Deutschen Gesellschaft für Erziehungswissenschaft. Arbeitsschwerpunkte: Psychoanalytische Pädagogik, Kinder- und Jugendforschung, Risiko- und Resilienzforschung, emotionale Aspekte des Lehrens und Lernens. Jüngste Publikationen: *Aufwachsen heute: Veränderungen der Kindheit, Probleme des Jugendalters.* Stuttgart 2007 (Kohlhammer), *Pädagogik und Zeitgeist – Erziehungsdiskurse und Erziehungsmentalitäten im Wandel.* Stuttgart 2010 (Kohlhammer).

Michael Günter, Prof. Dr. med., studierte Medizin, Kunstgeschichte und Empirische Kulturwissenschaft in Tübingen und Wien. Facharzt für Kinder- und Jugendpsychiatrie und Psychotherapie und für Psychosomatische Medizin, Psychoanalytiker für Erwachsene, Kinder- und Jugendliche, Lehranalytiker (DPV/IPA), Ärztlicher Direktor (komm.) der Klinik für Psychiatrie und Psychotherapie im Kindes- und Jugendalter der Universität Tübingen, Herausgeber der Zeitschrift *Kinderanalyse*. Autor mehrerer Bücher, zuletzt: *Gewalt entsteht im Kopf.* Stuttgart 2011 (Klett-Cotta).

Gertrud Hardtmann, Prof. Dr., Fachärztin für Neurologie und Psychiatrie, Psychoanalytikerin, 1977-1998 Professorin für Sozialpädagogik/Sozialtherapie an der Technischen Universität Berlin. Gemeinsame Seminare und Veröffentlichungen mit Kollegen des Otto Suhr-Institutes der Freien Universität Berlin u.a. zum Problem der politischen Religion. Schwerpunkte der Arbeit und Veröffentlichungen: Die Auswirkungen des Holocaust auf die erste, zweite und dritte Generation der Opfer und Täter, Sozialpädagogische Arbeitsfelder in der Psychiatrie und Soziales Training mit rechtsradikalen Jugendlichen.

Vera King, Prof. Dr. phil., Soziologin, seit 2002 Professorin für Entwicklungs- und Sozialisationsforschung im Fachbereich Erziehungswissenschaft an der Universität Hamburg. Arbeitsschwerpunkte und Veröffentlichungen: Wandlungen von Lebensphasen, von Familienbeziehungen und Elternschaft in Kindheit und Adoleszenz; Auswirkungen von sozialer Beschleunigung und kulturellen Optimierungszwängen auf psychische Entwicklungen; qualitative Bildungs- und Sozialisationsforschung, zu sozialen Ungleichheiten, Geschlecht, Migration; theoretische und methodologische Aspekte der Vermittlung von Sozialwissenschaften und Psychoanalyse.

Ellen Lang-Langer, Dr. phil., Analytische Kinder- und Jugendlichen-Psychotherapeutin in eigener Praxis, Dozentin, Supervisorin und Leiterin des Ausbildungsbereichs am Anna-Freud-Institut Frankfurt a. M.

Iris Nikulka, als Analytische Kinder- und Jugendlichen-Psychotherapeutin in eigener Praxis in Frankfurt niedergelassen. Dozentin, Supervisorin und Mitarbeiterin der Babyambulanz am Anna-Freud-Institut in Frankfurt. Psychoanalytische Forschungsschwerpunkte: Magersucht, Hysterie und weibliche (Psycho-)Sexualität.

Jochen Raue, zehn Jahre Lehrer und Beratungslehrer an Hauptschulen. Analytischer Kinder- und Jugendlichen-Psychotherapeut in eigener Praxis, Dozent und Kontrollanalytiker am Institut für analytische Kinder- und Jugendlichen-Psychotherapie in Frankfurt a. M. Gutachter, Supervisor und Mitarbeiter an einem therapeutischen Projekt an einer Schule für Erziehungshilfe. Veröffentlichungen zu Jugendlichen und Neonazismus sowie psychoanalytischen Themen. Letzte Veröffentlichung: *Aggressionen verstehen.* Frankfurt a. M. (Brandes & Apsel).

Ann Kathrin Scheerer, Dipl.-Psych., Psychoanalytikerin (DPV/IPV) in eigener Praxis, Arbeitsschwerpunkte: Frühe außerfamiliäre Betreuung und kindliche Entwicklung.